BREAK

to be new and different

打開一本書
打破思考的框架，
打破想像的極限

高寶書版

集體倦怠

沒有熱情、沒有夢想、沒有未來，
這就是千禧世代生活的殘酷世界

Can't Even:
How Millennials Became the Burnout Generation

安妮・海倫・彼得森（Anne Helen Petersen） 著
陳莉淋 譯

目錄

作者的話

「千禧世代根本沒有機會。」這是安妮・路萊（Annie Lowrey）報導的標題，寫於COVID-19大流行期間被隔離的數星期中，報導內容詳細指出千禧世代在各種方面所遭遇的困境。她寫道：「千禧世代進入職場的時間點剛好是自經濟大蕭條後最糟的經濟衰退。背負著債務、無法累積財富，同時受困於低薪、沒有前途的工作，他們從未獲得像他們父母、祖父母，甚至是年長手足所享受到的財務安全感。」而現在，當我們應該達到所謂的「收入高峰期」時，我們卻面對著「比經濟大蕭條更嚴重的經濟災難，幾乎可以確定他們將是現代美國史上第一個最終會比他們的父母更貧窮的世代」。[1]

對許多千禧世代來說，類似路萊的文章給他們的感覺更像是一種確認，而非被揭露的真相：確認自己很糟糕，而且是自己多年前就已經知道的事實。即使在二〇一〇年代後期股市上漲、官方失業數目下降的所謂太平經濟（halcyon economy）時期，我們也只有非常少數人感受到近似安全的感覺。實際上，我們只是在等待下一次的困境、下一次的衰退，無論你想選擇哪種比喻來形容這種僅僅勉強達到財務或工作保障之類的感覺，心裡也同時確信它可能且將會消失。這種感覺與你工作得多認真或工作多久、致力且關心於工作的時間有多長都無關。你會發現自己回到了那個孤獨又令人恐慌的地方，一次又一次納悶著為什麼為你設定好的、承諾如果你這樣做便會抵達那裡的路線圖，可能會被證明錯的一塌糊塗。

但是事實再一次證明：只有少數千禧世代對此感到驚訝。我們不期待工作或提供它們的公司會永久存在。我們之中有如此多人活在債務風暴中，而這些債務隨時有可能將我們吞噬。試圖為了我們的孩子、人際關係和財務生活維持某種平衡的工作使我們筋疲力盡。我們已經習慣於不穩定性（precarity）。

對於數百萬美國及全世界的人民和社區來說，不穩定性早就是數十年來的一種生活方式，像是生活在貧困之中或作為難民而生活。然而差別在於這並非千禧世代，尤其是中產階級的白人自我推銷的故事。正如我們的前幾代，我們在菁英與例外主義之下成長：我們每個人都充滿了潛能，而要活化這些潛力只需要辛勤工作和專心致力。假如我們努力工作，不論目前生活狀態如何，我們都將能夠擁有穩定的生活。

早在 COVID-19 大傳播之前，千禧世代就已經開始意識到這個故事是多麼空洞、沉痛與令人沮喪的幻想。我們瞭解人們持續告訴他們的孩子和同儕、持續在《紐約時報》社論以及基本指南書籍中這樣講述，是因為一旦停止就等同於承認破碎的不僅是美國夢，而是整個美國。我們想恢復的——我們是充滿機會的土地；我們是仁慈的世界強國——是錯誤的。這是一個非常令人震驚的領悟，但卻是那些沒有以白人、中產階級或公民身分的特權生活在我們世界的人們早已明白一段時間的真相。有些人現在才剛開始意識到破碎的程度；其他人則是已有所瞭解並用一生去哀悼它。

在流行病期間寫這本書是因為COVID-19明顯變成出色的澄清劑。它使你清楚看見生命中什麼和誰是重要的；哪些事情是必需、哪些是想要；誰有想到他人、誰只想著自己。它揭露出被視為「必要的」工作者其實是消耗品，並且使數十年來的系統性種族主義以及因此導致對疾病的脆弱性留下難以去除的痕跡。它強調出我們目前聯邦領導人的無能、長期對科學的不信任所帶來的危險，以及允許醫療設備生產像企業一樣以利潤高於一切來經營的後果。我們的醫療系統、救助計畫與檢測能力皆已無法負荷。美國已經崩壞，我們也一起跟隨它而衰弱。

當COVID-19一開始在中國流行時，我剛結束本書的最終編輯。當城市開始封鎖，我的編輯和我開始疑惑我們該如何應付伴隨疾病傳播而來的情緒、經濟和生理上的變化。但是我不希望將評論硬是插入每一章節，假裝自己是在COVID-19大流行期間寫下這些新的轉變。因為如此一來會更困難，同時也感覺更怪異、更虛假。

相反地，我希望邀請讀者一同思考本書中的每個論點、每則軼事、每個對於改變的期待（如：誇大和鼓勵）。之前工作是不重要和不穩定，現在是更不重要和更不穩定。為人父母之前讓人感覺精疲力竭與不可能；現在是更精疲力竭與更不可能。工作永遠無法結束的感覺也是一樣，新的循環扼制了我們的內在生活，而且我們累到無法擁有任何類似真正休閒或休息的事情。未來幾年的影響不會改變千禧世代疲累不堪與助長此結果的不穩定性之間的關係。若有，也只是會在我們的世代身分中變得更加根深蒂固。

但是**不必一定如此**。這也是本書會不斷重複出現的論點。不可否認地，也許我們都需要根據那種感覺去採取行動：這不僅是反思的機會，還是從這次流行病帶來的挫折與沉澱中建立起一個不同的規劃、一種不同生活方式的機會。我並非在談論烏托邦之類的理想國度，我是在探討一種思考工作、個人價值和收益獎勵的不同方法，以及我們每個人都很重要，而且實際上必須且值得從不穩定的情況下獲得照顧與保護的根本想法。不是因為我們有工作的能力，僅僅是因為我們是個人。如果你認為這個想法過於激進，那麼我不知道該如何讓你關心他人。

的確，如同路萊所指出的，千禧世代根本沒有機會。至少在目前的系統中是如此。不過這麼悲慘的預測對於大部分的X世代和戰後嬰兒潮世代也同樣適用，而且對Z世代來說只會更加糟糕。此流行病揭示我們面臨的不僅是單一世代的破產或混亂，而是系統本身。

前言

「我想妳太累了，正處於倦怠之中，」BuzzFeed 的編輯在 Skype 上非常好心地建議：「妳可以休幾天假。」

那時是二〇一八年十一月，坦白說，我感覺被這個想法所侮辱。我回他：「我不累，我沒有倦怠。我只是試著釐清接下來想寫些什麼。」

至少就我印象所及，我幾乎從未停止工作，從身為研究生開始、然後是教授，現在是新聞工作者。整個二〇一六和二〇一七，我追隨著政治候選人到全國各地、追逐故事，通常一天撰寫好幾千字。十一月的某一週，我從採訪德州大規模槍擊事件的倖存者開始，直奔猶他州，在那裡的一個小城鎮待了一星期，聆聽數十名逃離一夫多妻制教派婦女的故事。這份工作很重要且令人振奮，這也是為什麼我會感覺如此難以停下來。此外，選舉後我才休假過，我應該已經煥然一新。我發現自己每次和編輯交談都會哭泣的事實絕對與工作毫無關聯。

不過，我還是同意在感恩節後多休幾天的假。你們知道休假那幾天我做了什麼嗎？試著寫出一本書的提案。不是這本書，而是一本更加困難、更急迫的書。很明顯地，那並沒有使我感覺更好，因為我只是做了更多工作。但是在那時，我真的沒有意識到這一點。睡覺沒有幫助；運動也是。我去按摩和做臉一次，它們很舒服，但是效果出奇短暫。閱讀算有助益，但是我感興趣的讀物大部分與政治相關，反而使我繞回令自己精疲力竭的主題中。

我十一月時的感受也不是第一次。好幾個月以來，每當我想到要去睡覺，就會為了從沙發走到床邊的那幾步感到驚慌。度假一點都無法激起我的興趣，或者更精確地說，度假只是我待辦事項中的其中一項。我同時怨恨又渴求與朋友在一起的時間，但是當我從紐約搬到蒙大拿州後，我拒絕花時間去真正結識新朋友。我感到麻痺、無動於衷……像顆完全洩了氣的皮球。

事後證明，我當時絕對是荒謬地百分之百燃燒殆盡了，但是我並沒有意識到這點，因為我感覺到的倦怠狀態與我聽過的描述不符。沒有戲劇化地熄火、沒有崩潰、沒有在海灘或孤立的小屋中逐漸恢復。我以為倦怠像是得了感冒，你會從中恢復，這就是為什麼我完全判斷錯誤的原因。我就像是一堆灰燼，悶燒了好幾個月。

當我的編輯說我太疲勞，已經倦怠時，我猶豫了：如同其他A型成功者，我沒有經歷撞牆期，我使用替代辦法避開了它們。精疲力竭與我到目前為止對自己的工作能力以及身為一名記者的瞭解完全背道而馳。然而，即使我拒絕稱它為倦怠或精疲力竭，證據卻顯示我的內心有某些東西已經全然崩壞：我的待辦事項（尤其是後半部）只是不斷地從這個星期延遲到下個星期，像是一疊整齊堆放的恥辱。

這些工作沒有一項是真正必要的。它們只是單調乏味的日常生活。但是無論我怎麼做，我都無法強迫自己把刀子磨利或把最喜愛的靴子拿去換鞋底、或是完成文書工作和打電話，以及帶我的狗去註冊。好幾個月來，我的房間角落有個裝著禮物、等著我把它寄出的紙箱；我的長桌上放著一張隱形眼鏡的退款單。所有這些需要付出高度努力、卻只有低滿足感的工作似乎都不可能完成。

此外，我知道這種抗拒待辦事項的人並非只有我一個：網路上充斥著人們無法強迫自己搞懂如何註冊投票、提交保險理賠，或處理網路退貨的故事。如果我不能釐清工作上想寫些什麼，至少我可以撰寫關於我開玩笑發明的名詞：「差事癱瘓（errand paralysis）」。我從整理大量文章開始，大部分是由千禧世代所撰寫，而且大多數發表在以千禧世代為客群的網站上，文章主要是針對「成年」的日常壓力，這個字被用來形容我們父母有關、使我們感到恐懼（進行）或驕傲（完成）的任務。像是一篇文章表示：「在大多數情況下，現在的千禧世代將成年期視為一系列的行動，而不是一種存在的狀態。成年因此變成一個動詞。」而成年的一部分代表著把你後半部的待辦事項完成，即使它們很難。

當我閱讀這些文章時，愈來愈清楚實際上有三種類型的成人任務：一、很煩人，因為你從未做過（報稅、結交學校圈以外的朋友）；二、很煩人，因為它們代表身為成年人必須花錢在一點都不有趣的事情上面（吸塵器、割草機、剃刀）；三、超級煩人，因為它們耗費大量的時間和不必要的曲折過程（找尋一位治療師、遞交醫療報銷單、取消有線電視服務、退出你的健身房、統一你的助學貸款、搞懂如何申請國家支持計畫）。

成年——延伸到完成你清單上的所有待辦事項——很難，是因為活在現代世界在某種程度上比以往任何時候都容易，但卻又異常複雜。在此架構內，可以清楚瞭解為什麼我逃避自己待辦清單上的每項任務。每一天，我們都有一張必須完成的清單，也就是我們的心智能量必須首先分配的地方。但是那種能量是有限的，而當你不斷假裝它是無限的，那就是精疲力竭要來臨的時刻。

但是我的精疲力竭不僅是未完成事項的累積。如果我對自己誠實，以會使我感覺不自在的方式真正誠實的面對自己，那些待辦事項就只是更大痛苦的明確徵兆。我的日常生活中不只是有錯誤，而是在我大部分的成年生活中，出現愈來愈多的錯誤。

事實是，所有那些任務都將取代我的最終任務，以及許多其他千禧世代的任務：我們隨時都在工作。我在哪裡學到要無時無刻工作呢?學校。為什麼我一直在工作?因為我害怕找不到工作。自從我實際找到一份工作後,為什麼我仍一直工作?因為我害怕失去它,還有因為我身為工作者與身為人的價值已經交織在一起。我無法擺脫不穩定的感覺(那種我工作得來的一切可以突然消失),或者安於從我是個孩子時就圍繞在我身邊的想法:**只要我夠努力,一切都會順利進行**。

所以我列了一張閱讀清單。我讀了關於貧窮與經濟不穩定會如何影響我們做決定的能力,我探索學生債務與房屋所有權的具體趨勢,我發現一九八〇和一九九〇年代「規劃栽培(concerted cultivation)」的教養趨勢與從自由、無組織的比賽轉變成組織活動和體育聯盟之間的關係。一種架構開始產生,而我直接以此架構來檢視我的生活,強迫自己重新思考我本身的歷史,以及我曾經敘述過它的方式。我與我的伴侶一起走了很長一段路,他不像我是「老千禧世代」,他成長於千禧世代的高峰,是學業與經濟競爭更大的環境。我們比較了雙方的筆記:我的童年和他的童年那幾年之間發生了什麼改變?我們的父母如何塑造並促進工作是一切的觀念?我們內心認為「休閒」的目的是什麼?研究所時期,發生了什麼事加重了我這種工作狂的傾向?我在聖誕假期中撰寫論文時為什麼感覺很棒?

我開始書寫,嘗試回答這些答案,而且無法停止。草稿迅速膨脹:三千、七千、一萬一千字。我一天寫了四千字，但卻感覺自己什麼都沒寫。這種狀況已經變得如此熟悉、無所不在，以至於我不再意識到它是一種狀況。它就是我的生活。不過現在我正在收集描述它的語言。

這不僅是關於我個人的工作或差事麻痺或倦怠的經驗。這是關於我所成長的世界所特有的工作倫理、焦慮及疲憊；我申請大學並試圖找到一份工作的環境；生活於自經濟大蕭條以來最大的經濟崩潰，還有數位科技和社交媒體的迅速傳播與普及。總而言之：它是關於身為一個千禧世代的一切。

「倦怠（Burnout）」一詞於一九七四年首次被確認為一種心理上的診斷，心理學家赫伯特．佛洛伊頓伯格（Herbert Freudenberger）應用於他因為過度工作而生理或心理崩潰的個案身上。[1]倦怠實質上與「疲憊（exhaustion）」是不同的分類，儘管這兩種狀況是相關的。疲憊表示你已經無法再更進一步的狀態；倦怠意味你已經達到了疲憊的狀態，但仍督促自己持續前進，無論是幾天、幾週或幾年。

當你處於倦怠期時，完成一項艱鉅任務（如：通過期末考！完成龐大的工作項目！）所帶來的成就感永遠不會到來。一位專精於職業倦怠的心理分析學家賈許．科恩（Josh Cohen）寫過：「職業倦怠中的疲憊經驗包含了對完成狀態的強烈渴望和無法實現的折磨感，總是有一些需求、焦慮或分心無法被消除。」「當你耗盡自身所有內部資源後，你感到精疲力竭，然而卻無法擺脫繼續前進的緊張情緒。」[2]這種隱約的疲憊感，即使從事睡眠或度假，都不會真正消失。你知道你自己只是在勉強度日，即使是最輕微的轉變，一場感冒、汽車壞掉、熱水器故障，都可以讓你和你的家庭倒下。這是被充滿著永無止盡待辦事項的生活，以及被你將自己設定為一個工作機器人，然後盡可能忽略自己是個人的感覺所擊敗。這是你的心智，如柯恩所形容的，已經燃燒成灰燼的感覺。

在關於倦怠的著作中，柯恩謹慎地指出它的前因：「憂鬱的世界倦怠感（melancholic world-weariness）」，正如他所描述的，這個症狀曾被記載在《傳道書》裡、為希克波拉底所診斷出，並成為文藝復興時期的流行症狀，是一種混亂又伴隨著「不斷在改變」的感覺的症狀。一八〇〇年代晚期，「神經衰弱（neurasthenia）」一詞開始出現，受折磨的患者因為「現代工業生活的節奏和壓力」而疲於奔命。倦怠是一種普遍的情況，完全不是什麼新鮮事。

但是現代的倦怠不同之處在於它的強度和流行程度。從事沒有固定班表的零售工作，同時穿插開優步（Uber）和安排孩子托育服務的人會感到倦怠。享用別緻外燴午餐、免費洗衣服務和花七十分鐘通勤的新創公司工作者會感到倦怠。身兼四門課並依賴食物券維生，同時試圖發表研究成果以期獲得終身教職的學者會倦怠。可以自己安排時間表、沒有健康保險或帶薪休假的自由平面藝術家會倦怠。倦怠變得如此普遍，以至於自二〇一九年五月開始，世界衛生組織（WHO）正式將其認為是一種「職業現象」，原因是「慢性職場壓力一直無法被有效管理。」[3]逐漸地，而且千禧世代中愈來愈常見的情況是，倦怠不僅是一種暫時的折磨，它變成是我們的**當代症狀**。

在某種意義上，千禧世代對這種現象感受最深刻是有道理的：儘管這一代人常被描述成一群學習成績不良的大學生，但事實上，我們目前正經歷著最不穩定、充滿焦慮的成人期。根據皮尤研究中心（Pew Research Center）的研究，出生於一九九六年，最年輕的千禧世代在二〇二〇年時剛好滿二十四歲。出生於一九八一年，最年長的千禧世代則是三十九歲。人口預測顯示美國現在有七千三百萬人，比其他任何一代的人口都來得多。[4]我們不是正在尋找第一份工作，而是試圖採取下一步行動，並且對抗現有的薪資上限。我們不僅要償還自己的學生債務，還要搞清楚如何開始為我們的孩子存錢。我們正在平衡飛漲的住房價格、育兒費用和健康保險費。而不論我們多麼努力地嘗試安排我們的生活或是緊縮已經相當有限的預算，承諾中穩定安全的成年生活似乎永遠不會到來。

直到「千禧世代」一詞與我們這一代連結在一起，才開始出現其他用來標記出生於X世代後數百萬人的稱謂。每種稱謂都賦予你我在大眾心目中的定義：包括「我世代（Generation Me）」，這恰好說明了我們所感知的自我中心；還有「回聲潮世代（Echo Boomers）」，涉及我們大多數人的父母都是美國歷史上最大且最具影響力一代的事實。

「千禧世代」這個名稱以及仍然圍繞著它的眾多焦慮出現自二〇〇〇年代中期，當時我們之中的第一波人剛進入職場。我們被責備期待過高，但工作倫理過低。我們被保護、天真、未受過世界教育，這些對我們這一代人僵化的理解，皆很少考慮到我們所面對和飽受的經濟大衰退、我們背負了多少學生債務，還有成年的里程碑變得多麼難以接近。

很諷刺地，千禧世代的最著名特徵就是我們相信無論在比賽中表現多差，每個人都還是應該得到一面獎牌。而我們這樣想的同時也掙扎地想擺脫我們每個人皆獨一無二且在某方面是有價值的論述，與大多數的千禧世代談話時，他們告訴你關於成長過程的事情不會是他們認為自己是特別的，而是廣義的「成功」在他們的世界中是最重要的事。你努力進入大學、你在大學裡面用功讀書、你在職場上認真工作，那你將會成功。這與「從早工作到晚」是不同的職業道德，但不意味著它不是職業道德。

儘管如此，千禧世代的名譽仍然緩慢消失。千禧世代的恢復力一部分可以歸因於八、九〇年代育兒方式所造成的長期焦慮。但部分也源於一個事實：我們之中許多人的確對於世界如何運作抱有高期待與不合適的想法，而我們從複雜且自我強化的父母、老師、朋友和周遭媒體那裡獲得了這些內化的期待與想法。對千禧世代來說，我們被養育的過程中所接收到的主要訊息虛偽地簡單：每條路都應該通往大學，然後以那裡為起點，透過更多工作，我們會找到美國夢，這個夢可能不再包括圍起來的尖樁籬笆，但是絕對足以擁有一個家庭、安全無虞的經濟以及幸福的結果。

我們被養育成相信只要我們夠努力工作，我們就可以戰勝美國資本主義與菁英主義的系統，或至少在此系統中舒適地生活。但是二〇一〇年代末期，發生了某件事。我們從自身的工作中去檢視並且明白，當系統本身是毀損的情況下，不存在勝過系統這種事。我們這世代是自經濟大蕭條後首度發現自己比父母更貧窮的一代。向上層流動的總體趨勢最終反轉了，恰好是我們人生中主要有工作收入的這些年。我們淹沒在學生債務之中（每人估計有三萬七千美元的債務），這對我們的財務狀況造成了永久的影響。為了尋求夢想中的高階工作，我們愈來愈多人搬到國內一些最昂貴的地區。我們每個月的存款更少、生活花費卻更高，用來支付孩子照顧、房租，或者如果我們運氣好到能獲得一筆足以支付頭期款及房貸的錢。我們之中最窮的人變得更窮，而那些中產階級則是必須努力地留在原地。

這只是財務的基準。除此之外，我們也變得更焦慮和更憂鬱。我們大多數人其實更想要讀一本書而不是盯著手機，但是我們太累了，以至於我們所剩的精力只能用來不需動腦的滑手機。如果我們擁有一切，我們更有可能投資糟糕的保單，較不會利用退休計畫。隨著我們的父母年齡漸長，他們將愈來愈需要我們的幫助，不論是財務還是其他方面。

使這一切正常運作的唯一方法是堅持不懈地專注，永不停止前進。但是在某些時候，總是會有其他壓力出現。除了學生債務外，還有更多；除了經濟不景氣，還有更多；除了缺少好工作，還有更多。整件事感覺像是你試圖在流沙上建立堅實的基礎。正如社會學家艾瑞克．克林南柏格（Eric Klinenberg）所說：「脆弱蔓延在空氣中。」[5]千禧世代處在我們將永久工作、在我們還清學生貸款之前死亡、在我們的照顧下有可能使我們的孩子破產或在世界末日中徹底消滅的事實之中。這些可能聽起來過於誇張，但它們是新的常態。在這種情緒、生理和財務不穩定的情況下，生活的重擔是很驚人的，尤其是那麼多的社會機構、教會到政府之前所提供的指引和穩定的宣稱似乎都令我們失望。

我們感覺要維持自己和家庭的生活比以往任何時候都還要困難，為了在財務上有償付能力，並替未來做好準備，特別是當我們被要求嚴格遵守卻經常互相矛盾的期待時更是如此。我們應該努力工作，卻又要表現出「工作與生活的平衡」；我們應該要做個令人讚嘆、全心投入的母親，但又不能是直升機家長；我們應該與妻子建立平等的夥伴關係，但仍要保持男子氣概；我們應該在社交媒體上建立自己的品牌，但又過著真實的生活；我們應該對於突發的新聞議題有快速、熟悉並有個人觀點的反應，但是無論如何又不能讓它的真實性影響我們從事任何上述任務的能力。

在只有少許支持或安全網的情況下試著同時進行所有事情，這就是使千禧世代精疲力竭的原因。毫無疑問地，其他世代的人們也曾陷入倦怠，畢竟倦怠是生活在現代資本主義社會中的常見症狀。從許多方面來看，我們的艱難相比之下顯得遜色，畢竟我們沒有經歷過經濟大蕭條或是世界大戰導致的災難性生命損失。科學進步和現代醫療以許多有意義的方式增進了我們的生活水準，但是我們的金融災難仍然改變了我們生活的經濟軌跡；我們所經歷的並不是那種「偉大的」戰爭，但這些永遠不受歡迎的戰爭卻耗盡了我們對政府的信任，而在這樣的經濟情勢之下，軍事是通往穩定的唯一途徑。然後還有氣候變遷，這需要全球共同努力以及重新盤整佈局，如此浩大的議題沒有一個世代，甚至一個國家可以獨自處理。

儘管現代社會存在一些合理的奇蹟，但是我們卻普遍感受到我們的潛力受到阻礙。不過我們仍然持續奮鬥著，因為我們不知道除此之外還能怎麼辦。對千禧世代而言，倦怠是基本的，是描述我們被養育成什麼樣的人、我們如何與世界互動和看待世界，以及關於我們日常經驗的最佳方法。而且它不是孤立的經驗，它是我們這個世代的基礎溫度。

千禧世代倦怠的文章最終總算刊登於網路，吸引了超過七百萬名讀者，那是一篇個人散文，不過我試圖涵蓋一整代人的經歷。讀者們的回應在一些重要方面顯示它的確做到了。一位婦女告訴我，她在著名的研究所課程中精疲力盡，所以她只能放棄，而她過去一年都在一間養狗場工作，工作內容是鏟狗大便和清掃。阿拉巴馬州的一位小學老師不斷述說「聖人」才會去做她這個工作，而且她的工作資源愈來愈少。她於今年春天辭職。有兩個孩子的媽媽寫信給我：「我最近對我的治療師描述自己像是一個『行走的待辦事項清單，只有脖子以上是存在的。』」成千上萬封熱烈的電子郵件寄來，很多長達好幾頁，而且每天我都收到更多的電子郵件。我逐漸明白，我只是道出了在很大程度上難以言喻的那一點。我們這一世代沒有一個共通的字彙，因此很難向我們這一代以外的人具體闡明到底發生了什麼事情。

不過那只是個開始。在接下來的數百頁中，你將發現我企圖在原始作品之上進行擴展和詳細說明，同時利用廣泛的學術和歷史研究成果、超過三千個我所進行的調查回饋，還有數不盡的訪談和對話。若沒有深入瞭解塑造我們兒童時期的經濟與文化力量，以及父母養育我們時所面對的壓力，你就無法理解我們現在的生活方式。所以我們將探討這些課題；我們將研究勞動力在組織和重要性方面的巨大宏觀變化，以及在公司和使公司運轉的員工之間「風險」（工作與財務上）分配的方式。我們將探索為什麼社交媒體如此讓人感到疲累、休閒如何消失、為什麼為人父母變成「只有喜悅，沒有樂趣」，以及對我們許多人而言，工作為什麼變得如此令人厭煩，並且一直如此。

這本書仍然是根據我本身倦怠的經驗所寫的，但是我試圖超越中產階級的經驗來擴展對倦怠的理解。這是因為千禧世代一詞通常被使用於談論我們的高期待、懶惰和「摧毀」整個產業的傾向（如餐巾紙或結婚戒指），這些都是描述一群特定千禧世代的刻版行為：幾乎總是中產階級，而且通常是白人。

但是對於數百萬的千禧世代來說，這根本不是事實。二〇一八年，住在美國的七千三百萬名千禧世代中，有21％，超過五分之一的人口是西班牙裔；25％在家中說英文以外的語言；只有39％的千禧世代擁有大學學歷。[6] 僅僅因為「倦怠」變成是千禧世代必定會經歷的經驗，不代表每個千禧世代的倦怠經驗都相同。如果中產階級的白人在閱讀新聞時會感到疲累不已，那麼一個無證件的人生活在世界上會承受些什麼呢？如果在工作場所處理內隱的性別歧視很單調乏味，那麼加上一些不那麼內隱的種族歧視會如何呢？當你沒有世代相傳的財富時，倦怠會有何不同呢？當你是家中第一個上大學的孩子，學生債務又會是多大的負擔呢？

避免將中產階級白人的千禧世代經驗當作所有人的千禧世代經驗，是本計畫持續且必要的部分。我發現自己回過頭再次思考蒂亞娜・克拉克（Tiana Clarke）的文字，她寫了一篇關於黑人倦怠的文章來回應我的文章，她寫道：「無論什麼運動或哪個時代，倦怠一直是黑人的穩定狀態，而且在這個國家中已有數百年的歷史。」[7] 此外，儘管許多美國白人企圖恢復經濟的安全感，但是那種安全感總會遺忘美國黑人。正如社會學家特雷西・麥克米倫・科托姆（Tressie McMillam Cotton）三月在華盛頓所說，在現今的經濟條件下，「即使是在繁榮的城市中競爭科技工作、私人資本和國家認可，要實現向上流動也跟一九六二年一樣複雜。」科托姆解釋：「在那種經濟情況下，美國黑人面對法律上的種族隔離與社會汙名，使我們被為美國白人保留的機會中區隔開來。到了二〇二〇年，美國黑人可以合法地得到進入大學、工作場所、公立學校、社區、交通運輸、選舉政治的機會，但是儘管他們像其他人一樣忙碌，卻沒有太多機會能一展長才。」[8]

我記得在這篇文章後，有位中國人的第一代移民傳訊息給我，她告訴我在她成長的家中，她從未聽過「焦慮」或「憂鬱」這些詞。她解釋：「我聽過『吃苦』和『內心感受』，因為我的父母認為憂鬱對於加拿大的新移民來說是普遍的，我們努力在白人至上的社會中尋找穩定的工作。接受我自己也會倦怠、憂鬱和焦慮，同時又身為一個中國人的事實是一個困難的過程。」

而我想到一份皮尤研究中心的報告，該研究檢驗了不同世代之間學生債務和房屋所有權的差異。那樣做很有用，但使用整個世代的統計數據還留有一個未知的問題：為何千禧世代的學生債務總體上是膨脹的，但對於美國黑人，尤其是那些上營利性質大學的人來說，它的數目簡直是在狂飆。最近的一項研究調查了在二〇〇四年貸款的學生命運，發現到了二〇一五年，一共有48％的黑人借款人違約，與此相較只有21％的白人借款人違約。[9]那不僅是一個顯著的統計差異；那是千禧世代敘事的另一版本。

無論是在階級、家長期望、地理位置或文化社區方面，不同類型的千禧世代都經歷了不同的倦怠之路。畢竟，當大規模文化、科技和地緣政治事件發生時，你的世代認同中有許多部分會與你在該世代中的年齡與身分息息相關。舉例來說：我大學那幾年是用威達相機照相，然後幾週後再將照片洗出來。但是非常多的千禧世代必須在搞懂大學和成年的同時開始使用臉書，而臉書代表著網路上的自己。有些千禧世代將九一一攻擊視為一種抽象事件，以他們當時小學階段的心智是無法想像的；其他千禧世代則因為他們的宗教或種族認同而承受了多年的騷擾與懷疑。

然後還有經濟大衰退。身為一位老千禧世代，當銀行紓困和法拍屋開始發生時，我已經在研究所就讀。但是其他讀完高中或大學就直接踏進此金融危機的千禧世代，他們別無選擇，只能做些後來被我們這一代人嘲笑的事情：搬回家。同一時間，數以千計的千禧世代眼睜睜看著他們的父母失去工作，失去他們成長的家，失去他們的退休存款——使搬回家變得更困難。有些千禧世代對於經濟衰退的經驗是意識到自己擁有一個安全網是多麼幸運；其他則是明白當你沒有安全網時可以摔得多深。

當我們談論千禧世代時，其實談論的內容取決於誰在說話。這些事件及其後果使我們成為現在的我們，同時也使我們每個人都不一樣。這本書無法完全涵蓋所有人的千禧世代經驗，當然也包括中產階級的白人。這不是放棄責任，而是承認：這是對話的開始，而且是進行更多對話的邀請函。世界上沒有倦怠的奧林匹克競賽。我們能為他人做最慷慨的事情就是試著不要只是旁觀，而是真正且真實地瞭解他人經驗的參照。總而言之，承認別人的倦怠不會貶低你自己的倦怠。

自從撰寫那篇文章和這本書以來，我還未治癒過任何人的倦怠，包括我自己的。但是有件事變得出乎意料的清楚：**這不是個人問題，而是社會問題**——它不會因為應用程式的多產、子彈筆記術、面膜皮膚護理或隔夜的燕麥粥而痊癒。我們傾向使用這些個人療法，因為它們似乎有用，而且保證只要多一些紀律、一個新的應用程式、一種更好的電子郵件組織策略或是一種準備餐點的新方法就可以使我們的生活回到原本的位置並且重新出發。但是這些都只是傷口上的OK繃。它們可能可以暫時止血，但是當它們脫落，我們新發現的生活準則失敗時，只會讓我們感覺更糟。

在我們可以開始與這個系統進行所謂的結構化戰鬥前，我們首先必須瞭解它。聽起來似乎令人生畏，但是任何能夠輕易執行、承諾不會搞砸你生活的快速解決辦法或書籍都只會延長此問題。向前邁進的唯一方法是創造一個新的字彙和架構，允許我們清楚地看見自己，以及導致我們倦怠的這個系統。

這看起來似乎不太可能。但卻是必要的開始，是一種承認和宣示：不必一定是那樣。

1 我們倦怠的父母

「你認為你很累、很倦怠？試試看在經濟大蕭條和第二次世界大戰中生存下來！」寫完千禧世代倦怠的文章後，這是我的信箱最常收到的批評。這種意見通常是來自戰後嬰兒潮世代，諷刺地是，他們既沒有經歷過經濟大蕭條，也沒有經歷過第二次世界大戰。「振作起來，生活本來就艱難」，以及「在八〇年代，我非常努力地工作，而你不會聽到我抱怨職業倦怠。」這些陳述皆代表著我所理解的戰後嬰兒潮世代對我們千禧世代的認識：別再抱怨了，你們這些千禧世代，你們根本就不懂甚麼叫做**認真工作**。

事實是，不論他們是否意識到，戰後嬰兒潮世代正是教導我們不只要對我們的工作抱有更多期望，同時也要考慮到我們對工作狀態的想法與疲憊感的人，更重要的是：我們該好好表達（尤其是在經歷療程的時候，這已經逐漸成為常態），好好處理。如果我們真的像自兒童時期開始就不斷被告知的一樣特別、獨特與重要，那麼當我們的生活無法讓我們感受到這種氛圍時，我們拒絕沉默也不應該讓人驚訝。然而我們說的話聽起來經常像是抱怨，尤其是聽在戰後嬰兒潮世代的耳裡。

事實上，千禧世代是戰後嬰兒潮世代最糟的夢魘，因為就許多方面來說，我們曾是他們最美好的夢想。關於嬰兒潮和千禧世代的對話中，這是經常被忽略的連結：戰後嬰兒潮世代在很多方面對我們有責任，不論是字面上的關係（如我們的父母、老師和教練）還是象徵性的意義（創造出塑造我們意識形態和經濟的環境）。

多年來，千禧世代和X世代對戰後嬰兒潮世代的評論感到不滿，但卻對此無能為力。戰後嬰兒潮世代在數量上超越我們，而且圍繞在我們周遭的人：我們的父母、老闆、教授還有職場上的主管幾乎都屬於戰後嬰兒潮世代。我們能做的只有使用網路迷因（meme）去痛斥他們。二〇一二年，「Old Economy Steve」這種說法首次出現在Reddit上面，一名一九七〇年代的高中生相片搭配照片說明，表示他現在是你熱愛市場的父親，他絕不會停止告訴你為什麼你真的應該把錢存入你的401k帳戶。隨後的複述解釋了他的經濟特權：加劇聯邦赤字三十年；帳單留給孩子；其中一個迷因版本呼喊：「當我是個大學生時，我的暑期打工會用來付學費」；另一張照片說：「當時學費是四百美元」。[1]

更近期一點，在TikTok上，Z世代將「OK Boomer」一詞普及為對某個具有過時、倔強或頑固觀點的人會展現的反應。正如泰勒・洛倫茨（Taylor Lorenz）在《紐約時報》中指出的那樣，這是針對「基本上任何超過三十歲，對年輕人及其所關心的議題表現出自以為是的優越感的人們」。不過現代年輕人認為「戰後嬰兒潮世代」的優越感和專一不值得在意。[2]

不僅是因為戰後嬰兒潮世代老了或變得不酷了，畢竟每個世代都會變老和退流行，而是戰後嬰兒潮世代愈來愈被定位為虛偽、無同理心、完全不明白他們多麼輕易就擁有一切。這個世代相當於出生於三壘，卻認為自己打出一個三壘安打。此批評在二〇一九年強而有力地出現，該年戰後嬰兒潮世代將人口最大世代的稱號讓給了千禧世代。公道地說，X世代與戰後嬰兒潮世代也擁有悠久且輝煌的敵對歷史。儘管此種特定的評論很普遍，尤其是在網路上，但是戰後嬰兒潮世代和千禧世代在財務狀況上有著更顯著的差異卻是不爭的事實。

根據美國聯邦儲備（Federal Reserve）於二〇一八年進行的一項研究顯示，千禧世代的淨資產比起戰後嬰兒潮世代在相同的生命階段少了20％，而戰後嬰兒潮世代在千禧世代目前這個年齡時的家庭收入則是高了14％。然而不論某人是否熟悉統計數據，他們仍然可以在我們當前的代溝中憑直覺瞭解戰後嬰兒潮世代的角色。正如戲劇作家丹・斯漢（Dan Sheehan）二〇一九年在推特上一則超過二十萬人按下喜歡的推文上所說的：「戰後嬰兒潮世代所做的事情就像是只留下一小段的捲筒式衛生紙，然後假裝不應該是輪到他們去換一卷新的，只是現在該更換的是整個社會。」

我承認我也有仇恨感，而閱讀所有來自戰後嬰兒潮世代的電子郵件只會激怒我。但是當我開始愈來愈瞭解導致美國中產階級大規模擴張的趨勢時，我也愈來愈清楚儘管嬰兒潮世代成長於經濟空前穩定的時代，但是他們的成年期仍然承受著許多與我們相同的壓力：來自父母那代的普遍藐視，尤其是針對他們所理解的應得權利和漫無目標，以及對維持（或取得）中產階級的職位感到恐慌。

戰後嬰兒潮世代焦慮、過度工作且對施加在他們身上的批評深感不滿。為什麼我們常常很難將他們視為寬厚、仁慈的一代，問題就在於他們無法利用自己曾有過的經驗去同理自己孩子的世代。但是這並不表示他們的焦慮或對待工作的態度不會影響我們。戰後嬰兒潮世代在八〇、九〇年代呈現出的社會風氣剛好是我們的兒童時期，是我們探索未來前景以及思考該如何實現夢想的基礎。因此，為了瞭解千禧世代的倦怠，我們必須瞭解戰後嬰兒潮世代成長以及倦怠的背景。

＊＊＊

戰後嬰兒潮世代出生於一九四六到一九六四年之間，這段十八年的「嬰兒潮」始於第二次世界大戰後的經濟復甦，且隨著士兵們返家而加速。他們成為美國史上從未出現過的最大和最具影響力的一代。今日，美國有一千三百萬名戰後嬰兒潮世代的人口，其中72%是白人。唐納．川普就屬於戰後嬰兒潮世代，伊莉莎白．沃倫也是。他們現在差不多六、七十來歲，為人父母、祖父母，甚至是曾祖父母，通常已經退休，正努力對抗衰老的過程。但是回到一九七〇年代，他們正處於許多千禧世代現在的階段：首次進入職場、結婚，嘗試撐起一個家。

對七〇年代的陳腐理解就是整個社會都在隱居，還在自六〇年代的風暴中恢復，擺脫了激進主義並重新關注自我。在《紐約雜誌》中，作者湯姆．沃爾夫（Tom Wolfe）稱七〇年代為著名的「我的十年（The Me Decade）」，用催眠的細節來描述戰後嬰兒潮世代沉迷於透過三人行、唯心論、山達基教會或有機合作社來自我改善。[3]沃爾夫寫道：「古老的煉金術是夢想將基本金屬轉變成黃金，新的煉金術則是夢想改變一個人的人格——改造、重塑、提升和完善自我……並且觀察、研究和點綴它（我）！」一切都圍繞著自我照顧，而且是使用非常七〇年代的色調。

沒有人會驚訝沃爾夫在他的文章中輕描淡寫的描述實際上是那些專業的中產階級趨勢，他們有經濟能力和時間，可以花更多錢買雜貨或在酒店宴會廳參加深呼吸研討會來度過週末。但是在那種據稱自戀的另一面是蔓延在全國各地的共同焦慮，人們逐漸意識到，在經歷了數十年的繁榮之後，美國的情況似乎變得愈來愈糟。

更具體一點：搭載戰後嬰兒潮世代一生的那台成長和進步的火車似乎明顯減緩了下來。這種減速有多重的連帶原因，但是全都歸結於相同的敘述。開始的過程是這樣的：在經濟大蕭條期間，由富蘭克林．羅斯福總統簽署成為法律的最著名法案之一為一九三五年的全國勞資關係法（National Labor Relations Act），當私營部門的僱員試圖組織或加入工會時，此法律為他們提供了保護。全國勞資關係法也賦予工會實權，從那時起，法律要求企業主參加集體談判，在這種談判中，工會代表與企業主會協商，以建立適用於所有工會會員的薪資和福利結構。如果雙方無法達成協議，工會會員可以罷工，而且會受到法律保護，以免失業，直到達成協議。一九三五年以前，你也可以組織或加入一個工會，只不過風險很大。但是一九三五年之後，你可以組織或加入一個工會，而且法律站在你這邊。

一位僱員可能永遠無法對抗管理者的異想天開，但是當每位工會僱員都敢於面對時，他們的力量就會變得更加強大。一九三四到一九五〇年間，工會將這種權力用於有利的工作條件上。根據不同的職場，「有利」可以代表多種涵義，但是全都與勞工們的整體健康與福祉有關，比如提高組裝線的安全性，或者受虐待時的求助辦法以及定期休息。它可能表示一小時的薪資夠高，足以支持中產階級的生活方式，也就是俗稱的「家庭工資」；抑或根據一九三八年公平勞動標準法（Fair Labor Standards Act）的規定，如果你每週工時超過四十四小時，就需給予加班費，如此一來有助於預防過度工作，因為對公司來說需支付更多薪資。「有利」也可以代表醫療保健，這樣你不會為了支付醫療費用而破產，或將大量心力浪費在擔心如果你破產會發生什麼事上面，當然還有一筆退休金，可以使年老的你遠離貧窮。（有利不是代表工作場所有乒乓球桌或是晚上九點後可以免費搭乘計程車，或者週一和週三公司會提供午餐，也不代表任何今日時常會提供給千禧世代僱員的其他額外補貼，以此作為一種手段以掩蓋僱主所支付的薪資幾乎不足以支付所在城市租金的事實。）

有利的工作條件是強大工會運作的結果，但是如果沒有勞動學者傑克・羅森費爾德（Jake Rosenfield）所稱的「一個活躍的國家」，那麼就不可能發生政府投資在發展中產階級上面，與整個經濟領域內大型、健康的僱主們合作。這就是為什麼戰後時期是被稱作「經濟奇蹟」的時代。[4]隨著年齡增長和疲勞，你可以透過退休金或社會安全福利金而退休，減輕孩子們的負擔。有些人稱其為「大壓縮」，意指當收入分配「壓縮」給中產階級時，富人變得不那麼富有，而窮人變得較不貧窮。

這段期間內，最偉大的一代實現了這個國家有史以來最接近公平的財富分配。公司分配更多的錢去支付薪資與福利；首席執行長們的薪酬相對較低，與公司其他員工成比例，尤其是與今日相比。（一九五〇年，首席執行長的報酬大約是一般僱員的二十倍；二〇一三年，他們的報酬是一般員工的二〇四倍）。[5]企業享有「無可比擬的經濟進展」，產生穩定的利潤，願意投資於員工，以及進行試驗與創新，部分是因為它們絕對沒有虧欠股東，股東也沒有料想到今日無止盡的指數性增長。「工作可能一直重複，但是薪資支票也是，」經濟歷史學家路易斯．海曼（Louis Hyman）寫道，「資本主義幾乎適用於所有人。」[6]

精確來說，大壓縮的利益並沒有平均分配。由工會爭取並得到美國政府承認的保護措施並未擴展到數以百萬計的家庭和現場工人。當社會安全福利金首次被簽署為法律時，它排除了聯邦和州政府的僱員、農業工人、家政、飯店和洗衣工人，直到一九五四年。如海曼所點出的，一九三〇年代的改革可能是白人的一個「轉折點」，但並非是黑人的，他們在許多方面仍受制於吉姆．克勞法（Jim Crow laws）的限制規範。全美國仍有大量的貧民區；在小型經濟衰退期間，員工（無論有無工會）仍會被定期裁員；對在大型企業以外工作的人們來說，「家庭工資」仍然是個幻想。

***

一九五〇和一九六〇年代並非是完美的黃金年代。但是公司及在職人員的總體波動率明顯比今日低得多。經濟大蕭條帶來的經濟與社會災難後，政治科學家雅各．哈克爾（Jacob Hacker）認為：「政治和商業領袖建立了新的機構，旨在廣泛分散主要經濟風險的負擔，其中包括退休後的貧困風險、失業和殘疾風險以及由於養家糊口的人過早死亡所造成的喪偶風險。」[7]其中一些計畫，像是社會福利金，會與每筆薪水一同「支付」；其他像是退休金則是勞動契約的一部分。但是概念都是相同的：某些風險對於個人來說實在太大，無法承受；因此，風險應該分散給更廣泛的人口，從而在個人災難降臨時減弱其影響。

當我們談到二次世界大戰後的中產階級發展，我們其實是在談論某種經濟烏托邦，不論是否擁有大學學歷，全國各地能夠為自己和家人謀求經濟安全和相對平等的人數（主要是白人，但不是全部）都呈現大幅度增長。[8]此外，正如哈克爾的解釋，它短暫地將美國夢的「基本期望」擴展到數百萬人的身上。

這是戰後嬰兒潮世代的中產階級成長的環境。這也是為什麼他們之中有些人成長到讀大學的年齡時，對於維持現狀感到愈來愈自在。如同萊文森（Levinson）的解釋，這個經濟穩定的時代「可以說產生了信心，使大家勇於使用語言去挑戰不公平——性別歧視、環境惡化、對同性戀的壓抑，這些是早就存在的現象，幾乎不會引起公眾的憤慨。」[9]但是當戰後嬰兒潮世代開始抗議隔離或父權，或是美國參與越戰，或甚至只是感知郊區存在的一致性，他們都會被視為忘恩負義和被寵壞了。著名的新保守主義社會學家愛德華．希爾斯（Edward Shils）稱此時代的學生抗議者為「獨特的放縱世代」；另一位社會學家羅伯特．尼斯比特（Robert Nisbet）在每個千禧世代都應該會感到熟悉的段落裡，將責任歸咎於「父母對年輕的『聰明頭腦』投注了過度的寵溺、吹捧、奉獻、放任，以及持續不斷、如對嬰兒般地無條件信任。」[10]

對於這些經歷過經濟大蕭條和第二次世界大戰剝奪的評論家來說，那些戰後嬰兒潮世代簡直是不知感恩。他們被賦予了美國夢的鑰匙，但卻未能培養出任何一種職業道德，或是使他們能夠將中產階級地位延續給下一代的延遲享樂。相反地，戰後嬰兒潮世代在他們二十歲出頭時就「脫離」了社會。他們選擇「職業」，像是計程車司機或房屋油漆工，而不是白領階級的工作。他們更忽略社交，選擇了似乎永無止盡的研究所課程，而不是追求光榮的職涯。

或者至少那是一種看待它的方式，米奇．戴克特（Midge Dector）就將其編寫在一九七五年發行的《自由的父母，激進的孩子》（*Liberal Parents, Radical Children*）一書中。戴克特詳細說明了各種失望的原型：有一名新的畢業生，他「曾經令他的父母們羨慕不已，他英俊、健康、有天賦、舉止得體、贏得哈佛大學的獎學金」，現在卻「毫無生氣地住在醫院裡，治療師認為再過幾個月，他可能可以嘗試一些任務，最終若預後良好，他甚至可以保有一份工作」，而另一個孩子「最近寄給姊姊一張明信片，上面宣布他開始學攝影，一旦他得到一些工作，他計劃買座小島，並且在上面蓋自己的小屋」。有個女孩與一位離過婚的年長男性同住，而另一個女孩正在研讀她「第三還是第四個研究生學位」[11]。

這種論述表達出對白人中產階級的戰後嬰兒潮世代在某些方面變得「軟弱」的恐懼，就像關於育兒和世代期望的許多對話一樣，儘管使用說教的語氣，但背後其實是根深蒂固的**階級焦慮**。畢竟，中產階級的獨特之處在於其狀態會隨著每一代人而被複製或收回。「在其他階級，成員資格是透過簡單的繼承來延續，」芭芭拉．艾倫瑞克（Barbara Ehrenreich）在《害怕跌倒：中產階級的內心生活》（*Fear of Falling：The Inner Life of the Middle Class*）一書內提到，「如果你生於上流社會，你可以期待一生都維持在那裡。當然很遺憾地，大部分誕生於下層階級的人也可以預見會停留在那裡。」[12]但是中產階級卻不一樣。它的資本形式是「一個人必須透過另外的努力和承諾來更新。在此階級，沒有人可以逃避自律和自我引導的勞動要求；它們一代又一代地拜訪年輕人，就像拜訪他們的父母一樣。」[13]例如：律師的兒子必須與他的父親一樣工作多年，以維持在社會上的相同地位。

拒絕走上那條路的中產階級戰後嬰兒潮世代被認為是忘記了要終身堅守在中產階級的水

平上。或至少那是少數有偏見的保守派評論家所持有的觀點，他們寫了相當於一九七〇年代大衛．布魯克斯（David Brooks）或布雷特．史帝芬斯（Brett Stephens）的專欄，悲悼今日孩子們的狀態。但是那種感傷只是一種更大範圍、逐漸蔓延的社會焦慮的一部分，隨著年齡增長，戰後嬰兒潮世代內化了這種焦慮。戰後美國中產階級的擴張和鞏固曾經持續得夠久，使人們相信它可以持續到永遠，如今已經結束了。

考慮到這種經濟衰退對於美國勞工的心理影響，或許該感謝薪水凍漲，你每個月得到的薪資維持不變，即使有增加，但是它的實際價值，加上你其餘的存款其實是減少的。一九七五年，失業人口達8.5％，隨著美國公司職缺開始緩慢的遷移到海外，在那些地方公司可以用較少的成本（且避免工會）去製造相同的產品。但這還不是全部。隨著公民權利與婦女運動的發展，愈來愈多有色人種和婦女們也加入競爭工作，從製造業到醫藥業，那些以往是只限於（白人）男性的工作。所有這些都是在越戰、水門案、尼克森辭職以及普遍對政府理想破滅的背景下發生的。重大的人口變化、對公共機關的信任度下降、經濟不穩定——這一切都應該聽起來很熟悉。

因此，在經濟大蕭條和第二次世界大戰集體主義盛行之後數年，許多中產階級開始轉為獨善其身。從文化上和表面上看來，這很像沃爾夫所描述的「我的十年」。但是這種現象也代表他們在政治上右移，擁抱雷根政策和「市場導向的思想」，也就是應該在沒有政府介入的情況下，允許市場自行解決問題的概念，以及打擊工會並大規模削減了與其有關的公共計畫。

在《風險大轉移》（*The Great Risk Shift*）一書中，哈克爾描繪了「個人責任運動」的同步發展，這種愈來愈受歡迎的想法在文化和社會中以各種形式被表現出來，明白顯示於稅法和統治經濟的思想中，就是「政府應該放手，讓人們靠自己成功或承擔失敗。」[14]

哈克爾認為，此框架的核心思想是「美國人最好獨自應對經濟風險，而不要過分自信地介入或花費在更大的風險分擔系統上」。換句話說，給高等教育的健全資金或公司所管理的退休金等風險分擔形式都是放肆、縱容與不必要的。還有一種論點與保守派想法如此相像，以至於不引人注意，那就是安全網使人們懶惰或不知感恩，或自我放縱。因此，從本質上說，這麼做不符合美國精神。「藉由保護我們免受自我選擇的所有後果，」哈克爾解釋，保險被認為「剝奪了我們提高生產力和小心謹慎的動機。」[15]

風險轉移也以將培訓責任轉移給個人而不是僱主的形式呈現。在過去，許多公司願意僱用勞工，無論其是否擁有大學學歷，並且會培訓員工從事一項特定工作並支付相對應的薪水。一間工廠內，被聘為包裝工的人可以被訓練升等為檢查員；會計事務所的接待員最終可以成為執業會計師。例如一間礦業公司資助當地大學的工程系所，並且為學生設立獎學金以鼓勵學生去讀。它們可能沒有自己進行培訓，但是它們實際上有支付培訓費用，「風險」（如：成本）則是由公司承擔，而非勞工。

近年來，絕大多數僱主要求申請人承擔培訓的重擔。我們支付大學學費、證書和研究所學費，但是我們還需要負責繳付實習與校外實習期間的費用，這種個人「自我籌措資金供自己在職場的培訓」，要麼以大學學分的形式（學分變成兩倍，作為一種「課程」的實習替公司提供免費勞力），要麼就是單純提供無償的勞動力。[16]一些公司出於必要，仍然會訓練員工（高度特定的行業，如太陽能板工作）；一些白領僱主會支付員工就讀MBA的學費。當然，軍隊總是會負起培訓的責任。不過主要的培訓責任現在落在勞工身上，然而即使這樣也無法保證可以獲得一份工作。這種轉變是漸進式地發生，因此很難看出它的變化是多麼巨大，還有多少學生債務是由此產生，但是隨著戰後嬰兒潮世代的年齡增長，它悄悄地擴展了。

風險轉移的最明顯副作用是退休金的命運，它在今日的經濟狀況中變得如此罕見，完全超出我們的想像，對於我們許多人來說，根本連想都不敢想，更遑論期待這種東西了。當我想到我祖父從他五十九歲自3M的工作退休後就開始領取的退休金，我當下的反應是這一切都很荒謬。但退休金的概念過去不是，此刻也不應該是奢侈的。在此概念的前提下，你協助公司賺取的一些利潤不應該只分給股東或首席執行長，應該分給長期的工作者，讓他們即使在退休後仍能持續獲得薪水的一部分。在本質上，勞工畢生致力於使公司盈利；因此公司理應承諾將其獲利再多跟員工分享幾年。

結合每位勞工在有工作的歲月中都必須支付的社會福利金，使得戰後的工會會員及專業勞工都能夠舒適地退休。他們不會被送往救濟院，如同許多經濟大蕭條和社會福利法案通過之前的年長者；也不會被迫依賴他們的孩子。但是隨著一九七〇年代經濟情況的轉變，公司開始將退休金視為一種麻煩。一九八一年開始，有些公司以401k計畫取代退休金，這個計畫允許員工將稅前薪資儲存為退休金。一部分公司也提供「對應」金額到某個程度：假使你在裡面存入一美元，公司會額外存入五到五．五美分。

但是愈來愈多公司開始什麼都不提供。一九八〇年，46％的私營部門勞工都包含在退休金計畫內。到了二〇一九年，這個數字降為16％。[17]從皮尤慈善信託基金會（Pew Charitable Trusts）二〇一二收入調查及計畫參與的數據分析中發現，有53％私營部門的員工可以使用「確定提撥制計畫」，像401k或Roth 401k IRA。當許多人讚揚能夠自由轉換工作，而不必為了獲得退休金的最大利益堅持在一個工作崗位時，這種靈活性卻產生了明顯的401k「漏洞」：員工忘了滾存或提領401k帳戶以給付「困難」花費，如大學學費或醫療緊急事件。[18]而且可以使用一個計畫與參與一個計畫是不一樣的：只有38％的私營部門員工有實際參與確定提撥制計畫。畢竟，當你對現況感到如此不安全時，強迫自己為了未來的安全而儲蓄是有困難的。

當我另外的祖父母於一九八〇年代晚期退休時，他們能夠生活，不是那種奢侈的生活，而是能夠依靠他們的社會安全福利金生活。在今天，只依靠社會安全福利金來生存，通常代表只能支付生活所需的基本花費。然而，個人責任的概念仍然存在：如果你有好好規劃，並且當你一開始工作就開始儲蓄，理論上來說退休後維持生活應該沒有問題。然而在終身辛苦工作後，你最終也可能只能仰賴一張又一張的社會安全支票。在經濟大蕭條之前，這就是美國的生存方式，此國家大多數人都處於極度的不安全感中。這就是最偉大的一代所經歷過的，那些是他們流傳給戰後嬰兒潮世代孩子們的故事，其令人震撼之處可與任何戰爭故事相媲美。這就是為什麼它如此令人驚訝，使得任何一個世代都願意再次回到那種美國方式。

但是就像許多互相矛盾的意識形態，它雖然令人難以置信，卻容易理解。畢竟美國人喜愛自己動手、自力更生的想法，無論障礙為何，美國人的成功都可以與頑強的毅力連結在一起。不過自力更生的美國人迷思正如所有的迷思一樣，依賴著某種持續性的故意無知，通常是由那些從中受益的人使其不朽。

舉例來說，「靠自己努力成功（pull yourself up by your bootstraps）」這個諺語總是依靠人們忽略了誰被允許穿靴子，以及是誰提供了可以將他們拉起來的鞋帶。這種對個人的崇拜掩蓋了一個人努力工作得以生根發芽，其實是因為聯邦所實施的計畫與政策的關係，從公地放領法（Homestead Act）到美國軍人權利法案（G.I. Bill），這些計畫通常將非白人或非男性的其他人排除在外。

但是如果中產階級優勢都只與個人的努力工作有關，那麼這個故事更容易讓人接受也更顯英勇。而且沒有人想要失去辛苦工作後得來不易的好處。因此，這有助於解釋個人責任模式為何在戰後嬰兒潮世代及其父母之中受到歡迎：中產階級的成員由於看出經濟不穩定而非常不安，所以他們開始阻止別人享受與他們相同的福利。在他們的支持下，選出了像是隆納・雷根總統這樣的領導者，其承諾透過減稅來「保護」中產階級，儘管雷根的政策一旦實施，就會使許多當初讓中產階級獲得這種地位的計畫失去資金。而在州政府的層級，他們選出的立法者通過了「工作權」的法規，以消除愈來愈被認為是貪婪、腐敗和破壞美國在全球市場競爭力的工會力量。

阻止別人享受福利也代表透過妖魔化「福利皇后（welfare queens）」來證明取消社會服務的合理性，以及傳播旨在減輕貧窮的計畫其實是使人們繼續困在貧窮裡的這種新觀點。這種觀點意味著大幅刪減對黑人社區影響過大的部門預算，如住宅與發展部。正如莫里斯・A・聖皮爾埃（Maurice A. St Pierre）一九九三年刊登在《黑人研究期刊》（*Journal of Black Studies*）上的文章所解釋，「雷根政府的政策，也就是基於勤奮工作、獨立、節儉、政府對公民生活的最少介入以及使美國再次強大的理念，對於窮人（其中許多是黑人）的影響比經濟條件較好的人更為負面。」[19]

根據雷根主義的說法，集體利益的最佳途徑是持續專注於培養自我（me）和屬於我的（mine），不用去考慮到那些行為的迴響會如何影響自己的孩子與未來數年後的子孫。此概念發展成有點開玩笑的說法，即（白人、中產階級）戰後嬰兒潮世代的內心是反社會之人，缺乏同理心、自我主義，加上對他人的高度漠視。布魯斯．吉布尼（Bruce Gibney）在他二〇一七年出版的書《反社會世代：嬰兒潮世代如何背叛美國》（*A Generation of Sociopaths: How Baby Boomers Betrayed America*）中提到戰後嬰兒潮世代也不愛交際，不是「不想參加那個派對」的那種，而是以「缺乏考慮到他人」的方式呈現。

這並非一種科學的嚴謹假設，但是今日看來，吉布尼的整體論點感覺愈來愈可信。早在一九八九年，芭芭拉．艾倫瑞克就曾闡述過類似的觀點。她追查學生抗議運動的發展、對該運動的強烈反對，以及中產階級對最近其勢態的擴大與穩定性受到威脅的焦慮，她認為戰後嬰兒潮世代從六〇年代的自由主義退縮到「一種更苛薄、更自私的觀點，對那些不那麼幸運的人的渴望懷抱著敵意。」[20]他們打破了經濟學家馬蒂亞斯．多普克（Matthias Doepke）與法布里奇奧．茲里波提（Fabrizio Zilibotti）認為戰後時期的「社會契約」：「他們決定為自己著想：他們在自己的教育和個人成功上投資更多，同時認為社會保護不那麼重要。」[21]

當時的評論家和學者們都小心翼翼地注意到，這主要是富有和「專業」中產階級的變化軌跡，他們是經理、大學畢業生、教授、醫生、作家和顧問的混合體，其階級地位是經由組織和知識的生產而得到「確認」。他們大多是但不全是白人；他們最有可能住在郊區，但分散於美國各地，在大學城和工廠城中很普遍。他們是受薪階級，但不是按時薪計酬，因此不太可能是工會的一員。

雖然這些專業中產階級的戰後嬰兒潮世代絕對不是大多數，他們只佔人口的20％，但是他們接近權力槓桿和文化知名度，使他們以及他們所擁護和宣傳的意識形態具有強大的力量。他們是菁英，正如艾倫瑞克所說的：「一個意識到自己地位的菁英會捍衛那種地位，即使這代表放棄除了言辭外的所有價值，例如民主和公平。」[22]

這種對他人的敵意，至少在一定程度上是出於對從自己的階級地位上跌落的恐懼，以及隨之而來的社會羞辱。[23]為了避免那種命運，一些畢業於七〇年代晚期和八〇年代早期的年輕戰後嬰兒潮世代，開始對教育和消費的目的採取不同的理解。正如千禧世代在經濟大衰退之中和之後畢業一樣，他們完成了高中或大學學業，但設想中會擁有的工作卻無處可尋。他們是「奇蹟經濟」後第一批進入職場的戰後嬰兒潮世代，他們在某種程度上明白，自己必須規劃出一條與父母不同的路線，才能朝中產階級的安全地位邁進。

艾倫瑞克稱呼這種新的心態「雅痞策略（the Yuppie Strategy）」。就像二〇〇〇年代末的文青（hipsters）一樣，雅痞士（或年輕的都會專業人士）也是一個很少有人願意承認自己是其成員的社會類別，《雅痞士指南》（*The Yuppie Handbook*）等文本對此進行了無情的諷刺。但是他們的流行，無論是作為媒體潮流的故事主題，或是作為文化的出氣筒，都暗示了一個新的社會方向，既令人不安又令人嚮往。

最典型的雅痞士為大學畢業、住在紐約，從事財務、顧問或法律的工作。他們拒絕了父母們節儉的消費方式，在小器具（美膳雅 Cuisinart）、特色食品（油漬蕃茄、壽司）、彰顯地位的度假（巴哈馬）和購物（勞力士）上大肆花費。他們開始喜歡葡萄酒、家居盆栽以及「慢跑」這種新近的酷愛好。他們在由中產階級聚集成的社區中買下房屋，使得除了其他雅痞士外，沒有人負擔得起該價格。（如果這一切聽起來像是我們當前消費文化的一個略顯過時的版本，那是因為它的確是。）

最重要的是，**他們對愛錢毫不忌諱**。正如《新聞週刊》一篇代表性的封面故事所說，雅痞士們「於六〇年代齊步行進，然後解散為百萬位孤獨的跑者，達到他們自己的巔峰時期，現在他們又來了，幾乎沒有將埋在《華爾街日報》中的頭抬起來，他們朝著機場飛馳而去，於一九八〇年代坐在一輛豪華轎車的後座前進。」他們不一定是電影《華爾街》裡的葛登．蓋柯，這部電影於一九八七年上映，蓋柯濃縮了他們所有最糟的特徵。不像較早期的戰後嬰兒潮世代，「他們不會浪費時間去『尋找自我』或參與激進運動，」艾倫瑞克寫道，「他們直接投身於經濟主流，對於賺錢和消費同樣熱衷。」這些雅痞士假裝自己是Yippie（青年國際黨成員，一九六年〇代激進的抗議團體之一的名稱），這也是重點的一部分。嬉皮士（hippies）則已成為過時的群體。

按照艾倫瑞克的說法，雅痞士生活策略的第一步是一種「過早的實用主義（premature pragmatism）」，根據哪個專業能夠讓他們很快賺大錢來做選擇。一九七〇年代到一九八〇年代初期之間，主修英文的人數下降了將近50％，主修社會科學的也是。而在相同時期，主修商業的人數則增加了兩倍。[24]

這種「實用主義」對於千禧世代而言應該很熟悉。雅痞士們想要得到他們被訓練應該得到的東西，千禧世代的中產階級也是想要相同的事情：如果無法躋身更高的社會經濟層級，至少要擁有像他們父母一樣的中產階級生活方式。但是由於經濟的轉變，大學學歷不再足以保證能得到那種生活方式。所以他們必須選擇正確的主修，然後獲得正確的工作以支撐那種菁英地位，然後開始努力地維持那份工作。

然而，「正確的工作」往往加劇了讓雅痞士當初如此瘋狂的條件。正如歷史學家狄倫．哥特利布（Dylan Gottlieb）所指出的那樣，雅痞士是「他們幫助創造出的不平等社會秩序下的受益者。」[25]對雅痞士來說是踩水但能維持在水面上，對其他人而言則是沉沒，他們作為股票經紀人、顧問和公司律師的在職行為造成了經濟傷害。

這就是為什麼雅痞士會成為與八〇年代與整體戰後嬰兒潮世代有關談話的重點。「談論雅痞士是對製造業黯然失色，而金融、專業與服務業崛起的一種理解，」哥特利布解釋，「雅痞士是一種象徵受過大學教育的上層中產階級，與那些被拋在後頭的人之間不平等日益增長的方式。」

並非所有的戰後嬰兒潮世代都是雅痞士，事實上他們的比例甚至不多，但是透過雅痞士的行為去思考，讓我們看見了戰後嬰兒潮世代中產階級的更大焦慮。他們在七〇年代形成、八〇年代轉移，然後變成九〇年代的基本溫度。人們有時候將繁榮的終結歸咎於「大政府」；有時候是歸咎於對全球競爭的模糊理解。在小規模的經濟衰退期間，焦慮變得更加嚴重，但是所謂「復甦」也只提供了輕微的緩解。一些戰後嬰兒潮世代設法固守其父母的階級地位，而另一些則成為所謂的「消失的中產階級」的一部分，也就是工人中產階級，這些人的工作與階級保障受到威脅，而且有許多完全被摧毀的案例。但是對這一代的人來說，眼前的問題仍然與我們相同：我們的保障到哪裡去了，為什麼我們無法把它找回來？

抱持著對自己階級地位的緊張情緒，並努力尋找一份能讓自己嘗試且維持它的工作，那就是戰後嬰兒潮世代所謂倦怠感的來源。他們沒有手機或大量的學生債務來加重這種情況，但是他們的確擁有基本的不安，也就是處理日常不穩定狀態時心理上的損失。

從經濟史的角度檢視戰後嬰兒潮世代有助於解釋非常多現象：關於他們的投票習慣，還有他們的保守。但是如果你仍然納悶這與千禧世代的倦怠有何關聯，請再花幾秒鐘仔細想想。被感受到的威脅和不斷增長的不確定性所包圍，導致中產階級的戰後嬰兒潮世代們加倍努力地掌控他們似乎可以嘗試控制的東西——他們的孩子。

2 成長中的小大人

「我七歲時已開始感到忙碌。」這是一九八〇年代在華盛頓特區郊區成長的凱特琳告訴我的，她是一名混血兒。最初是各式各樣的活動，游泳、軟式壘球、美術課，每天放學後至少有一樣活動。上中學時，她的課外活動更多了，並且致力於舞蹈與戲劇。她的父母都擁有全職工作，而她的父親經常出差，所以是一位互惠生會在放學後接送她去參與那些活動並監督她寫功課。她的母親非常在意成績，只能是A或B，而且希望能確保她與「正確」的同學交朋友。

「身為成人，我發現當我無事可做時，我會感到有壓力，」凱特琳說。「只要放鬆我就感到罪惡。進入大學後，我發現自己一學期需要修滿十八到十九個學分、擁有一份校內工作、參加社團、做志工、參與戲劇與音樂劇的表演，即使如此，我仍然感覺自己做得不夠多。」

史蒂芬妮是白人，生於一九八二年，成長於北愛達荷，距離加拿大邊境僅數公里。她的父親是一名伐木工人，從凌晨三點工作到傍晚；她的母親是家庭主婦，在家中照顧她與其他四位手足。她的祖父母、多位阿姨與叔叔都住在附近，而且她與他們所有人都很親近。小時候，她和她的手足們有寬廣的空間可以騎著腳踏車漫遊；夏天時，她們會到鄰近的小學在無人看管的情況下玩好幾個鐘頭。她會與她的表親們一起玩踢罐子、警察抓小偷、奪旗，同樣地，是無人看管的情況下在戶外，玩到天黑。

中學時期，史蒂芬妮一家從城裡搬到了一片兩公頃的土地上。她告訴我：「我們建造了許多堡壘、升起營火，然後基本上是自由地奔跑。」她的媽媽會教她閱讀，但是除此之外，在學校與作業上幾乎是任她自由發揮。她們沒有所謂的家庭「時間表」，除了週日上教堂，以及每月一次所有家人會聚集在她祖父母的家，慶祝其中一位家人的生日。

凱特琳與史蒂芬妮的兒童時期發生在相隔千里之外，擁有不同的社經背景並且分別處在千禧世代年齡光譜的兩端。她們代表著兩種教養模式，以及關於成年的「準備」應該是什麼樣子——在我們千禧世代的童年過程中，其中一位的範例逐漸取代了另一位。人們知道這種轉變正在發生，但是幾乎沒有人對這種轉變進行過深入細緻的研究。至少在安奈特．拉魯（Annette Lareau）之前沒有。

一九九〇到一九九五年之間，賓州大學的社會學家魯拉從八十八位孩童小學三年級起開始追蹤他們。正如凱特琳和史蒂芬妮，這些孩童來自不同的經濟和種族背景；他們上不同的學校並且照顧者對於他們在課後應該從事些什麼事情有非常不一樣的期望。

為了此研究，魯拉及她的研究助理花了許多時間與這些孩童和其家人相處，並且盡可能包含研究參與者在家裡和外面的時間。研究目標是仔細觀察父母的教養方式以及對孩子童年時期的期望在社經光譜內有怎樣的變化。他們遇見了「小比利」——亞納利，他是一個白人男孩，和父母住在一個小巧、整潔的家中，他的父母皆自高中輟學。他的母親是一位替郊區富有家庭打掃房子的居家清潔人員，他的父親是油漆工。他在學校的成績都維持在B，但是經常行為不當；他的老師稱他「傻瓜」。除了參與一個體育活動外，小比利大部分的課後時間是跟鄰居或親戚孩子們（大部分親人都住在附近）一同玩耍。

然後是史黛西．馬修，她是一位黑人女孩，住在中產階級的郊區，家中成員有姊姊與雙親，她的父母當年皆為了就讀此地區的大學而特地從南方搬過來。她的父親是公務員，母親則在我們現在所謂的科技公司任職。史黛西有上鋼琴課，而且是個體操運動員，她的暑假都在忙於參加各式各樣的營隊。當她錯過學校資優計畫的截止日期時，她的母親會安排她重新參加。即使馬修家的收入不錯，足以給女孩們買最新的衣服與玩具，但是他們總是擔心金錢，並且害怕被公司裁員。

還有蓋瑞特．塔林格，三兄弟之一，成長於幾乎全是白人中產階級社區的郊區。他的父母畢業於常春藤聯盟，作為顧問，他們努力工作，同時兼顧必要的出差。他們有游泳池、定期居家清潔人員，以及菁英私人鄉村俱樂部的會員。但是他的父母很少談論金錢，即使蓋瑞特的母親為了多點時間陪伴家人而辭去工作，使得家庭財務狀況變得較吃緊也一樣。

塔林格一家的生活總是圍繞著「行事曆」，裡面充滿了選拔賽、練習和比賽的時間，其中許多需要旅行。蓋瑞特參與了三種不同運動的特殊聯盟和比賽，並且還有鋼琴和薩克斯風的課程。他是一位好學生，在班級中表現良好，但是他也經常感覺疲累，且與他的兄弟「競爭且互懷敵意」，同時怨恨父母錢賺得不夠多，無法讓他回到他以前就讀的昂貴私立學校。在很多方面，蓋瑞特的生活都像是眾人對千禧世代所存有的不好的刻板印象：忙得焦頭爛額、過多優勢，還有你可以輕易想像到，在未來的歲月裡他將深深地感到倦怠。

魯拉發現實踐她所說的「規劃栽培」的父母，與那些拒絕或沒有時間將自己的生活完全繞著孩子的活動和未來履歷打轉、一般階級地位較低的父母之間存在著一種分歧。這些階級較低的父母並不是「壞」父母，只是他們培養孩子所具備的技巧，包括獨立性與想像力，並非是資產階級的職場所重視的。想要在那種職場被看重，你需要計畫、冗長的履歷、與權威人士互動的自在與自信，還有對職位晉升如何運作的本能理解。你需要**人脈**、願意**一心多用**以及**對過度忙碌的渴望**。

有些千禧世代是以這種方式被養育的，對父母的用心良苦總是在抗拒和順從間擺盪；其他人則是一生都在努力表現和模擬他們從未被教導過的行為。很多事情都取決於你是何時、在哪裡和如何被養育的，無論你的父母是否離婚，無論你住在城市或寬闊的地方，以及先不管是否負擔得起，而是你可以參加到哪些「活動」；但是所有人的經驗共通點依然是成功。身為一個千禧世代的孩子，至少按照中產階級的社會標準，就是**打造一個倦怠的自己**。

＊＊＊

規劃栽培的原則我們聽起來都會感到很熟悉，因為它代表著過去三十年間被默許的「好」教養策略。孩子的日程表，從午睡時間開始，持續到競爭性的舞蹈、音樂或運動，皆優先於父母自己的日程安排；孩子的福利，還有更重要的，他們未來成功的能力是至高無上的。嬰兒食品應該要自製；幼兒遊戲應該要豐富；必要時，應聘請私人家教。

在規劃栽培的框架內，一個孩子應該發展出大量的字彙、認為自己有能力質疑權威人士並且擁護他們的自身需要，以及在年幼時就學會如何協商與規劃他們的日程要求。簡單來說，他們應該被訓練成為優秀的人際網絡建構者、傑出的員工、優良的一心多用者。換句話說，孩子生活中的每個環節都可以被最佳化，為了他們最終進入職場做更好的準備。他們早在成年之前就帶著焦慮與期望變成了小大人。

規劃栽培的核心是中產階級的實踐。但是過去三十年間，它的概念超越了階級界限，變成了「優良教養方式」的基礎，尤其是對於那些已經掉出或對於掉出中產階級感到焦慮的人來說。此外，雖然沒有任何學術界以外的人稱其為「規劃栽培」，但是全美各地的戰後嬰兒潮世代都告訴我，他們渴望任何能夠自己反覆實踐的觀念。

舉例來說：當蘇和她的丈夫（雙方皆是藍領工人，依靠一張張的薪資支票生活）在費城養育他們千禧世代的孩子時，她的規劃栽培方式為每個月縮衣節食以支付當地天主教學校的學費。麗塔，一位有兩個孩子的單親媽媽，從一九八三到一九八七年間在美國各地搬家。她知道在孩子學校志願服務的重要性，但是她的工作時間很難配合，即使學校離住家只有一條街的距離。而且即使這個家庭生活在貧窮線下，她仍然每個月存下十美元，為了提供她可以負擔的那種「豐富」環境：每年夏天一次的露營旅行。

對辛蒂這位來自德州南部的西班牙裔母親而言，家裡的經濟總是很緊張，尤其是她和先生皆被裁員之後。她告訴我，這個經驗使他們全家更緊密，而且使他們的信仰更加堅定。儘管有財務上的壓力，孩子們仍然是他們的重心。她協助孩子們的老師執行繁瑣的工作、陪伴班級去校外教學與活動以及募款。她說：「我們為了孩子活著和犧牲。孩子第一，婚姻第二。」

由於我的年齡（老千禧世代）和成長地點（如同住在北愛達荷小鎮上的史蒂芬妮），我的父母要麼錯過了，要麼沒有太多動機或根本拒絕接受，要麼就是沒有機會接觸到那麼多規劃栽培的原則。但是這並非代表身為主要照顧者的我母親沒有將其元素有意無意地融入我的童年生活中。

我的媽媽告訴我，她大部分的教養哲學皆來自她當老師管理班級的時候，特別是發展心理方面。「我從妳很小開始，就尋找能塑造妳思維的經驗，」她告訴我，像是每晚共讀兩本書，「這不僅是為了讓妳開始喜歡閱讀，還有建立一套常規，使妳清楚知道何時應該睡覺。」加上一天健康的三餐和有限制的零食。

我有上幼兒園，我記得自己很喜歡，幼兒園位在我們教堂的地下室，一天上三個鐘頭。因為我的母親在家中工作，所以她能夠接送我，幼兒園下課後的其餘時間也能陪伴我。我的幼兒園沒有競爭壓力，更不用說等待入學名單了。當我開始唸小學，我每天走路五分鐘到公車站，坐公車到學校需要三十分鐘。大概從小學四年級開始，我的媽媽返回職場，我被允許放學後可以獨自在家——我很珍惜這段時光，充滿了百吉餅和影集《銀河飛龍》（Star Trek: The Next

Generation）。

不像許多中產階級的千禧世代，我沒有參與任何種類的組織活動，直到小學二年級才開始學鋼琴。我的媽媽彈過琴，她認為學會看譜並知道「作音樂需要什麼」很重要。她最近告訴我：「我從沒想過還有其他好處，像是記得練琴的紀律或學習在公共場合表演的重要性。」

因為我媽媽搬到愛達荷州時，離開了在明尼蘇達州一所菁英私立學校的教學工作，她強烈感覺到對我和弟弟「有所虧欠」。她成為親師會的主席，而且被選入學校董事會。小鎮上沒有許多「豐富的」活動，但是只要能參加的，她都會幫我登記，通常有事先取得我熱情的同意：我是一位女童軍，我持續彈鋼琴。我喜愛寫作，因此她鼓勵我與她一位在高中教英文的成年朋友一起進行自由寫作。我喜愛閱讀，但是協議是我必須交替閱讀保姆俱樂部和非保姆俱樂部的書籍（前者的書是輕鬆、容易閱讀的讀物）。

我的母親告訴我：「我希望妳能受教育。」然而有趣的是教育在課堂之外體現的所有方式。她為我的成人生活作準備，但特別是在為我成為中產階級、專業、有文化的成人生活作準備。我弟弟和我會與父母一起去正式餐廳，在那裡我們學習禮儀，並且接觸「不同」類型的食物（我童年最深刻的感官記憶是品嚐蝸牛，一種令人難以置信的、八〇年代的「精緻」食物版本）。我們會得到一頓「特級」的晚餐做為好成績的獎勵，用我媽的話來說：「這是需要花費長時間來達到的成就。」我的父母也會帶我們去小鎮之外的地方，例如西雅圖或史坡勘市，然後帶我們去博物館以學習如何在公共場合表現出適當的行為。

然而我父母所有的規劃栽培都是長期在幾乎完全沒有監督的背景下發生的。我們住在一個相對新開發地區的死巷中。在我走路可及範圍內沒有公園，但是我們的房子後面有一大片未開發的土地，也就是俗稱的「草叢」，這讓我的童年帶有一種即使不是現實，但也無拘無束的原始感覺。

我們的鄰居有許多孩童，我會花很長的時間在我家或他們家的後院和他們一起玩，然後隨著我們長大則是在街上或是「草叢」中遊玩。我童年的第一個朋友住在我家隔壁，而他家和我家的界限感覺很模糊。我們一起騎腳踏車、用掉落的洋槐樹枝建造堡壘和抓蚱蜢好幾個小時。暑假總是給人一種野性十足又無邊無際的感覺，其中點綴著游泳課、露營和為期一週的暑期聖經班。不過大多時候，我的暑假就是無休止地嘗試娛樂自己：去戶外、自己騎腳踏車、去游泳池、待在自己的房間。

我弟弟和我享受了一個基本上相當鬆散的童年，和許多千禧世代一樣，我們偶爾會想起那段時光，並把我們自己與現今感覺過度被監督的孩子生活作比較。其他老千禧世代也會回憶起相似的自由，比如雷恩，他是生長於密蘇里州堪薩斯城郊區的中產階級家庭，他記得在八〇年代和九〇年代初，當他的父母在工作時，他和兄弟們在家中度過了無盡的下午。「我們大部分時間都待在家裡，經常互相威嚇，」他說。「我會爬上住家後院的樹以躲避我的兄弟，然後他們會拿水管朝我噴水，直到我下來為止。當我父母其中一個人回到家後，我們就有更大的範圍能在整個社區中玩，而且無人監督。」

瑪莉出生於一九八五年，生長於維吉尼亞州的農村，成長過程「幾乎完全無監督」。她的父親是一個富有教會的牧師，但是他們總是瀕臨破產。她回憶：「我會獨自在屋後寬廣的樹林中遊戲和閱讀；在對面的教會園區閒逛；在廚房教自己做一些奇怪的食物，以及在鄰近區域獨自散步很長的時間。」艾蜜莉成長於伊利諾州的一處農場，距離最近的小鎮八公里。她說：「我可以隨時隨地跳上馬背、利用繩子盪進乾草堆中、在橋下找小龍蝦，並且在樹林裡建造我們的假城鎮。」

不過大多數我訪談過，可以享受如此**自由**的千禧世代不是年紀稍長就是成長於治安良好的農業地區。隨著規劃栽培觀念的持續傳播，它們凝結成我們現在所認為的「直升機家長」，也就是投入更多的親職時間，尤其是將更多的時間花在陪伴孩子身上，特別是那些從前孩子自己度過的放學後及週末時光。

二〇一四年發表於《大西洋》雜誌上的〈過度保護的孩子〉（*The Overprotected Kid*），作者漢娜．羅辛（**Hanna Rosin**）的先生意識到他們的女兒（當年十歲）可能從未體驗過十分鐘以上不受監督的時光。[1]羅辛追溯回一九七〇年代末的兩個重要事件，導致加強監督這種現象的轉變，同時試圖消除孩子們遊戲中的風險。第一，一九七八年，一名幼兒在芝加哥一處三．六公尺長的溜滑梯上受了重傷。他的母親在他從溜滑梯上方的一個裂口掉落時就在他的正後方，事後對芝加哥公園處和建造及安裝溜滑梯的公司提出訴訟。

這場訴訟之後以九百五十萬美元的價格達成和解，是引領全美「遊樂場改造」浪潮的幾起訴訟之一，因此全美數千個遊樂場將被視為「危險的」設備更改成表面上更安全，幾乎是標準化的新設備。（在我的小學，翹翹板和旋轉木馬被黃色的塑膠溜滑梯所取代；如果你是較老的千禧世代，你可能也會回憶起類似的事情。）

第二個事件發生在一九七九年的曼哈頓，當年六歲的伊坦．帕茲懇求母親讓他自己走到公車站，最終他的請求得到同意──然後他就失蹤了。這則事件變成全國新聞，加上佛羅里達的四歲男童亞當．威爾士被謀殺的綁架案，助長了全國對兒童失蹤、「陌生人危險」，以及兒童性騷擾者無處不在的恐慌。八〇年代初期，失蹤兒童的照片首次開始印刷在牛奶盒上；一九八三年，名為《Adam》的劇情片播出時，有三千八百萬人觀看；隆納．雷根還宣布帕茲失蹤的那天為全國失蹤兒童日。

在所有的焦慮中，「針對兒童的犯罪」事實上並沒有於八〇年代初激增，甚至從九〇年代早期開始，其實呈現下降的趨勢。羅辛寫道：「一個來自快樂、健全家庭的孩子，走路到公車站卻永遠沒有回家仍然是一場國家悲劇，但不是普遍現象。」然而，無論是在遊樂場還是公共場所，對於兒童危險日益增加的觀念都迫使父母（有能力且有時間這樣做的家長）預防或減少孩子接觸那些地點的機會。

對於「陌生人危險」的焦慮在許多方面是其他焦慮的轉移，那些焦慮包含對於家庭理解的變化、職業母親的增加，以及隨之而來的社區凝聚力的減弱。裡面似乎有許多面向是父母無法控制的，但是孩子們在哪裡和如何遊戲，他們是否時時刻刻都在監督之下，這些是父母可以密切監控的。

隨著千禧世代在二〇〇〇年代進入高中和大學的過程中，這種直升機父母的教養方式變得普及，很容易被識別且嘲笑。不過回到一九九六年，社會學家莎朗．海斯（Sharon Hays）在她《母性的文化矛盾》（*The Cultural Contradictions of Motherhood*）一書中描述過此現象。她寫道：「總之，好的育兒方法被認為應該是以兒童為中心、聽從專家指引、理解兒童的情緒、付出密集的勞力以及大量的金錢。」[2]

這段文字中的關鍵字是「認為」，僅僅因為中產階級的父母決定了某種教養方式比較好，不代表就經驗上來說它就是優越的。舉例來說：如同拉魯的研究，階級較低和工人階級的父母教養方式中有些元素極為珍貴，但在規劃栽培這種育兒方式中基本上是欠缺的。其中最重要的一項：「自然成長（natural growth）」與在刻意或是無意識下安排的非結構化時間，皆可以讓孩子們培養好奇心、獨立性，並且學會自己與同伴協商的能力。

實際上，規劃栽培這種教養方式意味著少了我和羅辛記憶中那段天真的狂野、漫遊時光。它代表鄰里間的遊戲變為由成人指導與監督的競爭性聯盟運動；它代表較少機會去尋找並測試個人極限；代表較少完全與其他孩子在一起的時間、較少機會發展無監督的階級組織、社區規則與邏輯，以及較少感覺自己有能力並且夠獨立可以完成小小的任務（自己去商店、走路到公車站、回到空無一人的家然後自己做百吉餅當點心）。「風險管理以往是種商業實踐，」麥爾坎．哈里斯（Malcolm Harris）在《高學歷的背債世代》一書中寫道，「現在卻是我們主流的孩童養育策略。」

這種策略造成了發展上的後果，但是有時候，當我們檢視在缺少這種策略下所發生的事情時，最容易看出那些後果。丹妮爾，白人，成長於奧蘭多的郊區，她記得自己大部分不受監督的童年，在鄰近環境中自由地探索。她的家庭在她的朋友群裡是屬於比較窮困的，需要定期領取食物券。她記憶中唯一安排的活動是合唱團，那是由她的學校所組織的免費活動。「我的父母都沒有唸大學，所以我不認為他們具有『填滿你孩子的日程表，如此一來他們的大學申請書看起來會很棒』的概念，」她回憶道。「我想他們的重點在於確保我們有個遮風擋雨的家與能填飽肚子。」

後見之明，她很感謝父母的那種態度：「我從小就知道工作可以如何讓人倦怠與潑你冷水，還有休閒時間的益處，」她告訴我。「我有些朋友只比我小一點，但是他們對待工作的態度卻比我認真許多（對自己也是），令我不禁覺得這應該與我半野放的無日程童年有關。」

如同丹妮爾，我愈來愈確信自己那麼長一段時間之所以能夠避免倦怠，其中一個原因可以直接追溯到我所經歷過的「自然成長」。但是如此多的千禧世代孩童從未經歷過這種無監督的成長方式。正如羅辛指出的：「時下父母的普遍關心的是孩子們成長得太快，但是有時候孩子們似乎好像完全沒有成長的空間；他們只是變得善於模仿成年人的習慣。」中產階級的孩子愈來愈早變成小大人，但是隨著「成年」一詞說法的出現，他們卻不一定為其現實做好了準備。他們與成年人相處了大量的時間，學會了表演成人的外在標誌，但是缺乏了獨立與堅強的自我意識以及不受監督和保護的童年。

以瑪雅的故事為例。她是白人，誕生於一九九六年（千禧世代的尾巴），成長於芝加哥郊區的中產階級雙薪家庭。她的鄰近社區是「好的」，而且有許多與她年齡相仿的孩子，但是她從來沒見過任何一個。「沒有親密的感覺、沒有團結一致的感覺，我們無法一起玩樂或見面，」她回憶道。所有孩子都已經被隔離在遠離鄰里的活動中，包括她。「我總是感覺自己『被託付』的時間多於『被安排』的日程表。被託付給幼兒園的時間、被託付給課後計畫、被託付給高中的課後活動，而沒有車的我只能等到父母親來接我。我感覺自己好像被迫住在學校。」

她回憶她的父母完全著重在她的成績和課外活動上面，「但是卻沒有教我那麼多關於如何交朋友」或「如何度過非結構化的時間」。她的媽媽教她送每位老師一個禮物；她寫給每位成人一張假期卡片；每場會議或公開演講活動她都會記筆記。瑪雅以稍加修改的形式稱這些（她仍然在實踐的）舉動為「類似教師寵物的瘋狂行為」，不過它們也可以被稱為朝上層職場移動的準備。

瑪雅的母親非常認真，而且明白「良好的」教養子女的語言，她嘴邊時常重複「妳可以告訴我任何事」這句話。但是當瑪雅想要談論身體議題、負面想法或是無法擺脫的恐懼時，她的母親很快就會感到挫敗。她帶瑪雅去看一位治療師，但是似乎不願意直接參與育兒的混亂。如今，瑪雅將她童年時期的耕耘忙碌與她現在的疲累、羞愧和倦怠的感覺連結在一起。「我回頭看看自己五個小時的睡眠、我關心的活動名單、我傾注所有心血的論文，然後我知道我不可能在不傷害自己或討厭自己所做的事情下更進一步地要求自己，」她告訴我，「然而，我的實用主義大腦卻像是在說妳應該傷害自己，妳現在必須迎頭趕上。」

一般人對於過度監督、過度保護的孩子的刻板印象是他們長大後會變得軟弱和懶惰。但是按照我的經驗，千禧世代的「懶惰」特色與經濟安全感更有關係，這裡的安全感指的是家庭的實際保障，或是從小到大與不穩定的生活完全絕緣。我所認識最懶惰的千禧世代是那些已經從他們犯下的每個錯誤所造成的後果、經濟或其他方面被拯救的人，但是這些人仍然只是實際千禧世代人口中的一小部分。大部分生長在中產階級且被過度保護的千禧世代，成年後仍舊對於維持或取得階級地位極度警戒。他們正如瑪雅說的，更努力地忙碌、更積極地建立人脈、更多的實習、更少的睡眠。因此，許多千禧世代最終完全透過**努力工作的能力**、**成功**以及**小心行事**來定義自己，而不是他們真正的個人品味、承擔風險的意願，或願意嘗試即使失敗也沒關係的經驗。

亞曼達成長於底特律的郊區，她仍然在非結構化的自由時間中苦苦掙扎。當她在二〇〇〇年代初期進入大學時，她不再擁有一份塞滿活動、引導她生活的日程表。「任何休息時間都開始讓我感覺自己懶惰且無生產力，」她回憶道，「這導致我質疑自我價值。」現在，如果她沒有正在做什麼事情，她就感覺自己像在浪費時間。直到一次焦慮發作令她前往急診室後，她開始進行治療，但卻發現自己很難聽從治療師所給的建議，即她不應該對於花一天的時間去從事任何自己想做的事情（即使是狂看 Netflix 或是單純休息）感到罪惡，因為她真的不知道如果不是工作，她可能想做些什麼。

對一些千禧世代而言，直升機父母並非是一種階級焦慮的過度反應。它是對於真實（非感知）的威脅，以及系統性種族主義所做出的適當、慎重的反應。雷哈娜的童年早期成長於印第安納州的蓋瑞市，她回憶自己充滿鎖與禁止區域的童年：她家的窗戶裝設鐵窗，後院用煤渣磚圍住；她家的車庫被人闖入多次，而且也有跡象表明有人試圖進入她家。「我從小就知道這個世界是個恐怖的地方，而且人們有時候會做出可怕的事情，所以沒有『太小心』這一回事，」她告訴我。「我們沒有單獨外出過，我們不能在沒有監督的情況下到外面嬉戲。」

當她搬出蓋瑞市，搬到城外的郊區時，這種情況就有些改變了，他們家是那個社區中唯一的黑人家庭。闖空門和公認犯罪等形式的威脅較少，但是她的家庭必須面對持續不斷的騷擾，尤其是來自與她家後院接壤的高爾夫球場內的高爾夫球手。「有一些大嗓門、醉醺醺的白人男性會問我和我弟弟我們的父母是否被僱來幫傭，」她回憶道，「還會質問我們父母親的職業與收入。」

搬家前，雷哈娜和她弟弟大部分都在室內或自家後院玩，而且與其他孩子隔離，並且永遠都在大人的監督之下。搬家之後，她們可以在更寬廣的地方騎腳踏車和溜冰，只要是在父親買給她們的對講機的收訊範圍內就可以。

隨著她們長大，雷哈娜很喜歡學習，而她的母親是一位老師，所以對於她的功課「格外用心」。但是她父母的優先順序為安全第一，教育第二。對於白人父母而言，這樣似乎是直升機父母的教養方式；對於黑人家庭，這只是一個常識。她將這種想法內化為世界是個易變的地方，什麼都無法保證，當然也包括她們的階級穩定性。「我們時常討論人們所依賴的整個系統真的無法適用於所有人，」雷哈娜回憶道。「我的父母也很清楚，可能總會有人因為我們的身分，以及我們所在的空間而感到被冒犯。他們教導我們教育是通往自由的道路，而且我們必須非常努力以到達那裡。」

自小學六年級開始，雷哈娜進入了一間主要都是白人就讀的學校。她發現自己持續被她的老師及同儕所低估。「『事倍功半』這句話讓我很有共鳴，」她告訴我，「所以從那時起，我就不曾懈怠。」她在班上成績頂尖，在各個社團和委員會中也表現傑出。「忙碌曾經讓我有『家』的感覺，因為那種『忙碌』的態度在我家很顯著，」她如此解釋。「我們總是在搬家、總是在進步、總是在學習某些事情。從某種程度上來說，就像是只要妳不停奔跑，世界上的黑暗就贏不了妳。」雷哈娜的父母實踐規劃栽培，只不過是以一名黑人女性要在白人世界中成功需要付出什麼來有意識地進行調整。

這種策略，好吧，的確有效。現在雷哈娜將近三十歲，她擁有多個學位，還有自己的家庭。「我有很高的事業心，我的心仍然會隨著生產力的節奏而跳動，」她告訴我。「但是我也非常疲倦。」

＊＊＊

戰後嬰兒潮世代的父母擔心著所有父母們總是擔心的事情，但是他們也為了在普遍向下流動的時期中創造、維持或「傳承」中產階級的地位而深感焦慮。因此，他們會事先替一整個世代的孩子做好工作的準備，不計代價，直到他們實現這個目標。那種焦慮凝結成一套新的教養典範、行為和標準，其被認定為是「好的」、理想的教養基石。[3]無論妳是否同意那些策略的實際效果，重要的是戰後嬰兒潮世代的父母感受到需要執行它們的壓力。

此外，父母為了當「好」父母而努力工作，在這些家庭中長大的孩子會將工作本身可以和不可以提供的概念內化。如同凱瑟琳．S．紐曼（Katherine S. Newman）在《向下流動》（*Falling from Grace*）一書中所寫道的，從一個向下流動的家庭中可以蒐集到的主要訊息之一為「一個人可以按規則行事、支付自己的費用，但是仍然被逐出了美國夢，無法保證一個人盡了最大的努力終將得到回報。」[4]

布倫娜成長於加州的馬林郡，在八〇和九〇年代，她童年所得到的訊息為她「聰明兒童」的身分是她的家可以重獲經濟保障的唯一方法。在身為電視製作人的父親被診斷出腦瘤後，她的父母就跌出了中產階級。她的母親原本是一位家庭主婦，被逼著出外工作。他們仍然維持著中產階級的「身分」，儘管他們的經濟從來沒有穩定過，但還是想盡辦法讓布倫娜去念一所高級的私立學校。

成為青少年後，布倫娜接受了愈來愈嚴苛的日程表，主要集中在成績上。她認為成績將可以幫助家裡恢復中產階級的穩定，而她的父母增強了此信念。她承認：「直到大學畢業，我才瞭解這些事情不會真正使人們富有。」那時，她對工作的態度已經成形，以她的媽媽為榜樣，其在布倫娜的爸爸於她十六歲時過世後就獨自撐起整個家。「我媽媽近年來在家工作，而我很難說服她離開家裡，或去度個假，」布倫娜告訴我。「我發現自己正在重複這些行為，而且必須努力空出時間才有辦法與我先生去看場電影或煮頓晚餐。」

艾咪的童年成長於中西部，她告訴我當她父親於八〇年代早期被工廠裁員後，她家的「整個軌跡」都改變了。她的媽媽找了份全職工作，而她的爸爸花了好幾年都無法找到一份「好的」全職工作。她吃學校的免費午餐，而她的父母真的無法支付許多他們希望她能參與的活動與體驗，像是露營、旅遊等等。她說：「『我們無法負擔』這句話應該印在我家的枕頭上面。」

艾咪解釋：「這種情況確實改變了我，我很早就知道工作無法保證永遠都在。」當她開始思考職業路徑時，她只考慮那些可以確保經濟無虞的工作。她是家中第一個上大學的人，而她所理解的唯一經濟保障是法律與醫學。她說：「我只知道律師和醫生可以賺很多錢。」

還有潘，她成長於密西根的弗林特。她的父母皆為老師，所以她未直接受通用汽車廠關閉的影響（在幾年內，這使她班上的同學減少了一半）。她的同學們很多跟隨工廠「從密西根搬到田納西，」她解釋道，「從房子搬到拖車，從拖車搬到公寓。」因為人口的波動，她的父母與其他教師經常在一學年結束時收到解僱通知單，然後根據人口情況，於新學年被重新聘僱。他們的教師工會舉行了罷工，進一步增加了不安全感；她兩位姊姊在先生被製造業公司裁員時，都不得不離開密西根州去尋找工作。

「我內化了這種不安全感，」潘如此說道。「所以當我明白終身教職的意思時，它聽起來就像是這個世界上唯一安全的工作，我就決定要成為一名大學教授。」但是她不瞭解，於二〇〇八年進入就業市場將如何破壞她的工作前景。正如我們所見到的，看似「世界上最安全的工作」，無論是在學術界、醫學界或法律界，與經濟率退後的現實之間的脫節，就是導致千禧世代倦怠的主要因素：**如果連努力獲得那些工作都無法提供生活的保障，那麼還有什麼可以？**

成長過程中，我知道如果你的父母是醫生，那麼你的家庭會過得不錯；還有其他孩子的父母是不同種類的醫生，他們會更加寬裕。但是那往往僅限於一個小城鎮裡上層階級的範圍，只在中上階級的專業人士存在著些許變化，這些專業人士實踐著稀釋版本的「雅痞策略」。我父親讀醫學院的其中一個理由是因為他知道這是一種手段，可以讓他實現像他的父母親一樣的中產階級生活方式。

孩童時期，我幾乎沒有感覺到我家有經濟上的困難，即使我爸爸早年的收入幾乎不足以支付他的學生貸款和房貸，又或者我媽媽在活動中感到格格不入，因為其他醫生的太太穿著Nordstrom的洋裝，而她卻穿著一年前自己縫製的衣服。不過這就是中上階級的特點：他們很少談錢，至少不談錢的不穩定；除了不會彼此談論，也不與他們的孩子談。畢竟，中產階級的標準行為之一就是避免談論如何維持此地位的粗略細節，或者是用簡單的言詞「努力工作」來掩飾它們。

因此，直到我十年級時，我還是只有感受到些微的階級不穩定性，即使我所在的城鎮經歷了地震般的變化。首先是州政府通過了工作權利的法案，削減了工會幫助維持藍領中產階級的力量，然後加上森林管理的訴訟，逐漸消除了整個地區高工資的伐木與鋸木廠的工作。我記得全城的家庭窗戶上都掛著「這個家是靠木材價格支撐」的標語，但是因為孩子被教導不要互相談論財務狀況，而且我的家庭並未受到直接影響，所以我以為這是一個社區危機，而不是經濟危機。

在我住的小鎮上，大多數我所認識的父母都是中產階級的工人，他們在八〇和九〇年代擁有著一份「好工作」，但隨著木材業的衰退，或者說是一九八六年通過的工作權利法，以及工會開始消失後導致普遍的不穩定，他們經歷了失業的陣痛。有些是農民，他們愈來愈需要尋找額外的工作以彌補來自土地、無法預期的收入。然後有些人從未擁有「好」工作，或失去了那些好工作，必須從事輪班或兩份工作。例如在零售業工作的人；從事兩班制工作以養家餬口的單親媽媽；父母不會說英文的人；從事家庭清潔工、美髮師、酒保、護士助理或任何其他沒有工會可以加入的人。這些人在很大程度上是隱形的。有些人沒有工作；有些人則是所謂的工作窮人，僅能非常勉強地維持生計。

當千禧世代在全美像我這樣的城鎮長大時，我們的家庭曾經歷或認知，並害怕向下流動。如果有進行調查，結果會顯示離婚的婦女是受這股趨勢影響最大的一群人之一。離婚之前，這些家庭中的男性是主要或唯一負擔生計的人。離婚後，母親「使用」之前29～39％的收入勉強過活。[5]《離婚革命》（*The Divorce Revolution*）一書的作者萊諾爾．韋茲曼（**Lenore Weitzman**）指出儘管男性的生活水準在離婚後往往有所提升（離婚後第一年平均增加42％），但是女性與其未成年子女的生活水準卻急遽下滑（平均減少73％）。如果你曾經歷過離婚，不論是你自己或你的家人，你很可能可以發自內心地瞭解這道數學題。

對於那些不熟悉離婚或只有過和平離婚經驗的人，可能很難理解：父親難道不用像之前那樣對家庭付出相同的財務支持嗎？當然不用，子女撫養費可能只能涵蓋照顧一個孩子的基本花費；它們很少足以使「家庭收入」回到與離婚前相同的水平。（此外，一九八〇年代，平均的子女撫養費也減少了，只有不到一半的人能夠收到積欠他們的子女撫養費。）

諷刺地是，這類型向下流動的部分原因是「無過失離婚」的興起，加州於一九六九年首次採用這項規定，允許雙方在沒有證據可以證明任何一方有不當行為的情況下提出離婚。如此一來可以讓處在不快樂或暴力婚姻中的女性更容易離開她們的先生，但是社會卻很少去關心那些婦女離婚後的處境。

對大部分離婚的婦女而言，想要賺到能使她們經濟獨立的錢，即使可能也極度困難。並不是這些婦女不努力工作，而是其中許多人為了養育孩子而離職。當婚姻結束，她們通常會發現很難或不可能回到自己原先的職場軌道，或是找到一份工作。相反地，她們的前夫仍然擁有與離婚前一樣的工作或職業，以及紐曼所謂的「工作流動性」——如果被裁員，有能力可以追尋工作機會或找到與前一份工作差不多的職缺。

離婚後向下流動的心理影響，以及隨之而來不穩定的感覺是多層面的。孩子不僅要面對家庭單位的解散，還有他們對於家庭經濟情況的理解、他們的階級地位，他們可以還有不可以負擔什麼。在之前曾是中產階級的家庭中，通常會形成一種動態，孩子們會處於要求、乞求或與一方父母協商沒有明確包含在子女撫養費中的「額外費用」：汽車維護費、眼鏡、夏令營學費或協助上大學的花費。

這的確是我父母在我十六歲時離婚所發生的事情。我的母親，作為一名教師，曾幫助我父親讀完醫學院，然後離開她的工作來照顧我和我弟弟，主要是考量到我父親更高的收入潛力。當我父母在協議離婚時，我母親請了一位好律師，幫助她爭取離婚後的經濟損失，也就是俗稱的贍養費。

在這方面，我母親的情況，或者我家的情況，是獨一無二的。她得以完成她的碩士學位，這是當我父親就讀醫學院時，她選擇不要追求的。許多屬於我更廣義「教育」的付款也訂定於離婚的判決書中。但是還有其他的經濟現實面，當然在經濟剝削的大環境下顯得微不足道，儘管如此仍舊深深地破壞了我生活的穩定。這就是向下流動的作用，無論原因是離婚或失去工作，它會移動你腳下的土地。我生命中第一次敏銳地意識到金錢的問題，不是我自己的，而是父母雙方每個月有多少錢可以支配。我知道我們無法負擔之前作為一個家庭時所住的房屋貸款，因此我們開始尋找新的家，確切來說是尋找我們可以負擔的房屋類型與社區環境。我知道要求、懇求和騷擾父母幫我修理我開去學校的那台車的感覺，正如我盡最大的努力去避免向我的朋友和其餘世界展現出任何階級不穩定的指標。

說得更清楚一點，即使是離婚後，我的家庭仍然能夠維持著中產階級的生活方式。但是為了維持中產階級的地位，並且試著減少對我父親的依賴，尤其是當贍養費終止後，我母親對工作採取了嚴格的態度，而我之後也是如此。具體來說是隨時都在工作的心態。我不羨慕我媽這種態度，她其實害怕、生氣並極度渴望得到一點經濟上的保障。但是我看著她的工作像一杯打翻的水，蔓延到我們生活的各個角落。我們看電視時，她在改作業；我們睡覺後，她在發信。為了賺取額外的金錢來補充她在當地大學兼課的收入，她開始編寫數學教科書，這又佔據了她更多週末與暑假的時間。

我曾和我媽談過那段時間的事情，而許多年之後，她才對工作發展出不同的、非軍事化的態度。我對家庭的經濟焦慮反應在我堅強的決心以避免自己發生相似的情況，而這並不是她的錯。舉例來說，我過去不會且未來仍然不會使自己陷入因為分手而危及我的工作與經濟福祉的狀況。當我想要讀研究所時，我就去讀研究所。我仍舊對婚姻抱持著懷疑的態度，而我內心認為不斷工作是讓自己對於無法控制的事情不那麼恐慌的最可靠辦法。這感覺起來好像是一種合理的調適機制，但是正如從許多千禧世代身上得到的證明一樣，它並非是一種健康或可管理的方法。

在《向下流動》的結論中，紐曼認為普遍向下流動的影響是嚴峻的，但是在某些方面也是革命性的：「向下流動不僅僅是接受一份卑微的工作、忍受失去穩定的生活或沮喪地目睹一個人對物質安逸的控制力消失；它也是一份被打破的契約，」她寫道。「這對中產階級的期望是如此深刻的顛覆，使得人們對於生活所依據的假設產生了疑問。」

我知道大部分倦怠的千禧世代都已經到達了對那些期待產生質疑的時刻，但是它不會立刻生效。反之，它會花上數十年的時間。即使眼睜睜地看著我們的父母被美國夢拒於門外、驅逐出去或焦急地掙扎維持，我們也沒有拒絕這個夢想。我們試著更努力工作、做得更好、更有效率，爭取更多的資格去實現它。而且每個人，包括我們的父母，似乎都同意這段旅程中首要且最必要的一站就是大學。無論費用多少，盡可能選擇最好的。

3 不計代價上大學

一位在校園裡被稱為「AP法蘭克」的高二學生，其每天的課程表皆被塞得滿滿的，連午休時間都沒有。他的所有課程都是大學先修課程（AP，Advanced Placement），因此才有了這個綽號，所有的努力就是為了讓法蘭克可以進入哈佛大學：「那是他母親夢想的世外桃源，是一張通往零失敗的人生門票。」法蘭克最終成功進入哈佛，但是當他於二〇〇〇年代中期離開學校時，他在部落格上寫了一篇文章：

加權GPA成績：4.83

SAT：1570、1600

SAT II物理：790、800

SAT II寫作：800

SAT II 數學 IIc：800

大學先修課程的選修數量：17

成績滿分的大學先修課程：16

我希望我的父母把我視為一個人，而非一張履歷表的時間長度：

4年＝4×365＋1（閏年）＝1461天

剩下的文章概述了法蘭克為了累積履歷而錯過的其他活動：他從未喝醉過；他從未與女孩子約會；他整個學齡期只有到一位朋友家過夜兩次。

今日閱讀法蘭克的部落格文章會令人感受到深深的、不安的悲傷。但是在當時許多青少年讀者看來，他的人生軌跡就像收錄在亞歷山卓·羅賓斯《卓越成就者：被驅動的孩子的秘密生活》（*The Overachievers*：*The Secret Lives of Driven Kids*）一書中的案例一樣，簡直就是個成功指南。《卓越成就者》出版於二〇〇六年，是一本讓人讀了欲罷不能的書。羅賓斯把自己沉浸在其他六、七種「次文化」之中，她把書中的每個對象都描繪成複雜又引人入勝的角色，伴隨著他們令人興奮的大學申請過程。但是它讀起來也像是倦怠的前傳：「當青少年無可避免地透過這種超人文化的稜鏡去看待自己時，」羅賓斯寫道，「他們通常會得到無論自己達到什麼成就，永遠都不夠的結論。」[1]

這本書的第一章充滿了類似的警告，關於這類行為會造成的心理傷害，以及把自己看作一張履歷表的代價。但是很多人告訴我，他們把它當成一種說明書來讀。沒錯，這些孩子不快樂、壓力大、睡眠被剝奪，而且心態矛盾。可是，他們仍然進入了好學校，不是嗎？

一位千禧世代根據他的年齡範圍、在哪裡長大，還有讀的高中是什麼樣子，所呈現出的那種態度可能讓人出奇地感到熟悉。九〇年代末，我經歷的感覺就像是它的原型——大學壓力第一版，我深信我選擇的大學將決定我的人生軌跡。但是我的高中不存在著大學競爭的文化。我必須開四十八公里的車去參加 SAT 測驗，而我只參加了一次；事實上，我的大學指導顧問還問我為什麼對申請其他州的學校有興趣。

但是在距離六小時外的西雅圖，競爭激烈的預科和公立學校的學生則有非常不同的經驗。一位之後即將成為我最好朋友的學生，她就讀所謂的重點學校，學生們會把自己的大學錄取和拒絕信張貼學校報社的公告欄上。而那時是一九九八年。

接下來的十五年間，隨著大量千禧世代開始申請學校，大學申請的程序不斷持續地進化。由於愈來愈多學生爭奪（只是稍微多了一點的）菁英學校名額，溢出的申請者因此集中到其他形式的菁英學校：菁英文理學院、菁英公立大學、透過重視運動而集結菁英氣質的學校、「改變生命的學校」。而常春藤聯盟是頂峰，他們的承諾——進入菁英大學可以消除經濟焦慮，同時買到一張「不失敗人生」的門票——幾乎往下流傳到所有類型的中等教育。

千禧世代成為第一個完全將自己概念化為行走的大學履歷世代。加上來自我們父母親、社會和教育者的協助，我們有意識或無意識地把自己理解為「人力資本」，我們是為了在經濟中取得更好的成績而被最佳化的對象。

假使沒有大學（無論學費多高）可以提供一條通往中產階級繁榮和穩定的康莊大道的概念，這種需要實現的壓力就不會存在。但是正如數百萬受過高等教育、失業和負擔高額學生債務的千禧世代將告訴你的一樣，只是因為你周圍的每個人都相信這個準則，不代表它就一定是真的。

大學沒有減輕我們父母的經濟焦慮。它甚至無法保證我們中產階級的地位，或者，在許多情況下，實際上是為我們在就業市場中作準備。但是為了上大學所做的準備工作給我們上了寶貴又無法忘懷的一課：如何將我們全部的生活圍繞在努力工作會帶來成功與滿足的**想法**上面，無論我們面對多少次相反的證據。

＊＊＊

直到第二次世界大戰前，大學教育都是一種稀有的經驗，是那些家庭富裕的白人男性才有機會獲得的經驗。大多數人都是透過學徒制或在職訓練而進入自己的行業；在十九世紀後期，研究所形成之前，即使是醫生和律師也有些是透過自學（自己學習或跟隨一位導師）出來的。一九四〇年，二十五歲以上的美國女性，只有4％擁有學士學位；男性則是5.9％。[2]所有人口中，只有14％完成高中學業。（二〇一八年，二十五歲以上的人口完成高中學業的佔90％，其中45％擁有副學士或學士學位）。[3]

第二次世界大戰之後，美國對全球世界順序的地位日益關注，杜魯門總統任命的一個委員會發表了一份六冊的報告，標題為「高等教育促進美國民主」。報告中建議：到一九六〇年，使大學入學人數增加一倍，從而挖掘出數百萬被排除在高等教育之外的美國人的潛力。

提高大學入學率的核心是提供政府援助，無論是以貸款或獎學金的形式。「這個國家必須普遍認識到將資金花在教育上面是為了整個國家利益最明智且最健全的投資，」這份報告如此聲明。「民主社會不能容忍一個只為富人提供教育的社會。如果上大學的機會僅限制於收入較高的族群，那麼就會造成階級社會的產生和延續，而這種社會不能共容於美國的生活方式。」

學校教育能使社會更民主和更公平，從根本上來說更貼近美國人的想法，這是W．諾頓．格魯布（W. Norton Grubb）和馬文．拉沃森（Marvin Laverson）發展出的「教育福音」的基礎，其中包括這樣的觀點，即學校以及與之相伴的證書，是讓人們在經濟從工業製造轉向「知識革命」，以及許多人擔心它會創造的以資訊為基礎的工作中，跟上時代腳步的唯一方法。

格魯布和拉沃森選擇福音這個字及其所喚起的相關想法，已經變得十分融入眾人的意識形態。當然更多教育比更少教育還要好；當然你應該透過各種必要手段進入大學，即使讀大學的成本超過其利益，即使有愈來愈多的證據顯示，對於那些輟學或來自較低階級背景的人而言，讀大學並不「值得」。[4]他們指出全國高中畢業生委員會（於二〇〇一年的新聞稿中表示：「農業時代，高等教育對於大部分美國人來說是天方夜譚。在工業時代，它是只有少數人與生俱來的權利。到了太空時代，它變成許多人的共通點。今天，它是所有人的常識。」[5]

在紐約預備學校就讀的莉莉告訴我，她從未想過不讀大學：「我最年長的姊姊差點沒有畢業，而我家人的說法是她的人生有失敗和毀滅的危險。」這是許多千禧世代的共同心聲——尤其是對於中產階級，或任何想要逃離自己的城鎮，或者想要找到比父母所擁有的東西更好的人來說。卡洛琳於二〇〇〇年時畢業於加州拉霍亞附近的高中，她說：「讀大學對我而言從來不是個選項，我也從未想過若沒有大學學歷，我的人生還是有其價值。」

***

引用麥爾坎．哈里斯的話，人力資本是「一個人未來收入的現值，或者說如果你可以買賣自由勞工的話，一個人預期的銷售價格，還要扣除保養費。」[6]雖然聽起來很粗野，但是卻能清楚看見資本主義對在其中工作的人們的影響。就像是一台工作的機器，我們的價值是透過我們能為僱主創造價值的能力來評斷。想想所有的招聘過程或薪資協調。僱主會問自己：「此人價值多少？」還有「這個人是否是一個好投資？」一個僱主可以「低價」入手（透過低於該受僱者的真實價值來僱用他），或者賭看看一個受僱者的低價值會隨著時間的推移而升值。

你可以看見這種概念化是如何映射到整個社會並形成問題。當一個人的價值是依據工作的生產力，那麼失能或年長的人們、無法全職勞動或提供無償或者不受重視的照護服務的人們，都會在更大的社會方程式中變成「不及格」。儘管我們願意相信在這個社會裡，一個人的價值是反映在他們的人格優點，或是他們對他人服務和善意的程度上面，但我在打出這句話時，甚至都難以忽略它有多麼偏離目前的現實。

在美國社會中要有價值就是要能夠工作。從歷史角度來看，更多的工作、更多的辛勞、更多的承諾、更多的忠誠、更多的勇氣，所有這些都可以使你更有價值。這就是美國夢的基礎。

但是當前的經濟現況通常被指為「晚期資本主義（late capitalism）」，人們對於經濟的價值判斷很多是基於買賣和利用那些無法買賣的東西，因此努力工作只有在伴隨著存在的關係（也就是階級地位與特權）或證書（文憑、推薦信、履歷表）時才會變得真正有價值。

這就解釋了我們目前為了成功加入中產階級的「最佳公式」：建立你的履歷、進入大學、建立你的履歷、得到一份實習工作、建立你的履歷、在LinkedIn上建立人脈、建立你的履歷、利用一個你被告知應該要感激的低階職位來支付稅金、建立人脈、持續督促自己，然後最終你將找到一份完美、穩定、能夠實現個人抱負又高薪的工作，而且可以保證在中產階級中擁有立足之地。當然，任何一個千禧世代都會告訴你這條道路是艱辛的，在沒有人脈與文化知識的情況下將很難找到，此外，最終也無法保證擁有一份穩定的工作。

然而不難看出，各個階級的家長都狂熱於進入大學的準備：只要你能走上這條道路，那麼好的、穩定的工作就在眼前！為了讓下一代更好，你不需要革命、政權更迭或提高稅金。所有必要的一切，就從你孩子的大學錄取通知書開始。

這種想法並非推陳出新。數百萬的X世代與戰後嬰兒潮世代也成長於相信大學教育是通往中產階級的門票。但是正如經濟學家馬蒂亞斯．多普克與法布里奇奧．茲里波堤指出的，經濟不平等的升高與階級不穩定的恐懼明顯改變了家長的態度和行為，尤其是涉及教育成就。「在一個高風險的世界裡，放任型教養方式的吸引力逐漸消失，」他們寫到。「中產階級的父母開始督促他們的孩子採取成人形式、以成功為導向的行為。」所以非常多的父母不是在養育孩子，而是開始在**培育履歷表**。

哈里斯在《高學歷的背債世代》一書中提到人們對建立價值的癡迷，即建立履歷是如何與規劃栽培的宗旨相交。舉例來說，街頭籃球變成有組織、全年的聯盟運動，這是一條潛力線，可能有機會寫在履歷上。為了興趣而演奏的樂器變成向公眾表演而且演出受到評斷，這是另一條潛力線。

增值的過程始於分數，取決於所在地與階級，這意味著競爭從學齡前就開始。「現代學校的基本理念是分數最終會轉換為金錢，或者如果不是金錢，可以轉換為選擇，或是社會科學家有時候所謂的『更好的生活結果』，」哈里斯寫道，「學生所做的事情，實際上練習的是自己的工作能力。」[7]

換句話說：當你練習乘法表或參加標準化測驗或撰寫一篇論文並不是在學習，而是準備去工作。這是一種令人難以置信的功利主義教育觀，暗示此系統的最終目標是將我們塑造成不同的工作者，而不是培養我們思考或成為好公民。這種功利主義的觀點與我們當前教育系統的運作方式相符，也就是成功取決於學生能否堅持對「成功」行為的狹隘理解：得到好成績、在標準化測驗中表現良好、行為「得體」且對老師謙恭有禮、與同儕建立「正常的」社會關係，還有樂意參與體育活動。

此外，這些「成功行為」沒有任何一項能夠真實反映出一位學生的智力。我經常想起我在準備 **GRE** 時被告知的事情，同樣適用於許多類型的標準化測驗：它不是測試你智力的考試，而是測試你參加這一種特定測驗的考試。每一種特定測驗在我們童年時期一遍又一遍測試的是我們最原始的工作能力：向我們提出一系列問題和一套嚴格的限制條件，在這套條件下解決問題，並且不加思索地，以愈快的速度和效率完成此任務愈好。但是這些測驗有趣的地方在於，至少就美國來說，一位學生的結果總是可以利用正確的金額和關係彌補。

＊＊＊

與數百名經歷過或拒絕過和大學有關壓力的千禧世代交談後，我發現主要有三類學生：一、父母把孩子的生活完全圍繞在大學錄取上面的人，**AP** 法蘭克就是一例；二、父母其實沒有真正瞭解大學申請過程實際情況的人，因此迫使學生承擔起自我發展的重任；三、發現自己處在上述兩個極端中間的人，他們的大學期待與自我發展得到他們父母的支持，但是沒有被強制、系統化或軍事化。

再次說明，許多差異與所在地點、經驗和父母對大學或向下流動的歷史有關。我父母皆畢業於明尼蘇達州的路德大學，而我弟弟和我是否要讀大學從來不是個選項，我們考量的只有我們要上哪間大學，以及哪些社會與文化機會是那間大學經驗可以提供給我們，但我們成長的愛達荷小鎮所沒有的。（如果我夠誠實，其實我對大學的主要興趣是找到認為聰明女孩很性感的男孩。）

在許多方面，我與達莉亞有相似的經驗，她生長於索諾瑪郡白人中產階級的家庭中，在一九九〇年代末和二〇〇〇年初時，她就讀那邊擁有國際文憑組織（IB，international baccalaureate）課程的重點高中。「我不記得有想過不上大學，」她告訴我。「我大概從八年級就開始集中在自己要當教授的想法上，因此我總是想像自己得到了博士學位。」

她的父母皆為第一代的大學生，當時與大學有關的資訊和選擇都很少。「他們希望我姊姊和我能夠進入他們從來不知道的好學校，」達莉亞如此說道。「我爸尤其喜愛小型的文理學院。高中時，我們家很早就出現了一本手冊，名為《改變生命的學院》」。

為了讓那個夢想成真，她父母從她們小時候就將各式活動放在優先位置：舉例來說，她從五歲就開始學芭蕾，但是他們仍然敞開心胸，讓她「自然地」找到自己的熱情所在，最後發現是戲劇。接著，他們集中精力為她清掃道路，使她變成「最優秀」的那個人：她的高中生涯充滿了在鄰近城鎮的戲劇練習、夏季集訓和參與各種戲劇營隊。

達莉亞專注於學業，但是沒有壓力過大；她依然深深記得自己和男友在研讀國際文憑（一種結業考試）和親熱之間交替進行。她有從事兼職，同時也完成了學校志願服務的要求，不過主要精神仍舊放在戲劇上。SAT批判性閱讀的部分，她考了八百分，數學比較低，只有考六百多分，因此她父母請了家教幫助她提升數學成績。但是除了聘請SAT的家教外，針對她這個人力資本的栽培並不明顯，甚至不是有意的。「我從來沒有聽過他們說類似：『為了妳的大學申請，妳應該去做這件事。』」

而在國家的另一端，艾略特生長於阿帕拉契山脈邊緣的賓州農村的工人階級，他就讀的高中在全州排名倒數10%。他的母親擁有十九世紀物質文化的碩士學位，但卻從事代課老師的工作；他的父親是當地汙水處理廠的操作員。大學對艾略特而言是條「出路」，能夠「做一些更自由的事情，用薪水去做你喜愛的那些事」。因此，他從非常小就開始思考如何使這個夢想成真。

不過，他周遭很少有人讀大學，所以他對大學的認知有限。他知道的只有自己需要比同儕更突出。他從七年級開始，每個暑假都參加學業課程，一年之後，他透過約翰霍普金斯天才青少年中心的計畫支持考了第一次 SAT 測驗。他的履歷中填滿了「並不真正喜愛的」課外活動。當他暑假在學術型大學課程中度過時，他的朋友們都開始怨恨他。因為擔心任何會阻止他進入最好大學的永久記錄，他避免接觸所有可能使自己惹上麻煩的情境。艾略特的媽媽協助他申請大學，但是發展履歷的動機都是他自己給自己，沒有外力介入的。

九〇年代，當千禧世代剛上高中時，自己決定履歷要建立哪些內容的趨勢開始變得普及，但進入二〇〇〇年代後，更加強了這種趨勢。一個原因：科技，以前所未有的方式促進了這種競爭的視覺化（和可追蹤性）。丹妮爾，一名韓裔美國人，來自一所南加州郊區的重點學校，她回想起持續的、迫在眉睫的壓力，「因為類似『school loop』這類網站的出現而加重，透過那些網站，我們可以登入並檢查自己的成績，同時看到它們隨著老師上傳的測驗、論文或作業分數而波動。」

同一時間，College Confidential、Collegewise、College Prowler 等網站，以及 LiveJournal 和 Tumblr 等網路社群提供了線上設備，讓學生去比較、對照並著迷地查看全國各地的其他人何時收到了錄取通知書。一位在二〇〇〇年中期經歷大學申請過程的人告訴我，在 College

Confidential這個最龐大的論壇上，「基本上你能想像到的任何焦慮話題都可以集結成一個龐大的主題。」在Parchment上，你可以請成員根據你的履歷、所在地與測驗分數「賭」你的可能性，比如猜測你有多大機會被某間大學錄取。

一切目標都是為了讓自己成為最有趣、最有市場性的故事版本，即使只是呈現在紙上。康瑞德在二〇〇〇年代中期就讀於一所天主教高中，他內化了為了進入大學，他必須「強調西班牙裔的身分，儘管『他』沒有真正感受到與其有所連結」的想法，並且從高一開始就加入了名稱令人印象深刻的社團，雖然大多數社員甚至沒有見過面。

吉娜，一位來自底特律的華裔移民，她回憶起小學四年級時科學那一科得到B+後大哭的往事，因為一位年齡較大的孩子告訴過她所有的成績等級（letter grades）都是由哈佛大學的招生委員會所審核的。高中時，她知道自己的優異成績對於一位亞洲申請者來說並沒有那麼大的「吸引力」，因此她開始急切地尋找一項運動，任何一項運動都好，以填補她的履歷，最終她選擇了水上芭蕾。這項運動令她疲憊不堪，導致她發展出拔毛症。直到現在她的頭上仍然有一小塊禿頭。

很多和我談論高中升大學壓力的人也都有談到自己的生心理病痛，像是拔毛症、失眠、焦慮發作等，對於一些人來說，這些症狀至今仍然存在。他們的擔憂很大程度上是因為被置於一個選擇極少的處境。對大多數人而言，似乎唯一的結果不是完全成功就是徹底失敗。一名被診斷為算術障礙（學習障礙的類別之一）的女性，她為了和同儕一樣頑強地追求上大學而感到巨大無比的壓力。每一年的期末考時期，她的壓力會大到暫時停經。另一名女性，她從五年級開始練習 **SAT** 的測驗，因而罹患了腸躁症與失眠。

「當你被期待拿A時，就沒有辦法可以超越期待，」在波特蘭郊區成長的梅根告訴我。「生理上，這種壓力令我感覺胸骨灼熱痛。我曾經因為這個症狀而照X光。現在我知道當時我是恐慌發作，而我猜想，我是吐太多導致肋骨間的軟骨發炎。」在這個過程中，很容易看見一則內化的訊息：通往成功的唯一道路，就是要**努力達到終點**，然後忍過身體上的疼痛。

有些人表示其實自己渴望大學之外的選擇。「我發現學校讓我精疲力竭，」瑪莉告訴我，她是白人，進入一間在佛羅里達州專收資優生的公立高中就讀。「但是我從未考慮不唸大學，因為我知道只有高中學歷不太可能使我獲得經濟上的保障。而且這樣會使我的家庭失望。」反之，她的高中時代是在睡眠極少的「超密集」時間表中度過。「我學會如何在任何地方、任何時間睡著，即使是坐在人行道上，」她說，「直到現在，我還是認為高中是我一生中最艱難的經驗。」

大衛，第一代中國移民，於相同期間畢業於紐約的一間菁英男校。關於大學，最重要的訊息是來自他的母親，她希望他能上哈佛，因為「哈佛對美國華裔移民來說有其獨特地位」，並且唸醫學系，這是為了來美國她所放棄的職業。

大衛憶起進入正確學校的重要性，但直到高二他才懂得，用他自己的話說，「自我激勵」。雖然他的高中學費昂貴，但是他出身於貧困，而他很快就意識到「為了跳脫原本的社會階級」需要做些什麼。他把自己的學業日程表塞滿，沒有空閒時間，除了零星的約會外，他避免所有社交活動，因為那些活動對於履歷的建立沒有實質幫助，所以他暗中進行。「我全部的目標都是以大學為藍圖。」他如此說道。

根據不同的高中背景，有許多人逃離或拒絕這種悔恨，或者乾脆放棄成功的故事。但是在這些中產階級和具中產階級抱負的青少年之中，其內化的整體說法是相同的：把自己優化成一個大學申請機器人。

＊＊＊

對於許多千禧世代而言，大學的準備過程感覺是預先安排好的，同時也很嚴峻、冷酷且不受他們的控制。如果你的朋友是成功的障礙，你必須與他們斷絕往來；如果一項活動不能成為履歷上的一條經歷，它就會消失；如果某種狀況對整體的履歷價值會造成可能的「風險」，比如飲酒、去朋友家過夜太多次、老師報告不適當的行為，甚至是發生性行為，你就應該不計代價地避免它。

成長於波特蘭郊區的梅根告訴我：「我記得我父親提到關於男孩的事：『懷孕代表你只會有波特蘭社區大學』。」「大學時，我習慣性不參加派對、社交場合及不與男人相處，而且我偷偷懷疑我在人際關係上的普遍無能與我給學業（而非發展社交技巧）絕對的優先地位有關。」

當這些履歷建立的行為持續有效時，你很難看出它們的破壞性。「我的高中允許學生不吃午餐以擠入更多課程，」曾就讀芝加哥郊區高中的瑪莉這樣告訴我。「我現在還會想著當年十四歲的自己吃了那麼多年 **Cracklin' Oat Bran** 的貝果當正餐是多麼愚蠢的一件事。」安東尼奧於華盛頓特區就讀的學校規定學生「只」可以申請九間學校；學生家長在與升學輔導老師的會面次數上也有所限制。「幾年後，我問我的輔導老師為什麼學校對申請有如此嚴格的限制，」安東尼奧告訴我。「她笑著說：『為了阻止你們的父母。』」

然後還有漸漸產生的醒悟，即這一切都不重要；當時不重要，現在也不重要。彼得成長於愛達荷州波夕郊區的白人中上階級家庭，因為高中時的「強迫完美主義」使他發展成嚴重的焦慮與憂鬱症。他的父母當時不太清楚他把自我價值建立在 **GPA** 上的嚴重程度有多高。「坦白說，我想如果我無法把我的GPA維持在4以上，我那時可能會自殺，」他告訴我。

完美主義對彼得的影響依舊存在，正如同其他的領悟：「我從資優生那裡聽過的一個常見說法為我們沒有人真正學會如何思考，」他說。「我們可以輕易地記憶資訊，最重要的是，我們擁有良好的閱讀理解能力，這些就佔了學校作業的90％。上了大學之後，我才發現，關於研究、有效學習與思考方面（不僅是閱讀和知曉），我的瞭解實在是太少了。」

其他人告訴我，因為瘋狂的活動安排和作業量，他們從未完整閱讀過指定閱讀的經典書籍，或是花時間在創作項目上。「我覺得自己曾經很驕傲只讀了《雙城記》的前五十頁和後五十頁，就靠著上下文而考了一百分是一件丟臉的事，」泰勒解釋道，她高中時就讀肯塔基州路易維爾的重點學校。「偶爾，當我真心喜歡上某本書，像是我著迷於《大亨小傳》時，我會感覺自己不趕快進行下一件事就是浪費時間。」

然後如泰勒所說的「履歷填塞」，其中包括許多社區內的志願服務。「我們透過像『油漆一位老年人的房子』或『打掃落葉』等服務從輔導老師那裡得到許多學分，但是其實我和我朋友只是在某個週六早上服務了幾個小時而已，」泰勒解釋道。「我猜這只是讓我更憤世嫉俗，因為我瞭解到每個人，包括成人，都努力誇大以使自己看起來更好。我並不真正感覺自己使人們的生活變得更好。我只是感覺一個青少年為了進入大學而試圖填滿自己的履歷。」

如果你需要一份好履歷以進入大學，而那履歷充滿了空洞的成就，那麼最終究竟為什麼要讀大學？而且為什麼那麼多人假裝它是關於教育，但其實是關於「跳脫社會階級」（這是大衛，來自紐約的華裔學生所說的）或維持你父母目前的階級呢？俗稱的虎媽常因為她們一心一意為孩子上大學做準備而被媒體妖魔化，被誣陷為粗魯、霸道、不是真正的美國人。然而，「好的」美國人，也就是中上階級的美國白人，所做的事情卻是相同的。他們只是用「幸福」、「適合」與「實現個人潛能」的說詞來掩蓋關於大學的對話，好像這樣就不那麼粗魯。但是仍然全是胡說八道。

＊＊＊

這些想法被普遍接受是有原因的。在這種情況下，高等教育被塑造成解決一系列更複雜經濟問題的「常識」。那些問題包括自動化、與俄羅斯競爭（然後是與日本，接著是與中國）、向下流動，以及「中產階級的消失」，如同艾倫瑞克提醒我們的，主要消失的是藍領中產階級。

不難看出，大學是如何變成那些巨大的、令人生畏的、不斷複雜化的議題的解答，儘管並不精確。這個框架內存在並維持著多重瑕疵。首先，仍然有許多高報酬的工作並不需要傳統的四年學歷：冷凍空調安裝人員、管鉗工、電工與其他建造行業，尤其是有工會組織的，皆能提供相對穩定的中產階級生活水準。但是許多千禧世代已經內化了任何不需要大學學歷的工作在某種程度上就是較低等的認知，最終導致過度教育，他們為了自己不一定需要的畢業證書償還貸款。我曾聽過駁斥這種想法的論調，即沒有「過度教育」這回事：每個人都應該要能上大學。若拿掉令人毛骨悚然的學生債務，我會同意。當然一位管鉗工應該要有取得英國文學學位的機會。但是我們也應該承認，假使你想成為一個有證照的管鉗工，你不需要擁有英國文學學位或任何形式的四年學位。

很多時候，特別是在「以升大學為導向」的高中，這種想法可能感覺像是褻瀆的行為。一位婦女告訴我她的先生就是讀那種類型的高中，但是卻拒絕大學準備的所有過程，因而受到老師和同儕的抵制。「他差點因為缺乏資源，不知道該如何進入職業學校或當學徒而去從軍。」她這樣說。

第二個問題是區別問題。在過去，許多「知識性工作」以大學文憑作為篩選的機制：如果你擁有大學學歷，你就是該工作的候選人之一；如果沒有，則自動被排除。但是八〇、九〇年代後，隨著大學教育的日漸普及，僱主需要新的分化與區別辦法。實際上，這意味著更仰賴大學的名聲——以及對研究所學位的新需求。這是一個經典的老現象：菁英經驗一旦開放給許多人，它就不再**菁英**了，而另一個警戒區的建立是為了重新劃定區分線。

儘管學生內化了他們必須上大學的這種想法，但是他們與他們的父母親往往對於如何實現這個想法沒有什麼概念。在《野心勃勃的一代》（*The Ambitious Generation*）一書中，芭芭拉・施耐德（Barbara Schneider）和大衛・史蒂文森（David Stevenson）對九〇年代中期和末期的高中生，也就是現在所謂的老千禧世代，進行了長期的研究。他們的發現清楚呈現出這種現象：研究的那十年結束時，超過90％的高三生預期自己要進入大學，而其中超過70％期待自己從事「專業的」工作，諸如醫生、律師、教授和業務經理。

但是許多人面臨了施耐德與史蒂文森所謂的「不相稱的」野心，也就是那些「對於他們所選擇的職業、教育需求或對這些職業的未來要求瞭解有限」的人。舉一個真實的例子，想當醫生的學生數量是未來當他們進入就業市場時，預計開放的醫生職缺的六倍。

年輕人的雄心壯志都來自於某個地方，如果不是來自父母、流行文化或朋友，那通常就是來自學校本身。麗姿二〇〇二年自高中畢業，是她在加州橘郡就讀的高中裡面少數的拉丁裔。大她兩歲的姊姊已經被大學預備計畫錄取，而麗姿也跟隨她的腳步。但是她的父母「不相信大學是一個現實，」麗茲告訴我。「他們在墨西哥甚至連高中都沒有讀完。他們認為我的野心沒有一個明確的方向，我是在爭取沒有地圖可以指引我的東西。」

麗姿想要離開加州，最好是去紐約大學或其他「有意思」的學校，所以她從高一就開始朝這個目標努力。「我確保自己參加社團，以強調我有多聰明，而且這樣對申請大學有利。」她說。她的壓力一直很大，但是據她回憶，主要的壓力不是來自學校，而是來自於她的家庭，她的家庭生活「糟糕且沉默」。有些活動她想參加但卻只能避免，因為它們需要家長一同參與。她想要成為合唱團高音部的一員，但是這需要花費五百美金，而她家付擔不起。

她的大學預備計畫要求她申請幾間加州的學校，她申請了，因為她家庭收入的關係，所以不需要申請費用。不過她必須偏離她原先設定的學校計畫，做出適合她的選擇：她沒有進入任何錄取她的加州大學或加州州立大學，而是選擇了學費全免，且在兩年後可以轉到加州大學柏克萊分校的社區大學。

對其他學生來說，這種不相稱的現實直到進入高中才有機會碰到。安是白人，她在長島長大，而她的家中沒有人上過大學，甚至沒有人真正逼她要上大學，除了使用另一位家庭成員的地址，讓她進入了富家孩子就讀的大學預備公立學校。安回憶道，那所學校裡面，上大學的學生比例非常高，學校呈現出要維持這種比例的壓力。當她告訴她的升學輔導老師家裡無法負擔大學學費時，輔導老師駁斥說「這是她的選擇」，她可以貸款解決。「我被告知如果我進入大學，我將獲得一份很棒的工作和很好的薪水，」她說，「這對我而言非常有吸引力，因為我的父母離婚，而且從未有過一份非常穩定的工作。」

安在班上的成績從來不是頂尖的，不過還是名列前矛，而且她選修了所有可以取得的大學先修課程。她對高中的記憶是經常在哭，還有考試時的壓力大到她寧願放棄。在輔導老師的鼓勵下，她申請了十二所不同的紐約州的學校，最終選擇了一所助學金方案最好的學校，雖然她從未去參觀過校園，因為她的家無法負擔前往該大學旅遊的費用。安的媽媽總是告訴她，他們會「想辦法讓她上大學」，但是她的經濟狀況太不穩定，所以無法共同簽署她的學生貸款，反而是一位名叫安的女性保姆做了她貸款申請的共同簽署人。

「我根本不知道自己在做什麼，」安告訴我。「我家裡也沒有任何人知道。高中努力地逼我們進入大學，但是卻沒有真正幫我們做任何上大學的準備。我現身在大學校園中，開始上課，然後第一週就以為自己心臟病發作而跑去急診室。」那是一次恐慌發作，是安首次診斷出的焦慮問題，而且一直沒有消失，尤其是她在「經濟即將崩潰前」畢業，身上背負著五萬六千美元的貸款之後又更加嚴重。

如今，安在紐約的一間非營利性機構工作，並試著盡可能地償還愈多貸款愈好。她從未錯過任何一次繳款，並且擁有八百分的信用分數——大概是你能得到的最完美分數。但是當她想到倦怠，她想著的是那筆助學貸款（每個月需還款五百美元以上，代表它們可能將於她四十二歲時償清），還有自己是如何地精疲力竭，為了她被洗腦以為是個解決辦法的錯誤買單。

「我應該不要上大學的。」安這麼說，而我相信她說的是真的。她希望的是穩定以及不同於她父母親的生活。她實現了一部分，但是她的生活也充滿了不同的恐懼與壓力，後悔使這一切變得更加劇烈。

千禧世代會倦怠有非常多的原因，但其中最難以承認的是安每天都要面對的現實：讓你努力爭取、犧牲奉獻和身體受苦的東西不是幸福或熱情或自由。大學可能提供了選擇，或者使你有機會離開出生的小鎮，或是任何一種糟糕的處境。但是對絕大多數的千禧世代來說，取得一個學位並沒有產生它向我們和我們父母承諾過的**中產階級穩定性**。即使它披上了教育福音的花俏長袍，它還是一直如同以往，代表著更多的工作。

4 做你所愛的事，而你一輩子仍會每天工作

當我是位教授時，有次一名學生來見我，她申請的幾十份實習與獎學金都沒有結果。我告訴她應該搬到某個有趣的地方、找份工作，並且釐清自己對什麼有興趣，還有自己不想做哪種工作，她馬上哭了出來。「但是我該怎麼跟我父母說呢？」她說道，「我想找一份自己熱衷的酷工作！」

那些期待是「規劃栽培」教養方式下的意外產物，深深影響了許多千禧世代的孩童。如果把孩子當作資本來養育，其隱含的目標是創造一種「有價值」的資產，以賺取足夠的金錢來獲得或維持父母中產階級的地位，那麼孩子們內化了高薪才是一份工作唯一重要的東西這種想法也不令人意外。有些學生就實現了這一點：一些醫生、大多數類型的律師，以及（也許）所有的顧問。

不過，我們還是經常把說出希望找到一份「高薪」工作看成是某種俗氣的行為，即使這種對工作的理解其實與我們的祖先最為相似，他們與勞動的關係首先考量的是利益。礦工可能會

為自己的辛勤工作感到自豪，但是採礦（或耕種或是放牧）並不是他因為覺得很酷或充滿「熱情」而選擇的職業。他從事這項工作是因為那是他父親做過的，或是因為那是最可行的選擇，又或者因為他一生都被用不同的方式去訓練做那份工作。

相反地，千禧世代已經內化了自己需要找到一份父母認為優秀的工作（穩定、高薪，被視為「好工作」），而且這份工作要令同儕刮目相看（在一間「很酷」的公司），同時實現他們從孩童時期就被告知的最終目標：做自己熱衷的工作，如此一來，自然而然會帶來其他「更好的生活結果」。

渴望一份自己熱衷的酷工作是一種相當現代和資產階級的現象，而且正如我們將看到的那樣，這是一種把某種類型的勞動提升到值得嚮往的程度，以至於工作者會為了從事它所得到的「榮譽」而容忍一切形式的剝削。「做你所愛的事，而你一輩子就不算在工作」的說法是一種倦怠的圈套。用「熱情」作為勞動的藉口。我們都被制約了，無法把在做的事情想成只是一份工作，而不是我們生活的全部。

殘酷的求職現實把千禧世代自兒童至大學時期受到的矛盾、半真半假和拙劣的激勵迷思顯露無遺，工作不會因為大學教育而神奇地出現。為了償還接受大學教育而借的助學貸款會限制工作的選擇，尤其是當一個領域的初階職位薪水過低，無法抵銷每個月的最低還款與生活支出時。你可能會遭遇健康保險不足或無法購買。彈性的自由工作者即使是從事自己所愛的事情，收入也難以支付帳單。無論你的高中與大學履歷多麼健全，仍然可能是一種幾乎沒有價值的貨幣。大多數時候，熱情所帶給你的只有微薄的薪資。

＊＊＊

二〇〇五年，史蒂芬．賈伯斯在史丹佛大學的畢業典禮致詞中重申了千禧世代的大學畢業生花了大半輩子內化的一個想法。「你的工作將佔掉你人生的一大部分，唯一真正獲得滿足的方法就是做你相信是偉大的工作，」賈伯斯說。「而唯一做偉大工作的方法是愛你所做的事。如果你還沒找到自己愛的事情，繼續尋找。不要將就。」

《做你喜歡做的事：以及其他關於成功和幸福的謊言》（*Do What You Love and Other Lies About Success and Happiness*）的作者宮德光（Miya Tokumitsu），認為賈伯斯的演說是「可愛的」工作的敘事結晶：當你愛自己所做的事情，不僅背後的「勞動」會消失，你的職能、成功、幸福與財富都會因此成倍增加。

這個等式本身就是以工作與生活融合為前提，替倦怠做足了準備：你所愛的事情變成了你的工作；你的工作變成了你所愛的事情。工作日（上班與下班）或自我（工作的自我與「真實」的自我）的界限變得模糊。一個人把全部的自我都傾注在一份「可愛的」工作上面，期望這樣做能帶來幸福和經濟穩定，像是一條長長的梅氏圈。如同藝術家亞當．J．克茲（Adam J. Kurtz）在推特上改寫了DWYL這則座右銘：「做你所愛的事，而你就會一直拼命的努力工作，沒有區隔和界限，也會把一切都看得極為重要。」

在「做你所愛的事」的架構下，只要是你個人所愛的事情，理論上都可以是可愛的工作。但是「可愛的」工作，至少在目前是指有形的；是能增加社會和文化快取記憶體的；是能替自己工作或很少被直接監督的。它們可以被認為是社會利他的工作（教師、醫生、公設辯護人、社工、消防員）；或在某種程度上被認為是很酷的工作（國家公園管理員、微釀啤酒師、瑜伽教練、博物館館長）；或者你可以完全自主決定要做什麼，以及何時開始進行的工作。

它們是孩子們夢想的工作，人們談論的工作，當你在對話中提到它會贏得「哇，這工作真酷」的工作。女服務生可以很酷，如果妳是在正確的餐廳工作；瑣碎的後台工作可以很酷，如果你是在正確的劇團工作。麥克，他是白人，成長於堪薩斯城的中產階級家庭，他對理想工作只有一個最模糊的概念，就是「我一整天都可以做『發揮創意』的事情」。魯尼是黑人，成長於工人階級的家庭，她所認為的好工作是「有意義的」，是她「熱衷的」且是「被召喚去從事的使命」。葛麗塔是白人，成長於中產階級的家庭，說她最喜愛的戲劇主題，從《金髮尤物》到《奇異果女孩》，教導她「酷」工作是會讓你執著追求自己熱情的工作。

對於「可愛的」工作的嚮往是使它們無法持續可愛的部分原因。這麼多人競爭這麼少的職缺，薪資報酬可以不斷降低，卻不會造成什麼影響，總會有人充滿熱忱地取代你的位置。福利待遇可以被刪減或不復存在。自由業者的費用可以降低到勉強維持生計的程度，特別是藝術領域。在許多情況下，一個網站不是支付作者撰寫內容的費用，反而是作者用免費的形式授權給網站以獲得署名的機會。同時，僱主可以提高對於工作的最低資格、要求更好的學校、另一個學位、更多的訓練（即使訓練不一定是必需的），擁有這些履歷，你才有機會成為被僱主考慮的人選之一。

這種情況下，「酷」工作與實習變成供需關係的研究案例。即使工作本身最終無法實現個人抱負，或是要求的工作很多卻報酬太少，以至於熄滅了任何可能存在的熱情，但是能夠成為千裡挑一的「成功者」的挑戰，使這份工作益加令人嚮往。

對於許多公司來說，完美的場景是一個幾乎不需要花費任何成本就能徵到人的職位，似乎有無數對此職位來說資歷過高、動機驚人的應徵者。這也解釋了為什麼在二〇一〇年代末期，表面上仍舊強勁的就業市場上，許多公司發現自己愈來愈迫切地需要找到人去從事那些不可愛又低報酬的工作職缺，特別是其中許多工作無論多麼基本，現在至少都需要大學學歷。正如亞曼達．馬爾（Amanda Mull）在《大西洋》雜誌上點出的，這種迫切性是以那份工作很酷的徵人廣告形式作為解決辦法，並花費愈來愈多的金錢使那則廣告趨於完善（而不是提供候選人更好的報酬、福利或彈性[1]）。

根據Indeed.com的調查，二〇〇六到二〇一三年間，使用「忍者」一詞來描述的工作增加了二十五倍；使用「搖滾明星」的增加了八．一倍，而使用「絕地」[2]一詞的增加了67%。在我寫作的此刻，你可以應徵歐特克公司的「客戶支援英雄」、一間位於賓州巧克力工廠的「可可粉忍者」、猶他州一間診所的「健康武士」以及佛羅里達州奧蘭多一間租賃公司的「搖滾明星維修人員」。這些工作都是給社會新鮮人的職缺，而且薪資剛好或只比基本工資多一點，通常福利很少或沒有福利，有些甚至只是被稱為「賺錢機會」的兼職演出。愈是低劣的工作，愈容易被貼上「酷」工作的標籤和廣告。這是一種手段，讓應徵者相信不酷的工作其實是值得嚮往的，為此值得接受只能勉強維持生計的工資。

這就是「做你所愛的事」的行動邏輯。當然，沒有一個工作者會要求他們的僱主看輕自己，但是「做你所愛的事」這種說詞使得要求被看重似乎是不公正的行為。做你所愛的事「使其追隨者面臨被剝削的命運，藉由將工作者的動機拋回給他們而把無薪或低薪的工作合理化，」宮德光提出此論點，「當熱情變成社會公認的工作動機時，談論工資或工作的時間表就變得俗氣。」[3]

舉伊莉莎白為例，她是拉丁裔白人，成長於佛羅里達州的中產階級。大學時，她參加了迪士尼大學計畫，此計畫提供混合實習與「留學」的經驗，不過不是到外國留學，而是在迪士尼。之後，她急切渴望在迪士尼找到一份工作，任何工作都行，即使是在客服中心。這個職位完全沒有前途，沒有任何晉升的管道，只是期望你應該感激能擁有一份迪士尼的工作。「在迪士尼，他們寄希望於你對公司的愛，」她這麼說。「我的確愛這個公司和它們的產品，但是這並不會讓勉強高於最低工資的薪水變得可以接受。」

當一群「充滿熱情」的工作者倡導更好的薪資與工作條件（比如說加入工會）時，他們對工作的奉獻精神通常會受到質疑。（例外的是那些已經有工會組織幾十年的職業，像是許多消防員與警察。）倡導工會意味著首先且最重要的是認同自己是個勞工，並與其他勞工團結一致。它促進了一種階級意識，很多僱主都否定這種意識，並把「工作」重新定義為「熱情」，「工作場所」則被重新定義為「家庭」。而神也不允許你與家人談論金錢。

***

不難看出在追求「熱情」與「過勞」之間會產生多麼嚴重的差距。如果你愛你的工作，而且它又可以實現你的抱負，那麼你無時無刻都想工作是合理的。一些歷史學家將美國人對過勞的崇拜追溯到二戰後加州聖塔克拉拉谷國防工業的僱佣行為。一九五〇年代，這些公司開始招募科學家，正如莎拉·馬丁（Sara Martin）在二〇一二年的過勞史中所說的那樣，他們「一心一意、社交笨拙、情感上疏離，而且有幸（或被詛咒）對一些特定領域有著異常、獨特、極強專注力的癡迷興趣。」[4]

一旦被聘僱後，這些科學家為「優秀的」工作者提供了新的標準。「工作不只是工作；它是他們生活的熱情，」馬丁解釋，「他們把醒著的時間全部致力於工作上，通常排除了非工作的關係，運動、睡眠、食物，有時候甚至連個人的清潔照護都不在意。」馬丁說洛克希德公司（Lockheed，後來成為矽谷的傑出公司之一）的心理學家把這種特別令人滿意的工作者心態稱為「科學技術人格（the sci-tech personality）」，並且塑造出圍繞著他們的工作文化：工作時間隨心所欲，只要你願意多長都可以；公司允許你穿著任何自己想穿的服裝。在惠普，公司會替工程師送早餐，「這樣他們才會記得吃飯」。早期的自助餐廳、免費餐點和點心零食成為了新創公司文化的特徵。

但是直到一九八二年，兩位麥肯錫顧問出版的《追求卓越：探索成功企業的特質》一書獲得巨大的成功後，這種獨特的工作倫理才得以全國化與標準化。這本書的論點很直接：如果任何一間公司可以找到像在矽谷那裡工作的員工（如：願意埋頭苦幹的員工），他們也可以享受如科技產業被神話化的成功。這樣一來，**過勞就變得前衛、時尚、具前瞻性思維**。反之，工會對每週四十小時工時的保護措施不僅變得老套、落伍，還明顯不酷。

此外，隨著工會以及保護工會的法規變得不受歡迎，工人的團結也是。取而代之的是追求並贏得「可愛的」工作，並因此創造出一股無情的競爭氛圍；個人對工作的熱情與滿足感則優先於整體的工作條件。[5]「當每個人都將自己視為獨立合約員工，與社會的其他成員進行零和戰爭時，團結一致就變得可疑，」宮德光解釋，「一個人只要任何一刻沒有在工作，就代表某人將會超前，對他或她造成傷害。」[6]

那麼試圖找到、栽培並維持你夢想的工作就代表要摒棄團結，爭取更多工作。如果同事堅持要遵守規定的工作時間，甚至只是按規定休假，他們不是在設下健康的界限，他們只是給予你機會去證明自己比他們更努力、做得更好和更多。舉例來說，在我工作的新聞編輯部中，記者們在報導完一個創傷性事件後（如大規模的槍擊事件），可以選擇休息一到兩天。但是很少人會這樣做，因為像新聞業這種行業，有上千上萬的人都渴望著取代你。它實際上不是一次休息的機會，而是一次展現自己與他人不同，不需要心理恢復的機會。

當工作場所中的每個人都將自己認為是不斷競爭的獨立合約員工時，就會為倦怠創造出首要條件。一位工作者設下了自己可以多早抵達辦公室和多晚離開的障礙；另一位工作者試圖達到或超越該障礙。當然，這種氛圍累積造成的結果很少是正面的。就我而言，在報導完德州薩瑟蘭泉的大規模槍擊案後，一天假都沒有休，把自己陷入否認倦怠、令人討厭的行屍走肉狀態好幾個月。而且過勞的文化不代表更好的工作或更有生產力的工作，它只是代表**更長的工作時間**，而工作時間則成為奉獻的替身。

當所有的奉獻都變得站不住腳，以及當把做你所愛作為實現抱負、經濟和其他目標的途徑的信心開始動搖時，倦怠就會發生。不過仍舊會花上數年，甚至數十年的時間，才會失去你花了同等時間去內化的信念。以史蒂芬妮為例，她認為自己是「混血」（白人和亞洲人），成長於北卡羅萊納州的中產階級。史蒂芬妮承認她從未考慮過在畢業後無法立刻找到一份工作的可能性。她是文學系前三名畢業的學生、榮譽協會的一員、為報社撰稿，同時幫助編輯文學雜誌。因為她沒有車，而且暑假都在全職工作，所以她沒有辦法得到實習的機會，這是可以建立自己履歷的東西。也就是說，她以為自己的好成績與課外活動會讓她順利度過求職的關卡。

「我在學業上表現得如此優異，因此我認為自己可以輕而易舉地得到一份工作，」她說。「畢竟，學術界的所有事情都是這樣運作的：我完成我的工作，然後一切結果都很好。我認為那是因為我是個有上進心、有能力與絕佳寫作技巧的人，我不必過於擔心。」

史蒂芬妮的理想工作是某個擁有「可觀金額的『酷資本』，像你知道的，在Vice或其他時髦前衛的公司。某個每個人都聽過的公司。」在沒有那些機會的情況下，她告訴問她的人她希望進入「非營利性機構」工作，然而，回過頭看，此願望其實如她所說，是為了「當『好人』以得到社會讚揚」。她設法在美國志願隊找到工作，但是該工作環境實在太糟糕，她做了兩個月就辭職。接著，她開始在一間披薩店當服務生以支付帳單，然後開始找工作，目標是一週投遞十份工作履歷。她利用一張電子表格來追蹤自己何時應徵了哪間公司的工作。最終，她應徵了超過一百五十份工作。回應她的只有其中少數幾個。

這樣經過了兩年。她仍然在披薩店工作，她開始和她的同事們一起酗酒，並且與一個有暴力傾向的酒保約會。「我精神很差，總是在宿醉，而且有自殺傾向，」她回憶。她知道能讓自己脫離披薩店工作的唯一辦法是免費撰寫文章，以累積自己的作品。於是她開始著手進行，在畢業的四年後，她總算在一間非營利性機構找到了工作，一小時十五美元，沒有福利也沒有

401k。

如今，史蒂芬妮對自己在公立文理學院獲得的大學文憑是否值得產生懷疑。「離開服務業使我有種巨大的成就感，」她說。「但是待在服務業的時間愈長，我就愈懷疑自己過去如此想要一份特定職業的想法是自負還是天真。」

由於這個經驗，她徹底調整了她對自己可以且應該從事哪種工作的理解。「我以前總是希望我的工作是我所有的生活，但是現在我認為一份好工作是不需要我經常每週工時超過四十小時的工作，此外工作職責要有挑戰性且有趣，同時仍然是可以做得到的。我不再期待一份『酷』工作了，因為我認為工作若是你的『夢想』或你的『熱情』，那會在工作時間之外消耗掉一個人太多的身分認同，這種情況是非常有害的。即使我失去工作，我也不想要失去對自己的認同，這樣說你可以瞭解嗎？」

＊＊＊

非常多千禧世代進入就業市場時，它不是一蹋糊塗就是恢復地非常、非常緩慢。二〇〇七年十二月到二〇〇九年十月之間，失業率增加了一倍：從5％上升到10％。總就業人數下降了八百六十萬人。而全國性的經濟衰退幾乎影響了所有人，但是在某種程度上，它尤其影響那些首次進入就業市場的新鮮人。當數百萬位有經驗的工作者失去他們的工作後，他們會開始尋找任何可能的新工作，包括首次找工作的新鮮人通常可以在就業市場中立足的低薪又初階的工作。對於十六歲到二十五歲之間的千禧世代，失業率從二〇〇七年十一月的10％上升到二〇一〇年四月的19％，創下歷史新高。[7]

「千禧世代在經濟衰退中被摧毀，」安妮．勞瑞（Annie Lowery）在《大西洋》雜誌中寫道。他們「畢業時剛好進入這八十年來最糟糕的就業市場。這不僅意味著數年的高失業率或住在父母家中的地下室，而是代表整整十年的工資損失」。這種時機所造成的影響程度，現在才逐漸顯現。例如，二〇一八年美國聯邦儲備發表的報告指出：「千禧世代的生活不如前幾代成員年輕的時候，收入低、資產少，財富也少。」[8]

畢竟，沒有工作就代表沒有能力存錢買房、養老或投資。一些千禧世代回到校園中以求度過難關，卻發現兩年或六年後，除了上萬元的學生債務外，工作前景幾乎沒有什麼改善。那些被迫搬回家的人也不得不忍受來自我們父母和媒體的焦慮論述，即我們永遠無法離開原生家庭，既沒有目標又懶散，無法安然度過這場完全在我們控制之外的經濟災難。

它是嚴峻的現實，而且直到現在仍然是。但是即使是那些回到童年房間的千禧世代們，也不是從小就屈服於市場力量的。我們從小就被教育要努力工作以找到那份承諾中的完美工作，嚮往去從事凱薩琳．奎恩（Kathleen Kuehn）所謂的「希望勞動（hope labor）」：「無報酬或報酬過低的工作，通常是為了換取經驗與機會，希望未來的工作會隨之而來。」[9] 換句話說，實習、研究員職位與其他類似的工作，其中許多具有不確定的價值，但是對於大部分工作卻又是必須的，尤其是如宮德光所指出的那些「可愛的」工作。

當我二〇〇三年自大學畢業時，我的朋友中很少人有實習過，更遑論去找實習工作了。十年後，身為一位教授，我指導的學生詢問我關於我有什麼管道可以協助他們找到實習機會的比例，遠遠多於請我解釋課程作業中拉岡的精神分析理論。因為儘管拉岡的理論概念難以理解，對於大多數學生來說仍然比找到一份實習來得容易。

你可以透過大量閱讀去瞭解一個理論：付出更多努力，原本不理解的問題就會自己解決。但是實習是關於人脈，而且更重要的是，肯為了一點報酬或沒有報酬而工作的意願與能力。此外，假如你沒有作品集就找不到工作，而你沒有實習機會就無法建立作品集，而你無法從事免費工作以競爭那些實習機會的話，那麼理論上，只有某類的人（解釋：有經濟能力的人、就讀的大學有提供私人資助的人、在校期間可以借出更多貸款支付實習的人）才有能力負擔「希望勞動」。

我們有些人因為住在家裡，才能夠取得實習機會；其他人則為了生活，需要依靠父母、助學貸款或副業。許多人徹底放棄在他們渴望的領域中尋找夢想的工作，但是這不代表「你應該不計代價的去做你所愛的事」的總體思想就此消失。

蘇菲亞，一名從小就「享有特權」的白人女性，她曾經在小型博物館和蘇富比做過一系列無償的實習工作，然後從一所小型文理學院畢業並取得藝術史學位。但是那時候是二〇〇九年，蘇富比原本承諾提供她的工作突然間就消失了。她申請了上百份紐約和芝加哥的實習，無論有無報酬；最終她只獲得一間劇團的面試機會。雖然這份實習沒有薪資，但是她知道她的父母可以支持她，因此接受了這份實習。

她試著一邊找個服務生的工作，她挨家挨戶地向皇后區阿斯托利亞的餐廳遞送履歷，但是她從未收到回音。直到朋友工作的餐廳開出一個職缺，她才找到工作。「如果我在那次求職過程中學到了什麼，絕對是人際網絡、任人唯親和內部人脈關係是得到一份工作的唯一方法，」她說。「而且即便如此，那份工作很大機會也是份無償實習。」

然而，劇團的實習讓她獲得了帶薪實習的機會，最終引領她走向博士之路。但是在走到那一步前，蘇菲亞協助她曾工作過的一間博物館內的實習協調人員，並且獲得了「他們是如何毫不客氣地剝削實習生們（在低薪或無薪方面）的第一手資訊，因為他們知道實習生的競爭有多麼激烈。」

每個實習機會都有上千位應徵者；在某些方面，找到實習工作比起進入常春藤聯盟的學校更加困難。「它們知道，因為它們是有聲譽的品牌，所以當涉及到報酬時，它們可以隨心所欲，」蘇菲亞說。「沒有人進入藝術領域是為了錢，對吧？你必須對它有熱情才會去追求！而他們想知道為什麼博物館在招募多樣性僱員方面的名聲如此不佳。」

事實上，在大學或研究所期間，有三種方式可以負擔無償或低薪的工作：使用學生貸款去負擔；從事另外的工作去補貼，或是依賴父母親的支持（以吃、住家裡的形式或父母支付生活上的花費）。二〇一九年，艾琳．潘尼克庫是家中第一位上大學的孩子，她寫了一篇部落格文章，描述她整個大學生涯的貸款史，不只是用於學費，還用於支付房租、雜貨、水電與書籍。一開始是聖塔莫尼卡社區大學，接著是加州大學洛杉磯分校，最後是法學院。當聯合國出現無償實習工作的機會時，她知道自己必須接受那份工作，即使這代表要借學生貸款（即付錢）去做免費的工作。

潘尼克庫在一篇標題為「無償的實習令像我這樣的女性遠離法律界」的文章中寫道，「曝光度並不會支付帳單」、「經驗不會負擔房租，它不會幫我支付到實習場所的交通費；它不會讓我吃飽。但是我相信經驗是如此重要，它值得我借出貸款。」藉由實習獲得的履歷是在企業找到一份工作的必要條件，這是一條不成文的規定。因此，為了得到一份工作，你必須取得實習機會，無論它們的工資有多低，這是一條不成文的規定。「因為工作獲得報酬不應該是一種奢侈，」潘尼克庫寫道，「當我就讀法學院時，我一直都很感激這些機會，直到現在我才質疑這種做法。」當人們追隨一種「使命」，將金錢和報酬擺在次要位置時，這種召喚的根本概念源自於新教早期的戒律，以及每個人都可以且應該找到一份工作，而透過那份工作，他們可以盡自己最大的力量去侍奉上帝的想法。美國的喀爾文教徒將於某人的使命以及隨之而來的財富和成功，解釋為一個人身為天選之人的證據。文化理論家馬克思．韋伯認為這種解釋有利於資本主義，因為它鼓勵每位工作者不要只將工作視為有廣泛意義的，而是有真實價值，甚至是神聖的。

在一項針對動物園管理員的開創性研究中，J．史都華．邦德森（J. Stuart Bunderson）與傑佛瑞．A．湯普森（Jeffrey A. Thompson）調查那些認為自己與動物相處的工作是「一種使命」的人所承受的艱辛挑戰。動物園管理員的學歷很高，但是薪資卻很低，二〇〇二年的平均薪水為二萬四千六百四十美元。大多數人為了生計都必須從事第二份工作。晉升的管道非常少，而且他們每天花費可觀的時間在清理排泄物及進行其他「骯髒的工作」，但是他們也表達出不願意辭職或尋找新的工作方向。正如邦德森與湯普森所提到的：「假使一個人本能地認為自己應該從事某種特定的工作，而命運又把他引領向那份工作，那麼拒絕那種使命便不只是一種職業上的選擇；而是一種道德上的失敗，是對那些需要自己天賦、才能和努力的人們的隨意放棄。」[10]

艾力克斯是白人，成長於中下階級的家庭，他在二〇〇七年時大學畢業，然後開始尋找一份教會牧師的工作。從他首次開始尋找到現在的十二年間，他已經申請了超過一百份工作。有時候，他身兼數職；其他時候，甚至連一份工作都找不到。他目前有一份教會的工作，但是他的合約即將在今年夏天結束，而他不知道他的家人下一步會如何，他們去年搬進了他的父母家以維持生計。他目前正在尋找任何有穩定時間表、合理通勤時間，以及明確任務或重點的工作。他說：「醫療保健將是一大加分。」

但是隨著他不斷尋找，卻無法找到一份牧師的工作時，他發現自己陷入焦慮、羞愧和憂鬱的迴圈，而這所有一切都與「使命感」背道而馳。「有一種信念是我們被引領向比自己更重要的事情上：上帝、宇宙，或無論它是什麼，」他告訴我。「所以，當我們感到倦怠，或是設下界限時，就會感覺自己在某種程度上背叛了我們的使命，因為我沒有每分每秒都熱愛它。」

換句話說，「使命」往往是一種**剝削的邀請**，無論你是動物園管理員或老師或牧師。在《工作：徹底改變時代的勞動及其未來》（*The Job: Work and Its Future in a Time of Radical Change*）一書中，作者艾倫．魯佩爾．雪爾（Ellen Ruppel Shell）指出僱主已經創造出規則系統，用以檢視應徵者們，從而區分出「被召喚」的應徵者與一般的應徵者，原因是基於「前者不會爭論或要求就願意愉快地處理任何任務」[11]這樣的理解。無論多少人承認無償或低薪的實習具排他與剝削性都沒有關係，新的畢業生仍舊會一窩蜂地聚集過去。一個BuzzFeed的研究員職位吸引了上千位申請者；一位多個深夜節目的招聘人員告訴我，二〇一九年夏天，她指派了一萬名申請者給兩檔節目的五十個職位。希望勞動的承諾是，如果你可以順利擠進窄門，那麼你或其他希望勞工是如何被對待的都不重要。重要的是你最終有機會做你所愛的工作，不管工資有多低。

艾琳是白人和中東混血，成長於加州的農村地區。她進入一間州立學校，在那裡獲得了全球研究的學位，並且渴望找到一份教育或非營利組織的工作，「從事某些有意義或讓她行善，同時也能夠讓她去旅遊和住在國外的工作。」在畢業前，她和許多人一樣，花了大量時間在職業輔導中心、參與工作坊、瀏覽中心的網站和檢視代辦事項這些除了大學學歷外，她認為會幫助她走上有保障的工作之路的事情。

在大學畢業後的首次求職過程中，艾琳申請了「太多工作，以至於都記不清楚，」但是只有兩份工作回應她。一個是非營利環保組織的低薪募捐者（試想：在街上叫住你，然後詢問你是否「有一分鐘做個環保問卷調查」）；另一個則是初級金融分析師，她絕對資格不符的職缺。她討厭搬回家的想法，但是最終明白自己沒有任何其他選擇。「沒有工作，我無法負擔任何東西。」她告訴我。

起初她感到羞愧，那時是二〇〇八年，至少在她居住的小鎮，經濟衰退造成的廣泛影響尚不明顯。但是隨著時間過去，她班上幾乎所有沒有進入 STEM 專業或繼續就讀研究所的同學也都搬回了家中。她花了好幾個月的時間在尋找工作、與日益增長的焦慮和羞恥感奮戰，最後總算找到了一份當地 YMCA 課後計畫的兼職工作，但是這份工作「沒有薪資」。

有一天，艾琳小學一年級的老師出現在她眼前，並送給她一本資料夾：老師把艾琳直到八年級的作業以及她做過的最好作品全部都保存了下來。老師意圖用這份禮物向艾琳展示在她的眼中艾琳是多麼的有潛力，但是艾琳將其內化為深深的失望。「我以前總是被說聰明的那個學生，而在我的家鄉，我被視為是那些擁有光明未來的孩子之一，」她說。「這就是為什麼搬回家是如此巨大的打擊，我應該是前往中東去創造和平，而現在我卻困在這小小的城鎮。」

培養希望，無論實際成功的機會是多麼小，已經變成一種商業策略。實習生和研究員創造內容、提供勞動力，只獲得正職員工幾分之一的報酬，是希望勞工最明顯的例子。自由作家是希望勞工。派遣人員也是如此，希冀能夠有機會轉成正職。所有行業的蓬勃發展都是靠著大量願意為了工作機會而不要求薪資的工作者，只要他們能夠告訴自己與別人，他們有一份「熱愛」的工作。

尤其是學術界，它實際上已經變成一個希望勞工的行業綜合體。在那個系統內，終身職教授鼓勵他們最有上進心的學生去申請研究所，表面上證明了只要你工作夠努力，你確實可以在往後人生中繼續深思你所選擇的主題，並且獲得完整的工作保障。研究所依賴學生的全額學費和那些學生的廉價勞動力，所以它們接受的碩士生遠遠多於博士生的名額，而博士生則遠遠多於終身職的職位。

透過這一切，研究生們被告知工作在本質上會拯救他們。如果他們發表更多文章；如果他們參加更多研討會去展示他們的成果；如果他們在畢業前就得到一本書的合約，他們在就業市場上的機會將會增加。對非常非常少數的學生來說，這是真的。但是這種事情無法保證。在公立大學的經費不斷減少的情況下，許多學生自己負擔參與研討會的旅行費用（通常是經由學生貸款），在暑假期間，一邊忙於生計，一邊申請為數稀少的學術工作，其中許多是在偏遠地區，而且長期穩定幾乎是個奢望。

一些學者在研究所期間就耗盡了他們的希望勞動供應。其他人則在就業市場中花了數年的光陰，通常是在貶低與高要求的工作條件下從事工資很少的兼課教師，然後夢想開始破碎。但是這個系統本身的設定是盡可能養活自己。大多數人文學科的博士計畫幾乎沒有提供在學術界以外的工作訓練機會，因而創造出一條從研究所到終身職追求者的強制性隧道。特別是在人文學科，想獲得博士學位，成為你那門知識領域的博士，就意味著「我沒有任何可銷售的技能」。許多學者除了繼續教學，沒有其他選擇，教學是他們認為自己唯一會做的事情，即使沒有公平的報酬或工作保障。

學術機構被鼓勵讓兼職教授持續「做他們所愛」，但是有來自同儕和導師的額外壓力，他們的人生與機構持續生存的能力息息相關。許多對當代市場實際情況並不了解的資深學者，不時會告訴他們的學生唯一的好工作就是終身職的學術工作。當我在二〇一一年找不到一份學術工作時，我告訴各個教授我選擇去高中教書以維持生計，我感受到他們溫和卻又明顯的錯愕。

我沒有其他選擇並不重要。重要的是我即將偏離可接受的唯一路徑：**無論如何都要待在學**

術界。「我們本來應該接受現狀，因為我們做得很好，」艾琳回憶道。「當我因為真的快餓死了，而離開教書到科技業工作時，我感覺到自己被前同事們在背後評論。」如果你離開教學，那麼就代表你「無法圓滿地解決問題」或者是忽略了這份工作是「關於學生」。她覺得自己像個叛徒，因為沒有「接受困境」。

如果以及當學者們發現自己對這個系統已不抱幻想，那種醒悟通常會伴隨著蔓生且難以去除的羞恥感。他們是否遵從每個如何把自己塑造成一個理想工作候選人的建議，或是那個系統是否依靠他們看似無限的野心與勞動力而蓬勃發展，都不重要。重要的是他們花了生命中的十年或更久的時間朝他們所愛的東西去努力，然後卻無法抵達終點線。這就是當我們不把工作當成工作，而是把工作當成追求一種熱情時會發生的事情。這讓辭去一份無情剝削你的工作感覺像是**放棄**了自己，而不是它真正代表的意思：**長久以來，你第一次為了自己的需求發聲**。

對於巴基斯坦裔和第一代美國人的伊巴來說，在完全不被承認的情況下，從事這種希望勞動的現實被證明是難以忍受的。還是大學生時，她定期為校園報紙和當地的穆斯林報紙撰稿；當她畢業時，她的教授告訴她，她很快就可以在當地報社找到一份工作，而且最終一定可以使自己更具影響力。但是當她開始應徵工作時，即使應徵散布全美各地的工作，有時候一天多達三十份，卻仍音訊全無。即使撰寫關於穆斯林的新聞是她的熱情，但是求職顧問告訴她最好將履歷上關於穆斯林報紙的經驗移除以避免偏見。她這麼做了之後仍然沒有任何消息。

最後，伊巴在一間科技公司找到一份研究分析師的工作。薪資不錯，年薪三萬八千美元，但是這份工作極其單調乏味。她坐在一個小隔間中，輸入數據與冷門電話，然後發現自己「極度無聊和憂鬱」。有一天，她發現在大學畢業典禮上發表畢業演說的那個人，一位她肯定會在新聞界有一番作為的男同學，就坐在幾個小隔間之外。

不過伊巴仍然期望在新聞界找到工作。她持續投遞履歷，總算得到了一份科學雜誌編輯助理的工作，可是薪資只有兩萬六千美元，實在太低而無法維持生活。她開始進修女性研究的夜間課程，用她的話來說是「非常努力」，最終她取得了碩士學位。就這樣，她總算在紐約一家「顯眼的自由派新聞雜誌」找到更接近她嚮往的酷工作。即使這份工作只是兼職，而她每小時的工資只有八美元，所以她必須住在朋友家的沙發上，但是她欣然接受這個機會。

「部分的我非常渴望被稱為一名作家，」她說。「我想要出現在知識份子閱讀的新聞雜誌上。我認為我將以有趣的角度，撰寫關於身為穆斯林又是女性的想法，並且花上三年的時間學習並研究這些主題以取得我的研究生學位。然而，我精疲力竭、低薪，而且變得極度憂鬱。」

實際上，辦公室裡沒有人會跟她說話。

伊巴在一份不酷的工作中待很長的時間，以至於當她得到一份酷工作時，她沒有意識到她的工作條件是多麼糟糕。它也許並不無聊，但也不是她曾經想像過的工作。「我以為堅持下去是值得的，」她說。「但是最後，這段經驗讓人心灰意冷，我不得不離開。」

做你喜歡的事就好

對於可愛工作的迷戀意味著普通的舊工作，那種可能不「酷」，非忍者、非絕地，但是可以提供像是「穩定」與「福利」這種神奇力量的工作，變得不受歡迎。在此邏輯下，郵差和電器技師似乎就像是我們祖父母和父母那輩的工作，是那種有明確開始和結束的工作；是那種不會納入工作者身分認同的工作。也許你不會愛它，或是對於組裝冷氣空調感到熱情，但是你不會討厭它。工時固定、工資很不錯，而且訓練合理。然而，這些工作往往被歸類為不受歡迎，至少在受過教育的中產階級中是這樣的。

這就是成長於康乃狄克州中上階級，還沒讀完大學就輟學的莎曼珊至今仍然在苦惱的事情。輟學之後，她告訴所有人她知道自己想要教書，只是需要時間。但是其實她真正想做的是在她工作的小超市當經理。今天，她仍然在那間超市工作，她的時薪很好，而且工作時間彈性。「我仍然會感覺這樣是不夠的，因為這份工作不是我孩提時夢想的工作，」她解釋。「但是難道就代表它就不是好工作嗎？難道我的祖父曾經夢想當郵差三十年嗎？應該不會，但是我敢說沒有人不羨慕他那份好工作。」

千禧世代對「做你所愛」的幻想逐漸破滅，加上那些工作帶來的所有持續、穩定的不合理要求，在在給了千禧世代一種新的方向。我注意到我的同儕之中關於工作要求和抱負方面，普遍來到了「恍然大悟」的時刻。他們不再想要得到夢想中的工作，他們只想要一份不會報酬過低、工作過多，然後讓他們內疚，最終不替自己發聲的工作。畢竟，做他們所愛令他們精疲力盡。現在，他們只是在**做工作**，並且從根本上重新定位自己與工作的關係。

想想艾琳在科技業的新工作：穩定。她可以負擔像是採買日用品等生活開銷，而且與兼職不同，她能夠在工作和非工作生活之間保持明確的界線。成長過程中，她認為一份好工作是讓你可以賺很多錢、做你所愛並且做好事的行業；現在她對好工作的定義是「任何報酬最高而且讓我五點後就不用再掛念的工作」。這是一個在千禧世代中感覺愈來愈普遍的軌跡：找到一種方法去做你喜歡的事就好。

數百萬位的千禧世代，不管階級地位如何，都是在崇高的、浪漫的、資本階級的工作觀念中長大的。摒棄那些觀念代表要接受許多工人階級的僱員從未消失的事實：一份好的工作是不會剝削你且你不討厭的工作。潔西是混血兒，但她認為自己是黑人，從小父母就不在身邊，「窮困得不可思議」。當她從大學畢業，獲得非裔美國人文學的學位後，她本來希望從事某種行銷的工作，但是當時是二〇〇九年，經濟衰退的高峰期，她急需一份工作，所以最後落腳於星巴克。

潔西雖然想搬回父母家，但是那不是個可行的選項。她接受無薪的自由業工作，試圖建立她的作品集。一開始，她只是覺得畢業很棒，而且做咖啡館服務生很有趣，但是很快地，當較年輕的朋友一畢業就直接進入職場時，她開始感到焦慮。這些日子以來，她的確喜愛她的工作，非營利、為寄養兒童服務，但一部分原因是她從未覺得要找到一份完美的工作，即使她周圍的朋友都在爭奪更明顯的理想職位。「我有更符合現實的觀點，」她這樣說，「因為我從小是由一個沒有固定工作的媽媽養大的。她從事多份沒有前途的工作，獨立養育四個孩子。」

蘇菲亞做過所有的藝術實習生，最近她剛從一間常春藤聯盟大學取得博士學位。「我認為一份好工作會讓我感覺自己正在創作並學習更多關於藝術的東西，然後是在一間享有聲譽的著名機構中工作，」她承認。「而聲譽這件事不會在短時間內消失。我直到在做博士後研究一邊尋找工作時，才發現聲譽與工作滿意度一點關係都沒有。很幸運地，我讀了七年的研究所，加上所有的實習經驗，因此我瞭解工作的哪些部分會使我開心和滿足。」

進入職場後，她首次找到了擁有福利的長久工作。這份工作不是在學術界，而是教導中學生歷史。「這個工作讓我真的很開心，薪資非常不錯，而且我每天都會感到滿足和有挑戰性，」她這麼說。「它並不是一份聲譽卓著的工作，但是它真的很棒。」

＊＊＊

「做你所愛」的有害假設之一為每一位在美國成功的人都是做他們所愛的工作，反過來說，每個做他們所愛工作的人都成功了。如果你沒有成功，那麼你一定是做錯了。「這種工作即愛情的神話，核心的概念是美德（人格上的道德正直）與資本（金錢）其實是一體兩面，」宮德光解釋道。「有財富的地方，就有努力工作、勤勉，以及個人主義的獨創性使其成為可能。」

因此按照此邏輯，沒有財富的地方，就沒有努力工作或勤勉、個人主義的獨創性。儘管這項關聯已經無數次被證明為錯誤，但是它在文化條件下的持久性正是人們更努力工作、工資更少和在惡劣條件下工作的原因。

當那種酷又可愛的工作沒有出現，或是出現了但是對一個尚未財富獨立的人來說無法維持，就不難看出羞恥感將會如何累積。過去十年間，白人艾瑪一直試圖進入資訊科學的世界，也就是我們所知的圖書館員。當她獲得碩士學位後，她得到一份全職的短期工作，而她的理解是「如果她夠努力工作」，這份工作將會變成永久的。

「那是我夢想的工作，」艾瑪解釋。「我認為自己是地球上最幸運的人。」但是該組織經歷了一次「領導階層改變」，而她從一份短期合約換到另一份，把自己的生理和心理都逼到了極限。「我在工作上精益求精，把每一滴精力都投入到工作中，為了證明自己是最熱情、最值得投資的員工，」她這麼說。「但是新的領導者並不喜歡我，無論我多麼努力地嘗試。」

在她反覆尋找工作的期間，她出現了憂鬱症、低自我價值感，對於她在教育上的投資感到極度後悔，還有普遍缺乏尊嚴等問題。「我質疑自己的每個方面，」她說。「是我說話的方式嗎？我的髮型？我的衣著？我的體重？」

問題的一部分是期望與現實不符。當她取得碩士學位時，她的教授告訴她，她畢業後可以找到一份全職工作，年薪最少四萬五千美元、有福利並能立即加入公共服務貸款減免計畫。實際上，經歷過無數次求職後，她只找到一份在她專業以外，而且不需要如此高學歷的工作。她一年的薪資是三萬兩千美元。然而，她每天都覺得自己很幸運，因為她是她那個領域中少數擁有全職工作的人。

當艾瑪回顧過去十年，她感到憤世嫉俗卻感激。「人們總是認為如果你沒有成功，是因為你沒有付出足夠的熱情，」她說。「但是我不再將感情投入在工作中了。這樣並不值得。我瞭解到每個人都是可有可無的。沒有一個工作是公平的，或建立在熱情或是優點之上的。我沒有能力來玩這場遊戲。」

當我聽見艾瑪的故事，與其他數千位千禧世代是如此相似時，我又再次明白我們之中有那麼多人如此積極、不屈不撓地朝自己夢想中的工作努力前進。這也是為什麼千禧世代如此難以理解對於我們這一代最經典的批評：我們被寵壞了，或是太懶惰或擁有太多選擇。千禧世代並沒有萌生「可愛的工作」是理想的想法，我們也沒有栽培它。但是我們的確必須面對那種想法在現實世界中是多麼脆弱的事實。

當某人說千禧世代很懶惰時，我都想要問他們：哪個千禧世代？當某人說我們擁有太多選擇時，我真的會問他們：是誰教我們說我們應該能夠做我們所愛的工作？我們被教導大學是通往中產階級工作的方法，但那不是真的；我們被告知熱情終究會帶來益處，或至少帶來一份可持續發展的工作，讓我們受到重視，這也不是事實。

我們成年後總是一直在調整期望值，關於它是什麼，還有它可以提供什麼。不過，千禧世代的不同處在於，我們花了五到二十年的時間進行調整期望值的痛苦工作。用我們自身經歷的現實將父母與顧問對就業市場非常放心的理解重新校準，同時也得出了工作可以和應該是什麼的功利看法。對於我們許多人來說，在從事了數年低劣的工作之後，才瞭解到自己是渴望團結的勞動者與工作者。

幾十年來，千禧世代一直被告知我們是**特別的**，我們每一個人都充滿潛力。我們需要做的就是付出足夠的努力，將那種潛力轉換成完美的生活，而且不會有父母們定義的所有經濟煩惱。但是當戰後嬰兒潮世代在栽培和優化孩子未來的工作準備時，他們也進一步拆解了可以使那種生活成為可能的社會、經濟和工作場所的保護。他們並沒有把我們寵壞，而是破壞了我們獲得他們所承諾的所有努力工作的可能性。

當我們進入就業市場時，只有少數千禧世代擁有智慧去瞭解這個事實。相反地，我們相信如果機會沒有降臨，那是個人的問題。我們明白市場是多麼競爭；我們把標準訂得多麼低；但是我們也確信只要我們夠努力工作，我們終將勝利，或者至少能實現穩定或幸福的生活，或是達成其他一些朦朧的目標，即使我們愈來愈不清楚自己為什麼要追求它。

我們已經努力奮戰好多年了。對於許多人來說，包括我自己，我們很難不為此感到困窘：我之所以滿足於這一點點東西，是因為我確信只要夠努力，事情就會不同。但是你只能夠以「獨立合約員工」的身分在一份支付最低工資、沒有任何福利的工作中做事，同時還要承擔每個月四百美元的貸款，即使那個工作領域是你的「熱情」所在。工作多年後，你才深刻明瞭有些事情實在錯得很離譜。我們很多人是直到嚴重倦怠時才到達這個地步。而「去他的熱情，付我錢（Fuck passion, pay me）」這句新的千禧世代格言則每一天都變得更有說服力和更有力量。

5 工作如何變得如此糟糕

一九七〇年代開始，派遣機構如雨後春筍般冒了出來。至少從表面上看來，是建立在妻子們渴望快速獲得零用錢的勞動基礎上。派遣人員的賣點是可以用迅速和令人難以置信的簡易方法來解決公司緊急的勞動需求。一間領導企業的廣告上說明提供「Kelly Girls」，承諾可以派遣一位條件如下的臨時僱員：

- 永遠不會休假或放假
- 永遠不會要求加薪
- 永遠不會花費您一毛多餘的鐘點費（當工作結束，她就會離開）
- 永遠不會有感冒、椎間盤突出或牙齒鬆動等突發狀況（不管怎樣，保證不會占用到您的時間）
- 永遠不需繳納失業稅和社會安全款項（也不需要花時間填寫紙本作業）

- 永遠不需要您支付附帶的福利費用（它們佔每筆工資的30％）
- 永遠不會吃力不討好（如果您的 Kelly Girl 僱員不適用，您不需要支付工資）

簡而言之，你根本不必把 Kelly Girl 當成員工來對待，或至少不必像工會和公司所約定的僱用方式那樣。派遣人員就像海外勞工，為公司提供了一種規避工會要求的方式，又不會顯得像是個工會破壞者。他們也能讓公司降低成本，同時免除了僱主與僱員之間任何的責任合約，藉由這樣，就能把日常生活的風險轉移到僱員個人身上。而且正如我們將清楚看到的那樣，它也為現代的工作模式提供了樣板，在此模式下，兼職人員、獨立合約員工、自由業者、臨時僱員或任何其他類型的「偶然」勞動者構成了一個新的、不斷擴大的社會階級：殆危階級（precariat）。

殆危階級不是像許多美國人對工人階級所抱持的幻想那樣。如同理論家蓋伊．史坦丁（Guy Standing）指出的，至少工人階級給人們的記憶是「長期、穩定、固定工時的工作，並且有既定的晉升途徑，服從於工會與勞資協商，擁有的是他們父母親所瞭解的頭銜，面對的是他們熟悉其名聲與特色的當地僱主。」[1] 殆危階級幾乎沒有這些東西。優步司機是殆危階級的一份子，零售工作者、亞馬遜倉庫的員工、兼任教授、自由作家、Instacart 超市購物者、公司清潔工、MTV 數位製作人、家中看護、超市存貨商、速食店店員和同時從事多項上述工作以維持生計的人們也都是。

一個殆危階級的工作者只會認識少數幾個同事，而且認識的同事也很快就會換人。他們通常擁有一個大學學位，或是已經完成了幾個學期的課程，朝一個學位邁進。有些，像是兼任教授與自由作家，在他們繼續付出一初以追求自己的「熱情」時，發現自己陷入了殆危階級；其他人則是在殆危階級中透過絕望去找到自己。他們的經濟與階級地位岌岌可危，這使他們時刻警惕，即使只是最微小的壞運氣都可以讓他們跌入貧困。

綜觀以上，殆危階級工作者的每一天都是筋疲力竭的，而且不管具體的工作內容為何，他們都已經倦怠。「那些處於殆危階級之中的人，其生活充滿著不安全、不確定、債務與屈辱，」史坦丁寫道。「他們是外籍居民而不是公民，失去了好幾個世代建立起來的文化、公民、社會、政治和經濟的權利。最重要的是，殆危階級是歷史上第一個被期望在比通常所需的學校教育更低的程度上勞動與工作的階級。在一個更加不平等的社會中，它的相對剝奪感很嚴重。」[2] 殆危階級的人們對於美國夢承諾的破碎感到憤怒且焦慮，但是他們仍持續從事那些苦差事，試圖讓自己離美國夢更接近一點。

無論你是否為殆危階級的一份子，這聽起來可能都很悲慘。它的確很悲慘，但是美國階級系統最殘酷的地方在於，沒有人，甚至是那些現在生活被不穩定所定義的人都不願意承認這一點。他們「被告知自己應該要感激並高興擁有工作，而且應該要『保持正面心態』」，史坦丁解釋。[3]**經濟正在蓬勃發展！失業率很低！**但是這並不是愈來愈多的美國人所經歷的事情。

如果你認為透過你目前的工作、你的教育程度或你父母親的地位而與殆危階級絕緣，那麼你就錯了。你目前可能是處在史坦丁所謂的「受薪階級」，受薪、在工作中擁有代理權，並且認為自己的意見在公司內很重要的工作者階級。但是每一天，正如史坦丁所說的，受薪階級持續「漂流」到殆危階級；全職工作者被裁員，由獨立合約員工所取代；新的「創新」科技公司甚至拒絕將其大部分的勞動力量歸類為員工。

工作者並沒有變比較懶惰或是比較無法同時進行多項工作。我們不是缺乏膽量或野心。反之，工作條件不佳且愈來愈糟糕、不穩定，而且每況愈下。但是要瞭解工作是如何使這麼多人陷入困境，就需要深入瞭解過去，進入派遣人員的歷史，以及專職顧問、私募基金和投資銀行的一連串歷史。我們必須瞭解工作場所是如何「裂開的」，也就是在其基礎上分崩離析，以及由此產生的不穩定性如何影響我們所有的人。

***

我們之前已經談過了，但是這裡再複習一次：一九五〇和六〇年代，大工會、大公司和強而有力的政府管理幫助產生了一個前所未有、經濟穩定與成長的時代。因為全球化市場和競爭的現實所引發且加劇的一九七〇年代的停滯型膨脹和一九八〇年代的小型經濟衰退，使得人們迫切想要改變，任何改變，只要能夠使公司回到戰後的繁榮，回到那個擴大中產階級的「大壓縮」時期。整個國家的人們開始相信「自由市場」的邏輯，這個概念是一個沒有政府介入的經濟會自然而然地解決本身的問題，而問題解決後的經濟將會比從前更加強大。

很容易看出這種邏輯的誘惑力：戰後時期增強了努力工作總會帶來回報的信念，儘管事實上，有時候對經濟進行刻意的精準介入，以及大規模的工會保護措施皆是使經濟繁榮的原因。但是關於美國政府介入有個特點：當它有效時，它被包裹在「美國人的足智多謀和努力工作」的敘述底下；當它無效時，就證明了政府的援助從根本上來說是不道德的。

自由市場會修正一切的承諾很有說服力，因而在一九八〇與九〇年代期間，各個層級的政治家們都開始撤銷對工會的保護，並且大幅減少政府的監管，特別是在金融市場方面。上市公司的負責人急於在日益動盪的市場中提高股票的估價（同時對隨時可以將其趕下台的投資者們負責），於是開始把業務中不必要的組成部分去除，從公司的接待人員到一整個部門，以使公司盡可能地精簡與「敏捷」。你可能已知道這種策略有一個更常見但也更模糊的名字，那就是**縮小規模**。

縮小規模的論調認為任何被摒除的東西從來都不是真正必要的，從一間龐大的偽豪宅縮小到一個適合你的家最剛好；你減少了貪婪、多餘和奢侈。這種理解也隨之進入職場。的確，許多美國人曾經享受過大壓縮時期的經濟繁榮和穩定。但是公司已經改變了，至少從華爾街唯利是圖的眼光來看，它們膨脹了。然而，那種「膨脹」往往與使更多人工作更好的薪資待遇和結構有關。它可能可以讓生活變得美好，但是不代表它不能被拋棄。

但是為什麼公司想要「瘦身」呢？因為如此一來可以增加它們的股票價值。那麼是誰建議公司這樣做的呢？顧問。經過一段時間的觀察後，這些被僱用的專家們對公司進行問題診斷。在《溫度：美國的工作、商業與美國夢為何破滅》（*Temp: How American Work, American Business, and the American Dream Became Temporary*）一書中，路易斯・海曼追溯了顧問與會計業的發展，兩者皆是一種手段，目的是將秩序應用於戰後繁榮時期成長起來的龐大公司，使其有條理。會計的主要任務是把帳目記清楚，相比之下，顧問的任務更偏向理論：分析如何使一間公司運作，然後告訴它如何運作得更好。

然而，「更好」是個主觀的名詞：當一間公司的員工都開心且薪資足以維持他們家庭的生活時，這間公司的運作有更好嗎？當其利潤率更大時是更好嗎？因為顧問對公司本身沒有投資，他們的建議符合不受約束的資本主義目的，也就是公司如何在最少的時間內賺最多錢、擁有最大的利潤率？「公司在顧問們的掌舵下，不再是一場持久的冒險，」海曼寫道。「它變成一種短暫的集會，其價值不在於明日的進步，而在於今日的股價。」[4]

為了瞭解顧問們如何影響僱用他們的公司，你必須瞭解他們工作的方式。絕大多數的顧問都是在大學畢業後被招聘，然後被分配到不同的「計畫」，也就是需要接受顧問諮詢的公司。顧問們一般住在城市中心或附近，鄰近某個諮詢辦公中心的所在地，不過週一黎明時就離開，前往他們評估公司的所在地，無論是密西根州的大急流城還是邁阿密。接下來幾天，他們住在飯店裡，可能外食或叫客房服務，然後最重要的是他們工作：對其權限範圍內的每位員工面談，尋找無效率和多餘的地方。然後他們在週四傍晚飛回家，一般來說週五都待在辦公室內。在對該公司進行一段時間的審查，無論是一個月還是兩年後，他們會提出建議：哪裡應該且如何瘦身的方法。喬治．克隆尼於電影《型男飛行日誌》中就是飾演一名顧問，可以想見在某班飛機的頭等艙中，有相當多的人也是如此。

顧問與接受他們諮詢的公司之間的距離，無論是字面上還是象徵性的意義，都是他們價值的一個重要部分。顧問們不認識、也不會與任何該公司內的工作者有關係，因此當涉及裁員時，這點讓他們保有一定的思考清晰度。不像直接面對員工的主管或首席執行長們，顧問永遠不會再見到那些被裁員的工作者。他們不瞭解那些員工的家庭生活，或者他們的建議會對這個不屬於他們的城鎮或地區的生活帶來什麼影響。你很難不把他們看作是冰冷的劊子手。但是同樣重要的是請記住，他們所做的是公司本身的要求，而這些要求往往是為了安撫股東們。流程是這樣：一位顧問提出建議，一間公司同意且執行那些意見。

一九八〇和九〇年代之間，顧問們的建議愈來愈著重在確認公司的「核心競爭力」，也就是它最擅長且尚未被複製到任何其他地方的事情，並悄悄地擺脫對它們沒有任何貢獻的人、事、物。正如大衛．韋爾（David Weil）在《裂解的工作場所》（*The Fissured Workplace*）一書中指出，那意味著分割公司的一部分，淘汰整個部門，並且將「非必要」的勞動力（如派遣員工）外包給能提供相同服務，同時可以顯著降低公司成本的人。[5]

這些工作者有些來自外面的服務機構，像是清潔公司，他們替多間公司提供清潔服務。而有一些則是來自派遣機構。一九七〇年代以前，大部分的派遣人員（臨時工）只為一間公司工作，並根據公司的需要頂替不同的職位，有效地使全職員工休假和請病假（而且不會有罪惡感）成為可能。他們不會取代原來的工作者；他們暫時性地遞補正職員工的工作，正如他們的名稱一樣。但是一九七〇年代開始，因為對派遣人員的數量和需求大幅提升，他們的角色改變了。愈來愈多人把做派遣人員當成全職工作，而這就意味著從一間公司轉到下一間，與多家派遣機構合作，完全不知道下一份工作何時或是否會到來，也不知道下一份工作需要什麼資格。

對於試圖縮減人力成本的公司來說，派遣人員寶貴之處在於「彈性」，但是實際上他們是一次性的。他們可以短期聘僱，然後安靜地離開。他們不能加入公司的工會（如果該公司有工會的話），而且如同 **Kelly Girl** 的廣告所提到的，他們無法擁有提供給真實員工的其他權利。

加上本章開頭關於誰會去做派遣人員與為什麼去做派遣人員的整體敘述，似乎這樣對待他們是容易且可接受的。正如海曼提到的，戰後對於派遣人員的早期敘述為「追求奢華的主婦」，外出賺取一點額外的薪資，以購買自己想要的東西。派遣人員的家庭不需要這份薪水；這些派遣人員只是想找點賺錢的樂趣。而且因為這份收入被視為多餘的，解僱他們或是創造不穩定的工作情況似乎不會實際傷害到任何人。畢竟，他們總是擁有不要接受派遣工作的選擇。但是這種說法從來就與事實不符，在一九七〇年代更是如此，當經濟觸底，許多人被現在依賴派遣人員的那類公司解僱，使得他們只是需要一份工作，任何工作都行。

不過，世俗的觀念仍舊深信派遣工作就是臨時的，或至少是**自願的**。歸根究底是派遣工作被社會認定為是女性工作的代稱並遭受輕視，以至於很少有人會去考慮它是否為一種剝削的行為。正如我們將看到的，在經濟大衰退之後，圍繞著零工與自由業者的工作也慢慢聚積了相同的說法：當駕駛優步被歸類為一種自願的兼職工作，而不是為了彌補日益減少的教師工資所做的絕望嘗試時，整個社會就更容易忽略現實的經濟情勢，以及那些利用被剝削勞工的公司。

＊＊＊

縮減規模、重組和裁撤全職僱員背後的邏輯簡單明瞭：裁減公司代表短期利潤；短期利潤代表更高的股價和滿意的股東；滿意的股東代表、首席執行長和董事會成員可以繼續保有他們的工作，即使此公司剩下的非派遣、非外包員工所獲得的福利和調薪愈來愈少也沒關係。

所有一切從今日看來就像個常識，這就是市場的運作方式。但這是因為在千禧世代的一生中，市場就是如此運作的。一九七〇年代以前，上市公司的股票市值往往是穩定的，根源於對增長和穩定的長期預測。但是後來發生了一些奇特的事情：隨著公司削減員工退休金等福利，愈來愈多美國人開始透過提供給他們用以取代退休金的 **401k** 帳戶去投資共同基金。在一九八〇年，共同基金被認為是一種「落後」的投資，它們持有的資產相對較少，只有一千三百四十億美元。到了二〇一一年，這個數字已經激增到十一．六兆美元。[6]

而有趣的地方在這裡：每一天，像是領航投資和富達投資這樣的共同基金都在為數百萬人的退休生活進行投資。但是他們不太關心他們投資公司的長期安全性，反而是專注於可以顯示在**401k**報表上的短期利潤。那也就是為什麼這些帳戶裡的金錢，以經濟學家大衛．韋爾的話來說是「沒有耐心，為了尋求更好的收益而頻繁移動」[7]。以二〇一一年為例，共同基金投資組合的平均周轉率為52%。這些共同基金，就像剩下的幾種大型退休基金一樣，有助於使市場關於裁員、外包和高額首席執行長報酬的心態具體化：它們都很棒，只要它們能繼續激勵這些資金所渴望的那種利潤。

這種邏輯得到私募基金和創投公司的支持。它們買下「陷入困境」的公司、對其進行重組，然後轉售，通常是將這些公司瘦身到只剩骨頭的地步。私募基金公司幾乎沒有長期投資它們所買下的公司，也不知道這些公司可能會為一個社區做些什麼。它們買賣各式各樣的公司——在這個過程中，往往會把許多公司綑綁在一起，並且扼殺了品牌，無論其歷史多麼悠久或受人喜愛。受私募基金收購影響最鮮明的例子可能就是地方報紙。二〇〇〇年代初期，各地的報紙開始搖搖欲墜，因為它們的商業模式在網際網路和**Craigslist**的挑戰下逐漸崩潰。許多家族報業都被低價出售：賣給控制其他報紙的連鎖企業，或者最終賣給收購連鎖企業的私募基金公司。

對於私募基金旗下的報紙來說，過去的十年是一場災難，除了維持最基本運作的員工外，其他人全部都被裁員。以丹佛郵報為例，它與其他九十多家報紙都歸奧爾登環球資本所有；在二〇一三到二〇一八年之間，這間公司的記者人數從一百四十二人被大幅刪減少到低於七十五人。[8]最終結果是市場分裂的一則寓言：報紙維持了（非常微薄的）利潤率，但是其作為機構的整體價值卻大幅下降。同一時間，留在那裡的記者、文字編輯和攝影師們眼睜睜看著自己的福利不斷減少，工資也持續低迷，而且他們每天都瘋狂地努力完成以往是五名記者所做的的工作量，同時也擔心自己是否會成為下一個必要的裁員對象，以便使私募基金公司最終能將報紙出售獲得盈利。

然後還有玩具反斗城的例子，對於很多很多千禧世代的孩子們來說這是一個熟悉的品牌。二〇〇五年，玩具反斗城被一批私募基金公司收購，使它背上了沉重的債務；二〇〇七年，其97%的利潤都直接被用於支付利息。[9]實際上，這意味著沒有時間創新或改建商店，或是沒有時間制定新的策略與其競爭對手競爭。私募基金所有人裁減掉多餘的東西，直到縮減到了極限，然後在二〇一七年，玩具反斗城宣告破產。商店被清算，每位員工都被解僱。「很多人認為是亞馬遜或沃爾瑪摧毀了玩具反斗城，但是其實玩具反斗城直到最後仍一直在販賣大量的玩具，」反壟斷活動家麥特．斯托勒（Matt Stoller）寫道。「摧毀這間公司的是財政家，以及允許所有權與責任脫離的公共政策。」[10]

不難看出私募基金是如何發展出禿鷹、吸血鬼、搶劫者、海盜和掠奪者等名聲，它們摧毀了美國資本主義已經空殼化的空間中所剩餘的任何美好或潛力。二〇一九年，由六間改革型非營利組織收集資料得來的一項研究發現，在過去十年中，私募基金公司要為一百三十多萬個工作職缺的消失負責。後來至少有一百萬個工作職缺以一定的資格重返經濟體中，但是這並不能否定裁員、失去福利與承諾的退休金，以及整體混亂所帶來的影響。根據這項研究，女性和有色人種所受的影響尤其嚴重。[11]

盈利本身在道德上並非不好，但是目前市場上的邏輯是拒絕增加利潤，年復一年就是導致失敗。擁有穩定的利潤或是收支平衡但可以對一個社區產生非財務性紅利的企業，對於股東們來說沒有價值。這不是指責資本主義，而是對這種特殊類型的資本主義的抨擊，其目標是為那些與產品或其背後的勞動者們毫無關係的人創造短期利潤；獎勵那些似乎沒有意識到，更不用說對他們的投資可能對另一個人的生計和工作條件造成什麼影響而感到罪惡的人。

這就是難以面對的模式改變：在目前由華爾街和私募基金所推動的資本主義中，絕大多數的僱員絲毫沒有從公司為其股東所創造的利潤中獲益。事實上，那些利潤往往附帶著受苦的工作者。

＊＊＊

這種轉變發生在金融目標上，從長期、漸進、穩定的利潤到短期股價的飆漲，幫助創造出我們現在所知愈來愈低劣與疏遠的工作場所。從華爾街發生的事情到你日常生活的疲憊不堪，兩者間的距離看似遙遠，但是這就是問題的一部分：讓股市興旺的決定，通常會使一般勞動者的生活和工作變得更糟。事實上，一間公司的股價往往會隨著「重組」的宣布和隨之而來的裁員而上漲，至少短期內是如此。[12]工作者不再被視為**資產**。我們是昂貴、不得已的必需品。股東會盡可能擺脫我們，然後就能夠看著公司價值飆升。

你的工作場所很可能已經「瘦身」過了，而你甚至不曉得有這件事。想想清掃你工作場所的人，或是在午餐櫃檯工作的人，或是處理工資表、照顧外頭美麗的草坪或是提供客戶服務的人。也許你就是這些人中的一員。從事這些工作的人很有可能並非真正受僱於他們表面上所服務的公司。

從前並不是這樣的。公司過去會僱用使工作能正常運作的各個層級的員工。這種安排的影響是顯著的。假設你在3M當一位清潔人員，你與我身為會計的爺爺會享有相同的福利；薪水當然不一樣，但是擁有相同的退休金結構、相同的健康照顧、相同的穩定。這是一股巨大的平等力量。也許你沒有相同的薪資潛力，但是你擁有相同的保護，能夠避免風險，而且至少在某些情況下，有晉升的機會，這就可能包括職位的提升，讓你完全脫離清潔工作。

但是這種僱用模式也很昂貴，同時因為它沒有「直接」對公司的利潤有所貢獻，所以很容易被捨棄。秘書的工作和資料輸入可以請派遣人員，對待他們完全不用像對待員工一樣。會計與工資表可以交給專門為此而成立的公司。清潔人員、食物、保全和客戶服務也是。

這種模式理論上對每個人都好：清潔公司最懂如何清理，為什麼要麻煩另一間公司訓練與監督一或兩個完全不屬於其專業領域的員工呢？薪資與工作條件的品質甚至可能是一樣的。但是在大衛．韋爾所謂的「裂解的工作場所」，公司變得如此專注於自身的「核心競爭力」和品牌維護，以至於它們在很大的程度上脫離了作為直接僱主的責任。

你可以在你生活的各個角落發現裂解的工作場所範例。聯邦政府充滿了約聘人員，部分是為了避開聯邦政府聘用過程那令人難以置信的緩慢速度，同時也是一種節省成本的措施。在非營利機構，補助計畫撰寫者通常是約聘人員；資訊科技可能是最常見的外包部門，但是在許多情況下，人力資源、工薪管理、行政和維修部門也是。我和一位在大學工作，但「實際上」受僱於完全不同公司的動畫片製作者，以及一名在試用期時，公司被分包給其他公司的律師談過——這是一種愈來愈常見的作法。當你從勞氏公司購買一個垃圾處理器並支付安裝費後，到府安裝的那個人通常不是為勞氏公司工作。許多代課老師並不是由該學區所聘僱，而是透過分包公司。

在西雅圖的市中心散步，尤其是佔據了南聯合湖附近、亞馬遜辦公園區林立的那十條街區的半徑內，你會看到上千個身穿工作背心和掛著亞馬遜識別證的人們。但是很大一部分、每天出現在亞馬遜辦公園區內，致力於和維護亞馬遜服務的工作者們實際上都是「約聘」人員——受僱於一個沒人記得名字的派遣公司，使亞馬遜免於對這些員工承擔直接責任。亞馬遜絕非一個例外：外包商構成了科技業中40～50％的人力，他們可能包括軟體開發人員、軟體測試人員、從事使用者經驗與使用者介面設計的工作者以及整個研發團隊與子部門。

在Google之中，外包僱員與派遣人員（截至二〇一九年全球共十二萬一千人）在數量上超過真實員工（十萬兩千人）。[13]他們彼此並肩工作，至少表面上是平等的。但是臨時工與約聘人員資薪較低、福利較差，而且在美國無法享有帶薪休假。此外，由於聘僱時所簽訂的保密協議，沒有人應該談論它，無論是公開或私底下談論。正如經營一間約聘人員服務公司的派拉迪普·考漢（Pradeep Chauhan）對《紐約時報》說的那樣：「這在公司內部創造了一種種姓制度。」[14]

外包也表示當工作者的權利受到侵犯時，公司可以否認自己的惡行。如果有性騷擾投訴，承包公司會處理（或者在大多數情況下選擇不處理，特別是如果被指控的騷擾者是受僱於實際公司而非外包商的時候）。醫療照護或薪資福利的公平問題也一樣。某些情況下，例如一個外包商負責提供工作場所餐廳的食物選項，可能會僱用另一位外包商去做這項工作。這就是為什麼韋爾認為很難將薪資、工作條件、缺乏訓練等問題的責任歸咎於任何人。外包也使得晉升變得異常困難。「在我的公司，以前總會有原本是在組裝線工作的人升職到工程團隊、接待員變成行政助理等等，」一位工作者告訴我，「外包的趨勢扼殺了那些腳踏實地的職業道路。」

這種裂解的最終結果不是更高的薪資，反而甚至比員工沒有被分包出去時的工資還低。以清潔公司為例，它們與其他數十家清潔公司競爭為新創公司提供服務。酷新創公司很可能會選擇出價最低的清潔公司，而出價最低則是來自該公司支付給員工的工資最少。當然，酷新創公司的老闆可能永遠都不會支付這麼少的薪資給自己的員工，這樣會損害公司的公關形象。但是當服務被外包出去後，它就可以假裝對整個薪資結構一無所知。

將業務外包給分包商也是一種擺脫工會的便捷方式，在顧問的思維模式中，工會一般都被視為是利潤的障礙。（如果工作者普遍被認為是利潤的障礙，那麼擁有權利的工作者更是。）工會問題的解決辦法很簡單：解僱公司僱用的每位員工，然後透過分包商將人們聘請回來做完全相同的工作，只是沒有福利。如果公司解僱所有人，接著直接把所有新的、非工會成員招聘回來，它們將會犯法。但是公司並沒有扼殺工會本身，它們只是擺脫了所有加入工會的員工。勞動法一直沒有更新用來保護新的、高度裂解的工作場所，因此「陷入泥沼」的工會員工無法得到幫助。

一種外包風險的巧妙方式是給予特許經銷權，此舉有效地切斷了該品牌的企業總部對於數千家個人擁有、遍布全球的加盟店的直接責任。麥當勞就是一個例子，它有一套食物製成、制服清理，以及肉類必須存放於什麼溫度下的嚴格標準。但是正如韋爾所指出的，一間企業本身「不想插手加盟店未對員工提供加班費、或是未能制止上司對員工性騷擾，或是未能減少員工暴露於危險的清潔物質之下。」[15]公司想要利潤，而且堅持品牌維護，但是卻不用對加盟店員工的遭遇承擔任何責任。

這一點在二〇一九年變得很明顯，當時麥當勞的一群員工控告公司未能處理性騷擾的嚴重指控。一名佛羅里達州的員工向上級報告被一名男性同事性騷擾後，她的主管將她一週平均二十四小時的工時減少到只剩七小時；一名密蘇里州的員工指控她的地區經理性騷擾，卻反被經理指控陷害他。儘管麥當勞宣稱它「致力於確保一個無騷擾和偏見的工作場所」，二〇一九年的控告卻是短短三年內提出的第三組控訴。

持續的性騷擾背後，沒有直截了當的追索形式，或是伴隨如果你提出就會被解僱的擔憂，這只是裂解的工作場所中眾多症狀之一。二〇一六年的研究發現，速食行業中，有40％的女性表示自己曾在工作中遭遇性騷擾，而其中42％的女性覺得只能被迫接受，以免失去工作。此外，21％的人在提出此問題後，她們經歷了某種形式的報復：排班時數減少、不理想的排班時間表、加薪被拒絕。[16]

發生在速食業的事情並非個案，飯店加盟店（Quality Inn、Motel 6、Doubletree等等）之中，80％的職員是受僱於獨立的管理公司。[17]二〇一六年，一個代表飯店工作者的工會Unite Here調查了旗下在西雅圖工作的房務成員：53％報告正面對工作上的某些騷擾[18]；在芝加哥，這一數字高達60％。[19]兩年前，西雅圖的選民同意一項倡議，要求飯店為工作者提供緊急按鈕，並且產出一張曾被指控過性騷擾的顧客的「禁止名單」。超過一百間客房的飯店，如果沒有提供健康保險就一定得提供每月津貼，幫助員工購買自己的健康險。但是美國飯店業協會控告該州，要求廢除此倡議——而且還贏了。[20]對於公司來說，宣告它們不能容忍性騷擾或是它們重視員工是一回事，但是要真正投入資源以證明此聲明屬實又是另一回事了。

想要削減人力成本的公司可以依賴派遣人員、外包給分包商、扼殺一個工會，但是它們也可以透過向海外派遣勞動力的方式進行外包，尤其是因為法規與其他形式的勞動法較寬鬆、不存在或沒有強制力，而使勞工比較便宜的國家。這就是蘋果所做的；也就是為什麼在全球生產、組裝和銷售蘋果產品的七十五萬名工作者中，蘋果公司直接僱用的只有六．三萬人。[21]

蘋果早在一九九三年就宣布了此軌跡。當時公司雜誌上發表了一篇標題為〈工作者和工作性質改變〉（*The Changed Nature of Workers and Work*）的文章，裡面提到「愈來愈多公司裁撤掉永久職員，依賴合約工作者與外包去執行它們的業務。」蘋果告訴它的員工們，「新興的工作場所只有頭，沒有身體。它將自由流動的人才資源根據需要集中起來，以滿足當前的需求，然後根據市場的需要隨時改變其規模。」[22]

「沒有頭和身體」正是為什麼當談到中國工廠極度工作過勞的證據時，蘋果可以聲稱自己束手無策的原因。事實上，它完全沒有「手」：那些公司技術上來說並非蘋果的工廠；它們只是剛好生產了成為蘋果產品的技術。這種哲學上的成功也是蘋果成為證券交易所中最有價值的公司之一的主要原因。蘋果做了所有好的、出色的事情。但是使這些好的、出色的事情成為可能的所有那些亂七八糟與剝削的事情呢？那不是它們的責任。

外包不會讓員工的工資保持穩定；它不會使員工的工作生活變得更好。它所做的是增加一間公司在股票市場上的**整體價值**，這對股東和那些幸運擁有**401k**的人有利，同時也壓低了那些被外包的人的工資。而且因為如此多的人願意或急需找到一份工作，任何工作都好，所以僱用這些外包工作者的公司沒有什麼動機去提供穩定、規律的班表或福利。這些工作狀況不僅加重了倦怠，而且感覺像是設計來創造倦怠一樣。這種設計的核心，就是少數人在大多數人缺乏選擇的情況下，賺了很多錢。

＊＊＊

讓市場自行決定，然而資本主義並不仁慈。對許多從小就崇拜資本主義的美國人來說，這是很難聽到或想到的，但是事實擺在眼前：如果目標永遠是不惜代價的增長，那麼員工就像是機械的一部分，是可以被剝削的，只要生產力不斷提高，利潤率不斷上升就好。但是有一小段時間，就在大蕭條之後和一九七〇年代的衰退中間，至少在美國國內，資本主義某種程度上是更加人性化的。當然依舊不完美、依舊具排他性、依舊受制於市場的反覆無常，但是證明了我們今天做事情的方式不必然是我們未來做事情的方式。

那段（稍微）對工作者更友善的資本主義時期，並不是某種企業良心危機的結果。工會與政府的規範迫使公司把為它們工作的人們當作人類對待，生病的人、有孩子的人、在工作中受傷的人、精力只夠做一份工作的人，都應該從那份工作中獲得足夠的生活費，畢竟人類在工作之外還有生活。

撤銷管制和反工會的立法，伴隨規避現有法規的新方法，使我們再度回到了資本主義最無情的模式。經濟正在「蓬勃發展」，但是貧富之間的差距持續擴大，而在那段公司相對仁慈的時期創造出來的中產階級則持續萎縮。華爾街人類學家凱倫．霍（Karen Ho）解釋：「近代資本主義歷史中顯然獨一無二的特點，是被認為是公司最大利益的東西完全脫離了大多數員工的利益。」[23]

隨著股市達到歷史新高，國家「繁榮興旺」。在風險大轉移之前，那種繁榮透過員工的薪資支票和福利積極投資到全國各地。現在唯一能分享那種繁榮的方法就是擁有股票。截至二〇一七年，美國只有54%的人擁有某些形式的股票，包括401k帳戶和退休金。[24]如果把通貨膨脹計算在內，工資基本上是停滯不前的。此外，無論失業率有多低，與仍然生活於貧困中的人數相比，失業率都有了新的意義。

在今天，「被僱用」不代表你擁有一份好工作，或是一份穩定的工作，或是一份收入足以讓一個家庭脫離貧窮線的工作。經濟表面上的健康狀況與驅動它的人的身心健康之間存在著驚人的脫節，這就是為什麼每次當我聽見失業人數時，我總感到困惑。就像是有人不斷地重複告訴我們，其實我們所知的事實都是虛構的一樣；就像是每次我們聽到類似「經濟從未如此熱絡」的話，尤其是當我聽到控管優步司機計費服務的首席執行長說零工經濟是「千禧世代選擇的生活方式」一樣。[25]

類似這種的說法讓工作者，尤其是沒有其他職場經驗的千禧世代們相信，如果事情感覺很糟，那麼他們只能責怪自己。可能是你很懶惰；可能你應該更努力工作；可能工作對每個人來說都是接連不斷的苦差事；可能每個人都在勉強過日子。當然，你最好的朋友正在苦苦掙扎、你的姊妹也是、你的同事也是，不過那些都只是反對「一切都很好」這種陳述的軼事證據。

這就是不穩定如何變成現狀的方式。我們說服自己工作者窮困的情況是正常的；叛逆地對抗它們是這一世代的人享有權利的表徵；自由市場資本主義是使美國偉大的原因，而這是自由市場資本主義正在起作用。它將合理的不滿，無論是否有工會的支持，都說成是「忘恩負義」，而且它把**過勞**、**監督**、**壓力**與**不穩定**標準化——這些正是倦怠的基石。

糟糕的工作和隨之而來的倦怠並非唯一選擇。解決經濟變化導致的現實問題的工會和規範將有所幫助。但是也有一些公司（大型的營利公司）證明不一定需要這麼做。

贊伊涅普・湯（Zeynep Ton）在二〇一四年出版的《好工作戰略》（*The good jobs strategy*）一書成為一種小現象，根據她的說法，這類公司提供「體面的薪資、像樣的福利和穩定工時的工作」，「工作的設計是為了讓它們的員工可以表現良好，並且從他們的工作中找到意義與尊嚴」，而且儘管花費了更多金錢在勞工身上，仍然產生了「絕佳的利潤與成長」。[26] 湯所介紹的公司不是鮮為人知、實驗性的新創公司，而是好事多、QuikTrip 和 Trader Joe's。

你可以在美國許多地區發現 QuikTrips，這是一間相當標準，甚至是受人喜愛的便利商店。這似乎是最不容易找到「好」工作的地方之一。但是不像大多數僱用不需要大學學歷工作者的公司，QuikTrip 提供員工可負擔的健康保險、穩定的時間表和有意義的訓練，而且經理人完全從內部直升，伴隨對應的加薪。結果令人難以相信：其動線流暢、顧客忠誠度極高。它每平方公尺的銷售額高出該行業平均50％。相較起來，它的員工流動率只有13％，而市佔率前四分之一的便利商店行業的員工流動率為59%。

當湯在二〇一〇年訪談一位名為貝蒂的QuikTrip員工時，她自從十九歲就在那間公司工作，在那裡工作七年多，年薪超過七萬美金。問她是什麼讓她每天都高興地去工作，貝蒂回答：「知道你將可以參與你孩子的學校活動；你將可以照顧你的孩子，而且知道你工作的公司每天都持續成長。你不必擔心明天是否會被裁員，或是下一頓飯從哪裡來。沒有任何其他公司會給你正常工資、客服獎金、利潤獎金，甚至是全勤獎金。你去上班、你做你的工作、你感到興奮，而且你知道幾乎一切都被照顧到了。QuikTrip從未讓我失望。」[27]

貝蒂所描述的就是工作安全感和滿意，一個不會導致倦怠，反而有助於防止倦怠的工作場景。QuikTrip瞭解當工作者開心、感到安全和尊重，他們就會工作得更好。這種邏輯簡單明瞭，但是，至少就目前看來，它卻讓人感覺極端。「QuikTrip的員工不是因為它的利潤恰好呈現上升的趨勢，所以才得到好的待遇，」湯指出，「QuikTrip的利潤會提升是因為它把它的員工放在業務的中心。員工們是這種成功的創造者，並非運氣或偶然的受惠者，而且也得到了相應的待遇。這就是QuikTrip所說的，它的政策與程序是這樣傳達的，而它的員工也是如此感覺的。」[28]這是一種反倦怠的策略和一種產生利潤的策略，同時也只是一種人性化的策略。

湯書中的案例皆是優秀的公司，而它們所做的並不容易複製：需要不斷地警惕和修正，而且最重要的是保持這樣的認識：把工作者當作人類來對待，而不是可以丟棄的機器人，因為他們確實有其價值。不過這些公司的成功戳破了糟糕的工作「只是新常態」這個謊言。糟糕的工作不一定可以達到顯著的利潤。它們是一種策略、一種選擇。對於從未經歷過不同市場邏輯的千禧世代而言，需要對這段歷史有一定的知識，瞭解它，拒絕對它保持沉默，才能造成改變。我們知道工作不必一定是如此。最近的歷史就是個證明。

6 為什麼工作一直如此糟糕

「二〇〇七年，我解除了我的租約，把所有東西裝進一台廂型車中，然後在無法清楚思考的情況下當起了沙發客。接著在二〇〇九年，我假裝成是設計師進入了一間新創公司，我的生活很快就好轉了。我仍舊處於一段互相依賴和虐待的關係中，但是突然之間我有錢可以解決幾年前毀掉我生活的問題。我所要做的就是每週工作六十個鐘頭，所以我做了。我花了兩年半的時間才明白自己處在一個有毒的工作環境中，工作報酬過低，而且是公司裡唯一沒有分到股票的人。我一直在努力捨棄更投入工作和第一個進公司、最後一個離開是我在職場中唯一有價值的想法。我曾經挑戰自己一週只工作三十五個小時，但是就是做不到。」

——妮娜，軟體設計師，舊金山

「有時候，我只能在幾個禮拜前才知道我的班表。劇場可以在合約到期前幾天才告訴我不再續約，而且我不斷地發送電子郵件，試圖找到一份工作。我現在還能依附在我父母的健康保險之下，但是我滿二十六歲以後該怎麼辦是個非常現實的問題。我前一份工作的薪資是按每小時修補幾件衣服來計算的。若是『大修』（八分鐘或以下），你應該在六小時內修補完四十件衣服；至於『小修』（兩分鐘或以下），我們必須在兩小時內修補五十五件衣服。這真的是強烈的壓力和激烈的競爭。連去上洗手間都要被監控和計時，而且會拖累你的修補速度。這種方法並沒有促進任何良好的工作環境。」

——凱，自由服裝技術人員，西雅圖

「自從我知道我真正想做的事是成為一名作家後，我總算有了動力想要追逐這個夢想。但是孤獨對我而言是個大問題。我一開始工作後往往會好幾天都沒有出門。我有點憂鬱的傾向。我無法時常見到我的朋友們。我總是在想辦法獲得收入，這令我精神崩潰。而且我完全沒有健康保險。」

——凱特，自由影評人，洛杉磯

你可以用抽象的方式來談論職場的分裂，把工作者從一間公司轉移到一間子公司，就像桌遊中的小模型一樣。但是這種分裂從實際的層面影響著工作者們，其影響可以粗略地分為過勞的興起和美化，職場監督的蔓延和正常化，以及對彈性自由業者的盲目崇拜。這些趨勢中的每一種都會以有害的方式造成倦怠。但是最終結果都是相同的：它們使每天的工作經驗，無論收入多寡，都變得無法否認和持續不斷地令人厭煩。

過勞的興起

美國人的過勞倫理已經變得如此標準化，讓人感覺好像一直以來都是這樣，而且永遠會這樣。但是就如同每種意識形態一樣，它也是有源頭的。許多應該對職場分裂負起責任的人也對過勞的崇拜有責任，這不讓人意外。其中最主要的就是：顧問。

菁英顧問公司很自豪它們從常春藤聯盟大學招募了最優秀和最聰明的學生——或者，如果必要，也可以從某個特定區域中最知名的學校中招聘。但是它們的策略，而且依然違反常情的是：它們挑走了最好的學生，讓他們因為太努力工作而感到疲累或生病，然後再解僱任何無法將自己週一到週五的時間完全奉獻給工作、遠離朋友和家庭的人；以及無法制定出可能需要捨棄長期認真工作的員工這種商業計畫的人。

達標的顧問還必須做更多來證明自己能夠吃苦耐勞。正如路易斯・海曼在《溫度》一書中解釋的那樣，直接擷取自麥肯錫內部的出版物的顧問評估標準是：「根據他的表現與特質，他是否真的有希望在公司取得長期的成功。」[1]換句話說：他是否對工作奉獻出他全部的自我和全部的生活？初次的篩選通常在大學畢業幾年後發生。很多時候顧問是自願忍受這份工作，他們在那裡待上夠久的時間以賺得就讀MBA的學費，然後就心甘情願地離開了。

一九六〇年代，研究人員發現顧問們相較於他們在穩定公司上班的同儕來說具有「更多情緒上的不穩定」和「更少對他人行使權力的動機」。[2]他們裁減了那麼多人，以至於他們也害怕自己被裁掉；他們的工作強加給他人無所不在的焦慮，而他們自己也難逃折磨。

但是從麥肯錫辭職或被炒魷魚的人並沒有因此就在當地開精品店，或回去學校並取得教學學位或是創辦非營利組織。顧問的圈子是如此普遍，所以離開一間公司並非對你不利的記錄。相反地，前顧問們很快能找到新工作，通常是在他們曾經提供過建議的公司。畢竟，僱用某個擁有麥肯錫知識的人比起實際聘請麥肯錫的人便宜多了。隨著愈來愈多前顧問們散佈到全美各地的公司中，**捨棄員工**、**保留核心能力**和**不惜一切代價的短期利潤**等意識形態成為了普遍的現象。「諮詢世界的不穩定與高收費助長了它本身，信奉這套管理模式的人們先削減公司的職員，等削減完後，自己再加入員工的行列，」海曼如此解釋。「這對他們有效，怎麼不會對美國其他地方有用呢？」[3]相同的心態延伸到顧問們對於過勞的標準上：就他們的行業來說，這是一種有效的分類機制。為什麼不應該用於所有的企業上呢？

散落在美國企業界各個角落的顧問們，幫助創造了一種新的工作典範：一個「優秀」的工作者應該做什麼，他們為公司奉獻了多少他們的生活，以及他們可以期待獲得什麼程度的穩定（其實非常少）。不過儘管顧問們無處不在，只靠他們也無法改變美國工作的文化。而在投資銀行這個特別的圈子中，類似的態度已經成為公認的準則。

過去二十年間，辦公室裡有好吃的點心和免費的午餐已經變成一種文化的笑點，一種凸顯新創公司文化的荒謬，或強調出千禧世代要求的額外補貼是多麼可笑。可是免費食物不只是一種福利，它是一種**激勵過勞的策略**，而這種作法和其他許多過勞的信條一樣，直接來自於華爾街的文化。

那種文化正是人類學家凱倫・霍在經濟大衰退之前和之後的幾年中著手研究的。一九九六年，身為博士班學生的她為了進投資銀行工作而請了學術假，儘管她缺乏金融方面的訓練，但是她還是成功任職，因為她是普林斯頓大學的研究生，那所大學是投資銀行認為足以培養投資銀行家人才的少數菁英學校之一。

為了她的研究，霍訪談了數十位目前和之前的銀行家們，取得了對華爾街日常生活以及其總體經濟邏輯的結構化理解。在她的發現中，投資銀行界的「組織津貼」可以激勵並維持極長的工作時間。更具體來說是免費的晚餐和乘車回家。如果一位投資銀行家工作到超過晚上七點，他們可以在公司叫外賣；因為很多工作者都工作到很晚，他們甚至沒有時間去採買日用品，更不用說還有精神準備晚餐了。因此這種模式會永久循環下去。如果一位銀行家待到晚上七點，那麼他們很有可能就會待到九點，那時他們可以搭乘一輛黑色的車回家，同樣由公司買單。對於銀行而言，為這種補貼買單只是為了額外的工作時間所付出的小代價。

霍發現投資銀行，尤其是頂級的投資銀行堅持著一種觀念，即不斷工作是菁英的形象，是屬於他們版本的「聰明」。這種邏輯是建立在銀行所僱用的入門分析師幾乎完全來自常春藤聯盟的事實，而常春藤聯盟只接受「頂尖中的頂尖」，因此暗示著在投資銀行工作的人也是「頂尖中的頂尖」。隨之而來的是，無論他們建立了怎樣的工作時間表都是優秀的，即使那代表一天工作十八個鐘頭，一週工作將近七天，直到並超過一個人的極限。「如果你單身，而且你的家人住在像加州那種遙遠的地方，你將會成為更好的分析師，」一位大銀行的副總裁這樣告訴霍。分析師們開始工作時通常身邊都有一位重要的伴侶，同樣一位副總裁解釋，「但是幾個月之後，突然之間，所有人都發現自己變回單身了。」[4]

「重點是要營造一種大學畢業後的氛圍，在開始工作的幾天之內，分析師和同事們就開始『住』在銀行了，」霍這樣說，「比較誰待得最晚以及誰最忙碌，更不用說還要參加凌晨一點的臨時 Nerf 橄欖球賽了。」[5]

有些第一年的分析師剛開始進入這種生活模式時會經歷短暫的震驚期。但是霍發現他們很快就會把這種過勞的倫理內化，使用跟他們高中和大學時一樣的方式：作為一種榮譽的象徵，也就是自己優秀的證明。正如一篇哈佛社論寫到投資銀行對該校畢業生的興趣時所說的那樣：「它們知道四年前，我們想要的是最優秀的人才。我們不願意安於大學排名的第三或第四名。它們利用我們在每一件事情上面都想找到『哈佛』的渴望：活動、暑期工作、人際關係，而現在是職業。」[6]換句話說，那些拒絕「安於」哈佛以外的高中生們抬高了對其他人來說所謂「努力工作」的門檻。

另外，最重要的是，那種過勞其實是值得的。如同霍所指出的那樣，菁英華爾街銀行家是美國經濟中極少數「仍舊能體會到辛勤工作與金錢回報和向上流動之間有關聯」的人。對他們而言，過勞意味著高額獎金。歷史上，大多數中產階級的美國人曾經體會過這種場景的相似版本：如果他們的公司生產和獲利極佳，那些利潤會以薪水、福利，甚至是紅利獎金（雖然從未與華爾街的獎金一樣多）的形式分發給員工。如今，在巨大的風險轉移之後，那些利潤都進入了股東和首席執行長的口袋，以及推薦並實行那些營利公司交易的銀行家。

因為投資銀行家仍然從過勞與報酬之間的連結受益，所以許多人也內化了假使一個人無法賺取很多錢，就是因為除了華爾街之外的其餘世界都缺少工作倫理的這個想法。高盛的一位同事向霍詳細介紹了他看待世界的方式，值得一字不漏地看完：

如果你到外面的世界並且開始和人一起工作，你會發現人們就是沒有那樣的動力。在現實世界中，要完成任何事情都是件麻煩的事。大家傍晚五、六點下班；中午休息一小時，然後大家各做各的事情。相信我，這是一個大問題。如果你和一群每個都真的很努力工作的人一起合作把事情完成，就會讓事情變得容易許多。而做事是讓人們對自己的生活感到滿意並使自己感覺重要的原因，這就是關於自我價值——即完成並有產值的意義。在一間大企業或在學術界，要將事情完成很難。（在華爾街）你和那麼多人一同工作，在那裡你和任何人說話都可以立刻得到回應，而且大家都相當聰明且非常有動力，因此形成一個相當不錯的環境。我想回到五〇或六〇年代的時候，人們算是擁有一套固定的生活模式。他們去上班，緩慢地爬到更高的職位，然後做任何他們被告知的事情。我覺得現在人們認為能力是如此誘人，是因為它可以帶你領先他人、讓你做出很大的改變、讓你感覺自己多麼重要或是使你感到滿足……這種感覺就像現在你可以完成許許多多事情，你真的很有生產力，而這些都是具誘惑力的。此外，這就是為什麼那些已經擁有夠多錢、夠高地位的人還是想參與其中，不惜犧牲與家人相處時光的原因，因為他們需要感覺被需要。而最美好的事情，莫過於可以定期完成事情。

我閱讀了這段文字不下數十次，其中印象最深刻的就是驅動倦怠文化引擎的一句話：「而最美好的事情，莫過於可以定期完成事情。」任何妨礙「完成事情」（這裡的「事情」即「工作」的意思）的事情皆會被理解為缺乏奉獻精神或是工作倫理，又或者它強烈地暗示——缺乏智慧。而這種心態的影響遠遠超出了單純的菁英主義。它肯定了精簡、裁員以及外包的正當性：反正那些人在「真實」世界也很懶惰。事實上，華爾街認為自己是在**幫忙**。「我們讓每個人變得更聰明，」一名所羅門兄弟的同事這樣告訴霍。「回到一九七〇年那時候，企業們都如此懶散；現在它們都進步了。我們是使事務運轉更有效率的潤滑油。」也就是說，它們是讓所有其他人的工作生活變得和自己一樣痛苦，但是報酬卻少得可憐的油脂。

從一九九〇年代起，企業開始僱用 MBA 和來自華爾街的前投資銀行家，而不是按照幾十年來的慣例把公司內部的員工晉升為領導階層。[7]一旦擔任領導職務，前金融銀行家們就可以明示和暗示地再現他們在華爾街工作時對於「努力工作」的內化理解。（值得一提的是，傑佛瑞・貝佐斯塑造了亞馬遜「傷痕累累的職場文化」，他曾經和霍在同一間公司上班。）[8]此現象類似諮詢顧問的「校友」在企業界蔓延：除非進行重大、心理改變的介入，否則一旦某人認為「好」工作就等於過勞，那種概念就會伴隨著他們以及在他們手下的任何人一輩子。

我們告訴自己各種理由以證明我們的過勞是正當的。有些人，像是華爾街的銀行家已經深信這是工作的最佳方式，儘管許多人承認，他們有大量的時間是花在沒有效率的事情上面：吹牛、拼寫檢查或只是等待演說文稿的編輯。華爾街的工作不一定更好或更有生產力。事實上，它只代表了更多的工作。但是這不代表它沒有對其他美國人的工作方式造成巨大的影響力。

當我因為工作而感到壓力時，我發現自己會怨恨自己需要的睡眠時間。即使我知道睡覺其實能夠增加產能，但是我理解的是它也減少了我能擁有的工作時間。我所想要的就是起床並開始工作，正如高盛的分析師所說的那樣：「定期完成事情」。有時候，當我讀到關於「短睡眠者」其異常的生理和心理功能，就像許多一天只需要幾小時的睡眠就能生存並神采奕奕的那些首席執行長們，我就會深深感到忌妒。那些人都很有才能，而且他們的才能因為他們能夠利用更多時間去工作而又變得更好。

你知道誰不需要睡眠嗎？**機器人**。我們也許不喜歡變成它們的想法，但是對許多千禧世代來說，我們心甘情願地將自己機器人化，以期獲得我們極度渴望的那份難以抓住的穩定。這就意味著我們愈來愈忽略自身的需求，包括生理上的。如同理論家喬納森．克拉里（Jonathan Crary）指出的那樣，甚至連我們「睡覺」也愈來愈像是處在「睡眠模式」下的機器，與其說是休息，不如說是「在運轉和使用期間的擱置或減產狀態」。[9]在睡眠模式下，你從未真正關機；你只是等待被再次開啟。

這聽起來很荒誕，但是不論是在學校還是職場，人們為了凸顯自己與他人不同而熬夜兩、三天不睡覺；或是那些生活在不穩定狀態下的人們，每天要作為護士助理上八小時的班，接著抓緊時間睡幾個鐘頭，然後於夜晚出去開優步，早上把孩子送到學校後，再回到白天工作崗位上的例子不也是很荒謬嗎？我們制約了自己去忽略每個來自身體，說著「這樣太超過了」的訊號，而且我們還把那種條件反射稱為「膽量」或「拚搏」。

這種思維在二〇一七年 Fiverr 的一則廣告中具體的呈現出來。Fiverr 是一款應用程式，精實創業者（lean entrepreneurs）可以透過它來推銷自己的服務，起價是五美元。有一段時間，只要你搭乘紐約的地鐵系統就一定會看到這則廣告。廣告中，有位苦惱、憔悴，卻奇蹟般仍具吸引力的女性特寫，上頭印著**你喝咖啡當午餐。你堅持到底。睡眠剝奪是你選擇的藥物。你可**

能是個實幹家的文字。

「實幹家」，唯一適合在零工經濟中生存的人，能夠有效地壓制其身體的警示系統。畢竟，喝一些能量飲要比直視當前經濟系統的殘酷面貌容易多了。正如賈．托倫蒂諾（Jia Tolentino）在雜誌《紐約客》中點出的那樣：「其根源在於美國人對自力更生的迷戀，這使得人們更接受為一個工作到死的人喝采，而不是認為這是經濟系統有瑕疵的證據。」[10]

過勞的意識形態已經變得如此有害、如此普遍，以至於我們把這種情況歸咎於自身的失敗，歸咎於我們自己對於正確生活秘訣的無知，如此一來所有一切將會突然變得容易許多。這就是為什麼諸如《恆毅力》、《*Unf*ck Yourself*》和其他書名中帶有髒話以直率的方式道出褻瀆的語言和挫折的書籍會成為暢銷書的原因：它們表示解決辦法就在這裡，就在我們的掌握之中。這些書暗示問題不在當前的經濟系統，或是利用它並從中獲利的公司。而在於我們自己。

監督文化

我希望此刻讀者們已經非常清楚，過勞的主張是多麼地誤導大眾。無論怎樣的忙碌或不眠不休都無法永久改變一個已經破碎的系統，讓它轉而有利於你。你身為一個工作者的價值始終是不穩定的。使一切又更加糟糕的是無論我們擁有什麼價值都會受到持續的優化，而那種優化是經由員工監控這種更有害的形式來達成。

以「開放式辦公室」為例，它既是一種削減成本，又是一種讓辦公室裡的每一個人都知道某個時刻辦公室裡的其他人在做什麼的方法。與曾經風靡一時的隔離式辦公室不同，開放式辦公室其實使完成工作變得異常困難，你會不斷地被干擾，又或者如果你戴上耳機，你會被認為是一個冷酷的婊子，沒有什麼團隊精神。

史蒂芬妮在一間開放式辦公室當編輯，她告訴我她被告知一定要確保自己「隨時看起來都像在認真工作，以免大老闆經過」。同樣地，在 BuzzFeed 的開放式辦公室中，主編會定期走動，開始閒聊，看看大家在忙些什麼。在 BuzzFeed，你用電腦做或看的東西幾乎不會讓你惹上麻煩（除了色情片以外，但是理論上仍然可以將其合理化）。不過即使當我的編輯不見蹤影時，電腦的能見度也讓我感覺自己應該總是在打字或瀏覽重要消息。在一個更傳統的工作場所中，如果你花三個小時在 Reddit 上討論關於動物毛皮的文章是不對的行為，但是開放式辦公室讓你做任何事情都感到有壓力，即使只是回覆孩子學校的電子郵件都可能被認為是「分心」。

監督的目標可能是為了生產力或品質控制，但是對於工作者的心理影響卻很顯著。我與一位名為布里的婦女談過，她在一間國際攝影公司擔任照片編輯兩年的時間，主要工作是為各種客戶編輯電影首映會、頒獎典禮、突發新聞事件等圖像集。這間公司使用一種專屬軟體來編輯影像，可以讓管理者追蹤每一次的點擊和行動。這個功能直到一個月後才會被檢視，但是那時它們會被仔細檢查。布里說：「和一位經理針對一組我幾乎沒有印象的圖片進行對話是非常困難且有辱人格的事情。」

「我們辦公室總是籠罩著不信任的低氣壓。在我這個職位層級的人之中，沒有人覺得自己做得很好或者能做對任何事情，」布里繼續說道。「士氣急遽下滑，而且我開始患有冒名頂替症候群，即使我在這個領域已經工作了超過七年之久，但是我的一舉一動仍然受到監視，而且我只會從管理階層那邊得到負面的回饋。」

在微軟，管理者可以取得員工聊天、電子郵件和日曆上約會的資料，用以衡量「員工的生產力、管理效率以及工作與生活的平衡」。愈來愈多公司開始利用「音調分析（tonal analysis）」服務，這可以監控會議、電話和 Slack（一種通訊軟體）。[11] 莎賓娜是西班牙裔的白人，她住在市區，擁有大學學位，一年大約賺三萬美金。她原本很開心自己應徵上了一間小型新創公司的「研究職位」，直到她發現這個工作代表機械性地輸入數據好幾個鐘頭。每一天，她都被要求使用Google Sheet記錄完成每項任務的時間（必須精準到以分鐘為單位），然後向她的老闆回報，老闆會告訴她是否完成速度過慢。她不僅要追蹤自己花了多少分鐘輸入每段數據，還必須記錄自己花了幾分鐘在傳送電子郵件或者查詢如何做某件事情，無論是否只花了一分鐘。

「必須追蹤我每一秒的生產力讓我連去洗手間都感到緊張，」莎賓娜解釋。「我真的需要在我的時間表上寫出『洗手間』嗎？所以我開始在上廁所時發送電子郵件，以免把我的總數據弄亂，害自己被訓斥。但是接著我又害怕如果我在發送電子郵件那裡輸入六分鐘，那樣似乎花了太長的時間在傳送郵件。這種循環思維，以及迫在眉睫的未知後果令我感到苦不堪言。」

就像許多被嚴密監控的員工一樣，莎賓娜每天都害怕上班。那些任務極其枯燥乏味。她的前臂和雙手因為長時間快速打字卻沒有休息所以疼痛。但是她仍然堅持在那裡上班，因為她的老闆是該領域一位小有名氣的人，向她保證「努力工作」會帶來一個「證明」自己的機會：「到底可以得到什麼，其實我不確定，」她說。「與他共事的聲望？但是在那一刻，那些承諾使我難以抗議任何事情，而且讓我渴望取悅並接受他的監督。」

這類的監督往往是以效率為名的軟性綁架，或者是一種循序漸進、使員工幾乎沒有意識到要反抗的途徑。「你的僱主控制了你的生活，」班・華伯（Ben Waber）是一位研究職場監督的麻省理工學院科學家，他這樣解釋。「而且如果他們說『給我這份資料』，你很難說不。」[12]當穩定就業的選擇如此稀少時，你不能決定自己是否願意被監督。你只能想辦法面對它所帶來的痛苦。

有顯著的證據表明愈多的監控和愈少的信任，你會感覺自己愈沒有生產力。在《工作：徹底改變時代的勞動及其未來》一書中，組織心理學家艾美・瑞斯尼斯基（Amy Wrzesniewski）告訴艾倫・魯佩爾・雪爾，透過管理者的嚴密監控「使我們難以獨立思考和積極行動」，而且「我們幾乎不可能使我們的工作有意義」。[13]

魯佩爾・雪爾指出保姆的例子：直到最近，大多數的保姆都能完全控制自己白天要如何照顧孩子。她們在特定的時間餵孩子吃飯，哄他們睡午覺，而這種自主性有助於讓保姆感覺這份工作是可以忍受，甚至是愉悅的。

當我作保姆時，這種自主性，搭配一份生活工資，的確使這份工作充滿樂趣。我照顧的兩歲幼童和我搭公車到城市的各個角落。週一到週五我們每天都探索一個新公園。我們去博物館和街邊市集，當一連下五天雨的時候，我們就一起到電影院看電影。儘管我有緊急時可以連絡家長的手機，但是我們做所有事情都不需要被追蹤，無論是在家裡還是在外面。前年，我在西雅圖時尚的東區當一個嬰兒的保姆，不料那時他的奶奶來家裡住了好幾個月。此後，我做的每一個動作、說的每一個字、小孩每一次的啼哭，都使我感覺被監看和被記錄。我辭職時給的理由是我討厭通勤，但是其實我更討厭被監督。

當前，對兒童照顧工作者的監督愈來愈常態化，無論是使用隱藏式保姆攝影機、嬰兒床攝影機（父母可以從手機看到影像），或是持續不斷的簡訊更新，都能讓父母掌握孩子睡覺和起床的確切時間。當我作保姆時，我的確在每天下班前會寫一張簡短的紙條，詳細說明今天孩子吃了什麼還有我們做了什麼。如果是現在，我就是要將這些內容輸入一個應用程式，讓我的僱主可以即時批准每個決定。

然後還有追蹤器。為了降低健康保險費，愈來愈多公司正在設定向員工提供免費 **Fitbits** 與卡路里計算機的計畫。這場交易直接明瞭：你一天走一萬步或是減重，然後我們創造出雙贏的局面！然而實際上，這是職場又一次對個人私領域的入侵，也是一種深具荒謬觀念的正常化，即一個**好員工**就是要允許他的公司監控他的行動。

二〇〇七年九月，亞馬遜贏得了兩項腕戴技術的專利，該技術可以追蹤倉庫員工的行動，並且在你靠近要運送的正確（或是拿起錯誤）品項時，提供「與觸覺相關的回饋」（如輕微震動）。這項專利的公開引發了人們的擔憂，擔心亞馬遜會把其員工當成機器人來對待，不過事實上他們已經是機器人了：「在那裡工作一年後，我感覺自己好像變成了一種機器人版本，」一位前亞馬遜倉庫的員工告訴《紐約時報》，「它們想要把人變成機器。機器人技術尚未純熟，所以在實現這個目標前，他們先使用人類機器人。」[14]

或者想想 Spire Stone，這種設計精美的小型追蹤器，可以貼近皮膚穿戴。透過一系列不同的感應器，當 Spire 認為此工作者有壓力時，它會引導他們進行短暫的冥想。理論上來說，Spire 是減輕工作壓力的工具，因而能夠優化工作者，然後……使其從事更多工作。然而保證可以提高你壓力程度的方法之一，就是你無時無刻都在擔心皮膚上那顆怪異的豆狀石頭是否會告訴你的主管你正處於壓力之中。

這些策略之中有些感覺起來只限於某種層級的工作者，為某種「典範轉移」的公司工作。然而，原本意圖「優化」工作者同時提高利潤的技術監督，已經成為速食及零售產業的標準配置。在新聞評論網站 Vox 中，艾蜜莉．根德斯伯格（Emily Guendelsberger）描述速食職場的獨特壓力是如何產生出類似一位神經科學家在嘗試創造引發老鼠憂鬱症的條件時，所稱的「絕望之井（the pit of despair）」的情景。

員工不斷地被監督，而且不僅是被煩人的主管。「每件事都被計時和數位監控，以秒為單位，」根德斯伯格解釋。「如果你無法跟上，系統將通知一位主管，你之後會從主管那裡得知下場。」[15]絕望之井不僅僅是在收銀台或燒烤架工作時的那種感覺，它是圍繞著最低工資工作者而累積的**一整套焦慮**。

首先，有一個數位化的打卡鐘，即使工作者晚一分鐘打卡也會受到處罰，還有工作者排班表存在的普遍壓力，排班表會透過演算法和過去的資料來準確判斷店內何時需要較多或較少員工。實際上，這就意味著不斷改變、完全不穩定的排班表，一般只會提前兩天發給員工。（紐約、舊金山和西雅圖等特定的城市除外，那些地方的勞動法規定排班表必須提前兩週公布。）一位長期擔任飯店前台經理的人告訴我，二〇一五年以前，她工作過的所有飯店皆會提前至少兩週張貼出排班表。二〇一五年以後，這變成不可能的任務：演算系統會在最後一刻發生變化，所以往往都是前一天才能拿到班表。同時，人員預算被緊縮，迫使她與同事們每週工作六十到七十四小時。她經常一週只能休息一天，而這天專門用來睡覺。

一間大名鼎鼎的時裝零售商工作者告訴我，這種演算系統是根據去年的銷售業績得來的，但是不會將假期、天氣等條件納入系統中。有些公司現在會安排「clopen」的輪班，這是指一位員工在要關店前幾小時來上班，回家睡少少幾個鐘頭，然後一大早去開店。布魯克在一間高檔的快速慢食餐廳（fast casual restaurant）當服務生，經常被分配到這種輪班。「這種班表使我難以獲得穩定睡眠，」她說。「人手不足」也一樣，即在一天中的某個特定時刻只會安排數目剛剛好的工作者。

當突然間湧入很多客人，而演算系統沒有預料到時，每個人都開始大喊請求支援，用根德斯伯格的話來說就是：「給工作者和顧客帶來最大的痛苦。」[16]當然，這種情形不人道，但是有利可圖。

荷莉最近開始在一間飯店當前台接待員，她的工作班表是根據每一天預計到達和離開的人數所演算出來的。年資愈久的職員愈能排到穩定的班表和規律的休息日；那些像她一樣的新進人員，班表就會「亂七八糟」。除了「clopen」的排班外，也無法保證有休息的日子，「這就意味很多旅行計畫的取消和應付失望、憤怒的家人及朋友，因為你無法承諾工作之外的任何事情。」這份工作無法保證她一週可以排到四十小時，但是班表的不穩定也讓她無法尋找另一份工作。她說：「試圖制定預算是一大夢魘。」

當你只能賺取足以生存或是養育一個孩子的工資，跟四分之一的速食店工作者一樣時，壓力「緩解」或改善的選擇就愈來愈少。你可能有一小時上健身房的時間，但是沒有足夠的錢可以支付。你的身體開始承受勞動所帶來的生理症狀：如同二〇一五年79％的速食店工作者報告被燒傷，或是精疲力竭。你的工資太少，絕對不足以存錢，而且被工作搞得疲憊不堪，往往很難看到任何出路。

荷莉告訴我，她的工作讓她「長期看似無害、但需要苦心控制」的恐慌症又重新浮出水面。她試著告訴主管不穩定的班表會使她的焦慮控制變得異常困難；主管們回應：「這就是現實。」管理她健康的唯一選擇就是辭職，但是她不能這麼做，除非有下一份工作等著她，而且在焦慮發作期間尋找工作感覺起來像是不可能的任務。「幸好我有一些可靠的朋友，可以幫助我遠離黑暗，」她說。「但是對於沒有強大社交／家庭支持的人來說，這種情況會帶來毀滅性的結果。」

壓力不只是你試圖達成一個命令，或是因為你無法信任大眾運輸系統能夠讓你準時上班而提前十五分鐘到公司才會體驗到的。壓力會使身體崩潰，使其不適合從事任何其他類型的工作。一份充滿壓力的工作不僅是通往倦怠的途徑。它還會困住你，造成你看不到其他選擇，只能繼續從事這份工作的局面。

各式各樣的臨時工也是如此。一個無證明文件的工作者，不論是在現場或是當保姆，都沒有法律的保障，所以沒有辦法舉報剝削；當工資被扣住時，也沒有追索權。「未經登錄的」勞工們，像是家政人員，僱主通常也不會支付加班費。這就是當你沒有選擇時會發生的事：你沒有談判的能力，也沒有任何權力，至少在職場上是這樣。這也就是為什麼伴隨著「選擇」的自由工作者變得如此誘人的原因。無論是在速食餐廳或是法律事務所，正式工作的結構是如此緊張和有壓力，因此做一位自由工作者，不論是在自己專長的領域內或是在零工經濟中工作，似乎都像是個完美的解決方案。

對自由業者的盲目崇拜

經濟大衰退期間，單獨在美國國內就有超過八百萬份工作消失。在建築業、大學、非營利機構、法律事務所及大賣場都有美國人失去工作，他們失去了娛樂、報紙、公共廣播電台、汽車工廠、新創公司、金融、廣告和出版業的工作。在過去，經濟衰退曾使就業市場崩潰，但是隨後的經濟復甦又重建了它。當公司縮衣節食的時候，工作職缺消失，然後當公司有信心擴張時又會重新出現。

然而現在情況並非如此，這就是為什麼許多千禧世代苦苦掙扎於找到第一份工作，而且任何工作都好的原因之一。在這個時代，對於那些千禧世代來說，工作的經驗相當負面。這裡要澄清一點，並不是工作沒有被創造出來。事實上，強勁的創造就業數目每天都受到嘲弄——先是歐巴馬，接著是川普，因為它們真的不是以前的那種工作。一份「工作」也許是一個提供自由業者的臨時職缺、季節性的零工，甚至是一份兼職工作。根據一項研究，二〇〇五到二〇一五年間，幾乎所有「加入」經濟體的職缺都是「臨時性的」或是「另類的」工作。[17]

但是對那些急於想要獲得工作，尤其是畢業於經濟衰退後市場的千禧世代而言，這些工作還是提供了一份薪水，儘管相當微薄，也因而使自由業者和零工經濟爆發。工作者願意接受這些工作條件進一步加深了職場的裂解：第一，透過將自由業者經濟的低標準正常化；第二，透過對「就業」的「重新定義」。

自由業背後的普遍邏輯是像這樣的。你有一個可銷售的技能，可能是平面設計、攝影、寫作、數位編輯或網站設計。在過去，中大型公司會僱用具備那些技能的全職員工。但是在裂解的職場中，這些公司不願意僱用任何非必要的全職員工。所以他們僱用多位自由業者去做一位全職員工的工作，這樣不但為公司提供了高品質的成果，而且又無需承擔自由業者的健康福利或確保公平工作條件等責任。

外人看來，自由業像是一場美夢，當你想工作時才工作，表面上你的命運由自己掌握。但是假使你是一位自由業者，你會很熟悉這些「福利」的黑暗面。「安排自己工時的自由」也代表「支付自己健康保險的自由」。平價醫療法案（ACA, Affordable Care Act）的通過使得從市場上購買個人健康計畫變得較容易。但是在那之前，考慮到許多人一致企圖破壞ACA，身為一位自由業者要獲得負擔得起的健康保險是愈來愈困難。

在加州，最便宜的保險一個月是三百三十美元，對於一個人來說，保險給付範圍很小，但是自負額很高。我與一位西雅圖的遛狗人談過，他每個月的健康保險費用是六百七十五美元，但是不包含牙科給付；另一個人說他們在明尼蘇達州的廉價基礎計畫是一個月兩百五十美元；在達拉斯，災難計畫一個月是三百七十八美元，自負額為一萬美元。此外，如果你有他們其中一人的情況：一個自由作家告訴我她罹患過乳癌，而她的先生，一位自由攝影師和相片編輯則是第二型糖尿病患者。他們住在紐約的郊區，目前一個月的健康保險費是一千四百八十四美元。許多自由業者告訴我，他們的自負額實在太高，因此他們會盡可能不去看醫生，當他們最終不得不尋求醫療照護時，往往必須支付更高的帳單，而且，因為他們是自由業者，所以也沒有帶薪特休能夠讓他們好好養病。

自由業也意味著沒有僱主提供的**401k**、沒有員工配比方案，除了從你每個月從事自由業所賺取的支票中固定上繳給社會福利金的部分，沒有其他補貼或協同的方法可以儲蓄你的退休金。這通常意味著聘請一位會計師去處理迷宮般的稅務結構，並且為了最終產品或服務支付統一的費用，不管一共花了幾個小時來處理。它也意味著完全獨立，以現代資本主義市場的另一種方式來說就是**完全沒有保障**。

「我的技能無法得到普遍或一致的回饋，」作為自由設計師和插圖家的艾力克斯這樣告訴我。「為了接到一份工作，我願意接受低於我成品價值的報酬。自由業就是一貫的削價競爭，還有缺乏控制自己生活的焦慮感。」畢竟「客戶」不欠你什麼。當具有特定技能或服務的自由業者供大於求時，工資是無法協商的。你只能調整你的費率，直到客戶願意支付。

以新聞業為例，每位作家以前都夢想著自由業生活方式的那種自由。只挑選你想撰寫的故事；只為你想寫的刊物寫稿。而在雜誌出版業還很健康時，你可以賺到錢。一篇五千字的專欄，以一個字兩美元（中等偏上）來算可以賺到一萬美元，等同工作幾個月的薪水。

但是當新聞市場隨著經濟大衰退而跌入谷底時，一切都重新設定。被裁員的新聞記者湧入市場，迫切地渴望自由業的工作機會。競爭量促使費率下降，這也是大部分商家所能負擔的價格。然後還有像我這樣的人：非記者出身，但是透過 LiveJournal 和 Wordpress 這些網站，免費磨練出自己的聲音。從二〇一〇年起，我開始閱讀 Hairpin 上的文章，這是一個從經濟衰退的廢墟中誕生的網站。

它的商業模式和當時許多的商業模式一樣，依賴任何願意免費寫作的人所發表的任何好文章。我開始撰寫根基於我學術研究的文章，關於名人八卦的歷史和經典的好萊塢醜聞。如同典型的千禧世代，我很高興它們竟然會被發表。我希望我的熱情能夠獲得聽眾的喜愛遠勝於我想要得到報酬。這種模式使成千上百的人有機會進入寫作的領域。你可以把當代許多知名作家的職業生涯追溯回 Hairpin，或者與它有關係的網站，像是 Awl 和 Toast。許多體育作家也一樣，在 The Bleacher Report 上免費撰寫部落格文章。我們之所以「成功」，是因為寫作不是我們的主要工作，這允許我們可以免費寫作，隨著網站愈來愈受歡迎，以及經濟衰退的漸漸遠離，我們寫作是為了我祖母所謂的「零用錢」：額外的、多餘的外快。

但是因為我們都把寫作當成是一種副業（這也是為什麼我們可以免費寫作的原因），我們就成為使費率不斷調降的幫兇。當你可以不花一毛錢請到藝術史的研究生表達他們的見解時，為什麼要付給自由作家既定的費率呢（即使該費率可以幫助他們繼續繳納房租）？

正是那種絕望使實際的公司（絕非隱密的小網站）佔了便宜。而最得利的莫過於新近崛起的零工僱主們：優步、Handy、DoorDash 和其他十幾家類似的公司。當我們回顧經濟大衰退之後的時期，人們會記得的是，那不是偉大的創新時期，而是偉大的剝削時期。那是科技公司利用它們拒絕稱其僱用的人為員工，更不用說尊重他們，但卻能夠達到「獨角獸」地位（市值超過十億美元）的時期。

＊＊＊

矽谷的動態及首要理念為裂解的職場創造出完美的條件。矽谷認為「老舊」的工作方式已經被打破了。它喜愛過勞。正如馬克．祖克伯著名的一句話：「快速行動，打破陳規」，它的「顛覆式」思想取決於是否願意顛覆任何看起來穩定的職場。在新創公司的世界，終極目標是「上市」，創造出夠高的股票價值之後，不計人力成本，徹底增長。這些公司就是這樣回報投資它們的創投公司，也是用這種方法讓它們的創辦者、董事們以及早期員工變得非常富有。

談到關於矽谷和工作觀念的轉變就避不開優步。你可能和我一樣厭惡談論優步，但是它的影響是廣泛又不可否認的。「在我們的眼皮底下，此公司引領了一波觸及社會各個層面的變革，包括我們的家庭生活、孩童照顧的安排、工作者的條件或是管理方面的實踐、通勤模式或都市計畫，甚至是種族平等運動和勞工權利的倡議，」艾力克斯．羅森布拉特（Alex Rosenblat）在《優步帝國：演算法如何改變工作規則》（*Uberland: How Algorithms Are Rewriting the Rules of Work*）一書中提到，它「混淆了創新與違法、工作與消費、演算系統和管理者、中立與控制、分享與就業等範疇。」[18] 實際駕駛優步的美國人數在比例上來說其實是少數，但是它所帶來的變化正在慢慢滲透到經濟的其他領域和我們的日常生活之中，尤其是那些依賴零工經濟生活的人們。

就像經濟衰退後的許多其他新創公司一樣，優步成立在顛覆的前提之下：把一個舊產業，通常是一個有點緩慢、無效率但是能夠支付其工作者生活費的行業，利用數位技術將其變為更時尚、更簡單和更便宜的東西，因而可以把金錢注入該公司。優步，以及 Lyft、Juno 和其他少數的叫車公司，顛覆了傳統上稱為「計程車」的業務，即接人並把人載到他們要去的地方。它們的流行顛覆了整個家庭工業的服務，重新定義了日常的平凡任務：Rover 顛覆了寵物照顧；Airbnb 顛覆了寄宿；Handy 顛覆了雜物工；Postmates、Seamless 和 DoorDash 顛覆了外賣。儘管這些應用程式讓消費者在度假、訂餐，以及從一個地方到另一個地方變得更加容易，它們也創造了大量糟糕的工作，而仍舊在經濟衰退的餘波中感到絕望的工作者們還是很樂意（至少是暫時性的）接受這些糟糕的工作。

有一小段時間，類似優步的公司被視為經濟的救星。它們把自己作為一種使用和分配資源的手段來銷售，包含汽車、司機、清潔人員、臥室，而且效率遠遠高於舊系統，同時創造了中產階級極力想要尋找的工作機會。不過，這些工作的秘密在於它們甚至並非技術上的工作，而且也絕對不是那種可以修補階級地位的工作。相反地，這些工作創造出技術專欄作家法哈德・曼朱（Farhad Manjoo）所謂的「永久的數位下層社會」，無論是在美國還是世界其他地方，「這些工作者將永遠在沒有適當的保護下辛勞的工作。」[19]

那是因為，至少在優步，數萬名為此公司開車的人甚至不被認為是員工。在對外發布的訊息中，優步傾向認為這些司機們其實也是一種**客戶**。它們的應用程式只是將一組需要乘車的客戶和另一組願意提供駕車服務的客戶連結起來。正如《終結失業，還是窮忙一場？》一書的作者莎拉・柯斯勒（Sarah Kessler）所點出的：「優步只是順著企業的潮流——盡可能僱用愈少員工愈好，並使其適應智慧手機的時代。」[20]

畢竟，實際僱用員工，即使只是支付其最低工資，仍然「昂貴」，而且公司需要承擔各種責任。當你是一家燒掉數百萬創投基金的新創公司，你的目標就是增長，永遠是增長，而責任將是增長的障礙。優步藉由稱呼它的員工為「客戶」，加上正式表明他們為「獨立合約員工」來解決這個問題。

「獨立」代表那些駕駛優步的人可以安排自己的工作時間表、沒有真正的老闆且為自己工作。但是也意味著這些假員工沒有權利成立工會，而且優步也沒有責任訓練他們或是提供福利。零工經濟以這種獨立的承諾吸引著工作者，強調它們的工作可以真正彈性地配合我們的生活、我們孩子的日程表和我們其他的責任。這種工作被認為尤其適合所謂以自我中心、挑剔又自以為是的千禧世代；隨著零工經濟的明顯成長，《富比士》宣稱：「如果千禧世代能夠隨心所欲，那麼朝九晚五的工作很快就會成為過去的遺俗。」[21]

但是事實並非如此。對於Handy或TaskRabbits的清潔人員，或者亞馬遜土耳其機器人（MTurk, Amazon Mechanical Turk）上的勞動者來說絕對不是這樣，他們以一分錢的價格競標完成瑣碎的任務（如：點擊每張帶有鳥類的照片，以協助AI辨識）。對於DoorDash的外送員也一樣，在一場大規模的網路反彈之前，他們是用小費來支付他們身為獨立合約員工的基本工資——也就是說如果一位外送員被保證每趟外送可以賺取六．八五美元，就算他獲得三美元的小費，他仍然只會收到六．八五美元；使用者其實是把小費給了DoorDash。此外，儘管優步過去宣稱一位優步司機的年薪可以達到九萬美元（此說法已經被徹底揭穿），但是在零工經濟中，大多數開車、清潔、出租多餘臥室或是持續點擊滑鼠的人都是把它當作第二或第三份工作，一份用以補貼另一份糟糕工作的低劣工作。[22]零工經濟無法取代傳統經濟，它只是用一種方法去說服人們它沒有崩潰。

自由業與零工沒有消除苦差事或焦慮。相反地，它們其實加重了這些情形。任何時候，你的休假都會帶著後悔或焦慮，只因為那時你是可以工作的。在生日派對上的一小時可以換算成駕駛優步所賺的三十美元；一小時的慢跑可以用來向新客戶推銷；一小時的閱讀時光可以用來尋找另一次的寫作機會。在今日的經濟情況下，自由業代表內化了你可以而且應該總是做更多工作的事實。尼克透過Upwork從事統計分析，描述了「永無止盡、無時無刻都在工作」的內化壓力；珍，一位自由作家，解釋「從事自由業似乎有種你永遠做不夠的感覺，你應該做更多、賺更多、更忙碌，而且每一次經歷的失敗（無論真實或感知到的）全部都是你的錯。在辦公室工作，你休息五分鐘的喝茶時間仍然會有薪水；當你是位自由職業工作者，你沒有工作的每分每秒都在失去金錢。」

實際上，自由職業工作者往往發展出一種心態，即「一切壞的都是好的，一切好的都是壞的」。這是我就讀研究所期間和朋友們一起拋出的口號，用以形容過勞的邪惡力量，它會使苦差事感覺「很棒」，而真正愉悅的活動反而伴隨著無法抹滅的罪惡感。如同柯斯勒在《終結失業，還是窮忙一場？》一書中提到的，優步直接利用了這種心態。當一位司機試圖關閉應用程式並拒絕之後的電話，他的腦袋會告訴他：「你確定要離線嗎？你的區域有非常高的需求。你可以賺更多錢，別現在停止！」[23]

你的工作能力永遠不會像自由職業工作者一詞一樣「自由」。如果你的車子需要修理，你生病了很長一段時間，或是你不想開車了，優步使你難以再次開始工作。你會屢屢受到醉酒乘客反覆無常的影響，他們會為了有趣而給予一顆星的評價。如同蓋伊・史坦丁指出的：「為自己工作的人其實是為一位暴君工作，最多只能跟你上一份工作和表現一樣好。你持續不斷地被評估與評分。當我們必須像這樣擔心下一頓飯從哪裡來，意味著人們失去了對生活的控制。」[24]又或者，正如一位優步司機告訴羅森布拉特的一樣：「你頭頂上沒有老闆，你頭頂上有的是一支手機。」[25]

自由職業工作者已經夠累和夠讓人焦慮的了。但是情況因為人們普遍拒絕把你做的事情當成工作而更加惡化。就像教師或母親的工作被貶值（或被視為無價值）一樣，共享經濟中的工作根本不被當成工作，它們是你試圖用嗜好賺錢；在城市中四處開車時與乘客進行有趣的對話；邀請人們進入你的家。即使這些工作被稱為「零工」，但是其固有的簡潔和愉悅內涵，掩蓋了它們的勞動地位。畢竟這不是零工經濟；它是「總是瘋狂地在尋找下一個零工」的經濟。

＊＊＊

「我們將便攜式工作的概念理想化，促進了人們帶著自己設定好販售價格的技能組合四處漫遊的概念，」史坦丁這樣說。「當然，有些人能夠那樣做。但是如果認為我們可以在這種平台上建立一個不需要保障的社會，那就太異想天開了。」[26]

許多優步的員工持續爭取與僱主協商的權利。全美各地的媒體自由業者建立了他們自己的工會，透過此工會他們集體制定費率，而且當媒體業員工被組織裁員或罷工時，不准破壞罷工者趁機回歸之前的工作。愈來愈多自由職業者、零工經濟下的勞工和臨時工正在意識到，如果沒有穩定的收入相伴，那麼有彈性是完全沒有意義的。

但是要求採取這類行動的唯一方法是發揮槓桿作用：擁有選擇權，同時也要被承認是一名員工。這就意味著對我們目前系統的徹底檢修，可能需要政府介入的一種行動。如果立法者強迫優步等公司停止錯誤地將其僱員歸類為獨立合約員工，將可以增強公司和勞動者間的社會契約，也就是公司要為那些為其勞動的人的生計負責，透過這些勞動所獲得的利潤應該以某種形式發給員工們。這個論點似乎非常激進，但是你只要回顧短短六十年之前的歷史就會發現，這也是美國人一種令人難以置信的利潤構想方式。

當公司的領導者一開始就表明這麼做沒有問題時，此解決辦法執行起來尤其困難。DoorDash 的執行長徐迅在 ReCode Decode 上說道：「我認為很多關於是否為僱員還是獨立合約員工的問題遺漏了一個重點。我的意思是你要想想根本問題是什麼，根本問題在於我們如何最大化外送員們所喜愛的那種彈性，同時為那些需要安全保障的人提供保障？」[27]

一個非常明顯的辦法：僱用他們為員工。用自由職業者和獨立合約員工的「彈性」來掩飾剝削，避免談論為什麼彈性受到人們的渴望，是因為所謂「繁榮的經濟」是建立在數百萬人被視為機器人的基礎上。「我最擔心的是這只是開始，」曼朱在 DoorDash 的小費挪用事件後寫道。「剝削和奴役的軟體驅動政策將在經濟價值鏈中轉移，拿走 DoorDash 工作者小費的行為將會替此後佔所有其他人的便宜鋪路。」

曼朱是正確的。但是在不久的將來，它準備佔便宜的是那些沒有其他選擇的人，以及像是千禧世代與Z世代這些沒有意識到原來還有其他方式的人。這就凸顯了當前的難題：糟糕的工作條件造成倦怠，但是倦怠以及由此產生的失能（無論是缺乏精力還是資源）無法對抗剝削，因而助長了工作持續低劣。更新勞動法以應對目前職場現實的重大立法可以且將會有所幫助。**團結**也會有幫助：這個老派的詞簡單來說就是各種志同道合的人擁有相同的共識，使抵抗成為可能。

7 科技使一切運轉

我早上聽見的第一個聲音是我設定的 SleepCycle 應用程式，據說它會監測我的動作，以便我從睡夢中甦醒時「溫柔地」喚醒我。我關掉它，開始瀏覽手機上各種新聞應用程式的第一則提醒：壞事，而且愈來愈糟。當我躺在床上時，我的大拇指會不自覺地滑向 Instagram，我對他人發了什麼內容沒什麼興趣，我比較感興趣的是有多少人喜歡我昨晚放上去的照片。我檢查我的私人電子郵件；我的工作郵件。我已經把推特的應用程式從我的手機上刪除，不過別擔心，你總是可以打開 Google Chrome 然後連上推特。

我下床，喊了幾聲 Alexa（亞馬遜推出的智慧型助理）以開啟全國公共廣播電台。我打開蓮蓬頭，等待水變熱的期間，我檢查了 Slack（即時通訊軟體），看看隨著東岸居民的起床是不是有什麼事情是我需要知道的。當我沖完澡，廣播正播放著有趣的事情，所以當我裹著浴巾站在那裡時，我上網查了一下，然後發到推特上。我再次檢查 Slack，這次是向我的團隊「報到」，並且告知我今天將會做些什麼事。我換好衣服、泡好咖啡，然後坐在電腦前，接下來花了整整一個半小時閱讀東西、發幾則推文並等待它們被按讚。我把我讀到的一則故事發布到我經營了十年，擁有四萬三千人追蹤的臉書頁面上。我每五分鐘會檢視一次頁面，看看是否有人回覆。我告訴自己應該要開始努力工作，同時試圖忘記這也算是我的工作。

我心想，我應該真的要開始寫作了。我進入瀏覽器，打開Google文件中的草稿。噢，糟了，我進入了服裝網頁，看看上週我放入購物車的品項是否有打折。哎呀，我又回到了Slack，貼上一條連結以確保所有人都知道我在線上而且正在工作。我大概在草稿上寫了兩百字後決定我應該簽下那個一直放在我雜亂無章的收件匣中的演講合約。我沒有列印機或掃描機，而且我忘了電子簽名的密碼。我試著重設密碼，但是它溫柔地提醒說我不能使用最後設過的三個密碼。某人打電話來，區域號碼顯示為西雅圖；他（她）沒有留言，因為我的語音信箱從六個月前就塞爆了。

我的電子信箱中，「促銷內容」的收信匣不知怎麼的在三小時內，從兩封增加為四十二封信件。我幾個月前安裝的取消訂閱小工具在辦公室的技術人員要求每個人更改密碼後就停止運作，而現在我必須花上大量時間刪除垃圾郵件。但是等等，臉書有了新通知：我收養小狗的狗兒救助中心的群組頁面有了一則新貼文！某個自從高中畢業後我就不曾直接聯絡過的人發布了新消息！

LinkedIn 上面，我的作家經紀人正在慶祝她工作五週年；一位臉孔我只有模糊印象的前學生也是。我吃了午餐，厭惡地瀏覽一個我已經厭惡多年的部落格。川普發布了一則糟糕的推特消息；有人回應了不好的見解。我在看似重要、有關喬・強納斯（Joe Jonas）肌肉組織的 Slack 對話之間又勉強地寫出了一些東西。

我前往健身房。在飛輪上面，我閱讀了推特上看到的消息並儲存在我的 Pocket 應用程式中。我的運動過程被我其中一個群組的訊息打斷數次。我讀到某件喜歡的事情，因而放慢速度、喝口水，順便推特一下。我結束鍛鍊，接著走去淋浴間，在那裡我剛好有足夠的時間再次檢查我的手機。我開車前往超市，在等待紅燈（秒數很長）的時間，我拿起手機，它說：「妳好像正在開車。」我欺騙了我的手機。

在超市結帳時，我順便檢查 Slack。我進入車子，準備開車回家的同時我正在傳一則圈內笑話給我的朋友。我離家剩五分鐘，而我正在傳訊息告訴我的男友。我在一條美麗的小徑上遛狗時，持續用我的手機拍攝照片。我回到家，拿著一罐啤酒、坐在後院，透過閱讀網路和推特「放鬆」，然後對作品進行最後的編輯。我現在會傳訊息給我媽，而不是打電話給她。我一邊把一張遛狗時的照片發布到 Instagram 上，一邊想著自己最近是否發布了太多小狗的照片。做晚飯時，我要求 Alexa 播放一個 Podcast 節目，裡面的人們談論著我尚未真正理解消化的新聞。

我躺上床時其實最想閱讀床頭櫃上的書籍，但是等等，哇！有一個非常有趣的抖音影片。我檢查我之前發布在Instagram上的照片按讚數；我檢查我的電子信箱和我其他的電子信箱及臉書。沒有什麼好查的了，結果不知怎麼的，我決定這是打開達美航空應用程式的好時機，以查看我的里程數。噢，我用完了閱讀時間；現在最好設定好SleepCycle，進入睡眠。

寫下這段關於我標準數位化生活的一天，讓我感到既羞愧又疲憊不已，而且這還不包括所有我查看手機或檢視社交媒體，或者在草稿與網路之間來回移動（我寫這句話時就已經來回了兩次）的額外時間。一項二〇一三年的研究發現，美國的千禧世代一天檢查他們的手機一百五十次；二〇一六年，一項不同的研究聲稱我們每週花在瀏覽網頁、傳簡訊以及焦慮地查看電子郵件的平均時間為六小時又十九分鐘。[1]我認識的人當中，沒有人喜歡他們的手機。我認識的大部分人甚至明白無論手機提供了多少好處（比如Google地圖、緊急電話），都遠遠比不上它所帶來的分心效果。

我們瞭解這一點。我們知道我們的手機很糟糕。我們甚至明白安裝在它們上面的應用程式會讓人上癮。我們知道科技所承諾的烏托邦——使工作更有效率、使人際網絡連結更強健、使照片更好拍、更容易分享、使新聞更容易取得以及使溝通更輕易等等——實際上是創造出更多工作、更多責任、更多像失敗者一樣失敗的機會。

部分問題在於這些數位科技，從手機到 Apple Watches、從 Instagram 到 Slack 都在助長我們最糟糕的習慣。它們阻礙了我們自衛本能所制定的最佳計畫；它們洗劫了我們的空閒時間；它們讓我們愈來愈無法去做那些真正能夠使我們立足的事情；它們把在樹林中的慢跑轉變成一次自我優化的機會。在每一次我與他人的互動中，它們都是最需要被注意和最自私的存在。它們迫使我們用未來的標題來表達出我們正在體驗的經歷，並且認定旅行遊記只有在獲得公共消費（public consumption）的情況下才有其價值。它們偷走了快樂與孤獨，只留下疲憊和悔恨。我討厭它們、怨恨它們，但是卻發現生活愈來愈不能沒有它們。

數位排毒（Digital detoxe）無法修正此問題。對我們大部分人來說，學習梭羅搬去樹林中也不是一個可行的選項。唯一的長期解決辦法是使背景成為前景，召集數位科技在我們的生活中殖民、以效率的名義加重和擴大我們倦怠的確切方式。

這些科技最擅長的是提醒我們沒有做的事情：誰一起出去沒有約我們；誰做的工作比我們多；什麼新聞我們沒有看到。它拒絕讓我們的意識擺脫它，以便做好昇華和壓抑等基本的、保護性的和再生性的工作。它反而提供了相反的效果：不間斷的通知、提醒與互動。它不斷把生活帶到最前方，使我們無法忽視它，當然我們就會更注意它。

跟倦怠的許多方面一樣，數位疲憊（digital exhaustion）並非千禧世代所獨有。但是我們這一代至少就目前來說與數位科技的關係是特別加重的。我們年輕的成人生活被它們深刻地影響，但是我們也清楚地記得在它們存在前生活是什麼樣子。那些記憶根據年齡與階級而有所不同，但是共通點依然存在：我們的童年時期並沒有智慧型手機，然而我們的大學與年輕成人期卻顯示出數位相機和早期臉書的輪廓，即使是經由掀蓋式手機也能持續地接觸到。

這些科技改變了許多千禧世代訂定計畫的方式、調情的方式，以及行為表現的方式（該行為若是發生在公共場所是需要負責的）。它們改變了我們拍照的方式，我們獲得音樂及聆聽的方式，改變了我們在電腦上做什麼以及在電腦上花了多長的時間。每件事似乎都被改變了，變得更容易或便宜或簡便，而且這種改變是循序漸進的。我最初的「智慧型」手機只有配備很爛的相機，而且需要花上十分鐘才能上傳一封電子郵件。我在我的公寓和車上仍然會聽 CD。我用我的筆記型電腦觀看 Netflix 的 DVD。我在 Wordpress 上撰寫部落格。我知道外面有人使用黑莓機，但那還不是我的世界。

慢慢地，然後似乎突然之間，一切都改變了。iPhone 可以在 AT&T 以外的地方買到；

Netflix 開始串流，Hulu、亞馬遜和 HBO 也是。推特突然興起，在很大的程度上摧毀了部落格的世界。年輕的千禧世代在他們的父母也註冊帳號後就停止使用臉書，Instagram 大受歡迎，伴隨而來的是為了公共消費而美化與包裝經驗的任務。

我們的手機變成我們自己的延伸，以及安排我們生活的主要方式。我用手機檢查電子郵件；我用手機存支票；我用手機預約 Airbnb 的訂房；我用手機下單雜貨、外帶食物以及購買衣服。我用手機將飲料帳單分開結帳，用手機查詢地鐵路線，然後用手機對著朋友的新生兒做鬼臉。我去健身房時不再帶著雜誌，而是開始帶著……我的手機。我把有線電視換成 AppleTV；我停止使用我的 iPod、數位相機、我的通訊錄、錄音帶以及我電腦上的 DVD 光碟機。當我買新電腦時，它甚至沒有 DVD 光碟機。

這個過程大概花了十年的時間，但是我認識的大多數千禧世代的生活也都遵循著類似的科技整合過程。我的哥哥拒絕使用智慧型手機，直到二〇一七年終於投降。其他有些人成功退出或是完全忽略社交媒體，但是那些人愈來愈讓人感覺像是局外人。對於我們大多數人而言，現在我們的生活都必須透過我們的手機與其上面安裝的應用程式，他們是我們辦事、旅遊、工作、運動、組織、記憶、人脈、財務和友情的主要媒介。

這就是為什麼我們很難調節自己與手機的關係，更不用說完全脫離它們了。對我們之中許多人來說，與手機脫離就代表與生活脫離。這種新的現實附帶了相當多的羞恥感，大家會說那些與他們的手機關係較緊密的人是較不重要的人，或至少是意志力較弱的人。但是手機（或更具體來說，手機上的應用程式）的設計首先是創造出一種需求，然後用一種不可能再創造的方式去填補那種需求——所有這些都以**生產力**和**效率**為幌子。屈服於它的承諾不代表你很軟弱；只是代表你是一個普通人，且正瘋狂地試圖完成所有對你的要求。

但是在我們探討手機如何鼓勵了我們最糟糕的習慣和加重我們的倦怠之前，我們應該對於為什麼一個提供服務的物品會被設計成讓我們厭惡自己這一點有所共識。長話短說：這樣它可以賺錢。金錢來自操弄、維持和欺騙我們的注意力，這些注意力被賣給廣告商，廣告商讓應用程式賺錢，然後使手機變成我們不可或缺的物品。

當人們談到「注意力經濟」（the attention economy）時，他們是在談論買賣我們的時間。我們以往用在讓腦袋「關機」的時間，像是悠哉漫步、等待紅綠燈的時間放空，或是那些在你入睡前的十七分鐘。這是一個基於入住我們生活瑣碎時刻的經濟，但是同時也對生活中的主要事件造成微妙、反覆地干擾，這種干擾多到 Netflix 的總裁有個著名的玩笑是該公司的主要競爭者為睡眠。[2]

數十篇研究與文獻皆證實了我們已經憑直覺瞭解的事實：查看社交媒體，至少在你發現某件正面或有趣的事情的當下會釋放出少量的多巴胺（我們大腦中一種尋找愉快經驗的化學物質）。我們的大腦喜愛多巴胺，所以它會持續找尋，沉迷於漸進式變化的可能性：新的照片、新的讚、新的評論。設計「按讚」鈕的人稱之為「偽快樂的輕快叮噹聲」。[3]一般來說，我們的手機適用相同的原則：當我們拾起手機時，主頁面上無論是否每次都有新消息並不重要，重要的是有時候會有新的消息而且值得我們花時間查看。

但是社交媒體並非一直是這樣。回想你對臉書的第一個記憶：前動態消息和前按讚鈕。你必須在你的電腦上使用網路，然後可能一天之後，你會再次查看它。但是增加了按讚鈕，並且將「通知」從藍色改為紅色，如此一來人們就無法忽略它們，這點激勵了人們反覆、執迷地重回頁面。多年來，假如你想要看更多臉書或推特或Instagram上的更新，你必須刷新頁面。二〇一〇年，羅倫·布里切爾（Loren Brichter）介紹了推特應用程式「下滑刷新」（pull to refresh）的新功能，這如今成為社交媒體及其他應用程式的標準功能。現在，「下滑刷新」已不再是必要的功能，有新的技術會自動更新你的應用程式，但是它的功能就類似老虎機（slot machine）的槓桿一樣，持續讓使用者的參與度遠遠超出他們正常會使用該應用程式的時間。

再次重申，它不是一直如此。Snapchat 並非總是在某人只是打字時就通知你；新聞網並非總是傳送推播通知；冥想、星巴克、約會、新英格蘭愛國者隊（New England Patriots）、西班牙語學習或 2048（數字配對遊戲）的應用程式也不會。當你快接近一間 Sephora 時，它不會通知你；Google 也不會在你結束一趟地鐵之旅時請你評分。但是如果沒有你持續不斷、強迫性的注意力，這些應用程式將變得毫無價值，或者至少遠沒那麼值錢。因此，它們軟性地慫恿、操弄和控制我們的注意力，透過通知，也透過遊戲化的方式，這是使用像遊戲的元素來吸引你進入其實非常不有趣的活動，如我追蹤達美航空里程數的進展。

現在，大多數千禧世代都用手機進行銀行帳戶查詢、亞馬遜訂購、叫車、導航、播放音樂、觀看抖音影片、照相、販賣二手衣服、找食譜、睡眠嬰兒監控以及儲存票務（機票、電影票、公車票、音樂會門票）。這些任務中有一些仍然可以不使用手機完成，但是它們愈來愈被設計為透過應用程式去執行。這就是手機在我們生活中扎根的方式，不是經由少數的應用程式，而是經由對我們注意力的全面攻擊。使用者是所有科技進步的表面受益者，但是我們對手機的依賴卻成了淨損失，損失了**隱私**、**注意力**和**自主性**。贏家是那些有效地利用我們對於便利性的追求，一次又一次獲取利潤的公司們。

當我首次拿到 iPhone 時，能夠隨時查看任何事情的感覺是如此奇特。現在若與我的手機分離就像是罹患了幻肢痛似的。在 iPhone 早期的那些年，我還可以把手機放在家中整天，而且沒有注意到它不在身邊。去年，某次的週末小旅行我忘了帶上手機，整個週末我都感到心神不寧。我很清楚知道那些提醒和推播通知是如何操控我的，但是當我踏出 Lyft，感覺到口袋中的震動時，我仍舊感到欣喜：會是誰呢？噢，對了，其實只是請我評分剛才那位司機的應用程式，就像過去問過的五百次那樣。我是按壓槓桿以餵食自己毒藥的老鼠，那種毒藥像糖果一樣很美味，即使永遠都那麼短暫。

雖然說，我擁有一份比起大多數人更能持續上網並與推特更加緊密的工作。但是還有其他共享且獨特的應用程式：Pinterest、Instagram、Poshmark、運動、填字遊戲、Slack、學校、經期記錄、餐點準備、健身和連環簡訊，諷刺的是，簡訊感覺起來像是唯一與我們無手機的生活有關的東西。而且不論你是否遵循減少依賴手機的秘訣，像是關閉推播和電子郵件的提醒可能可以暫停通知，但是行為本身已經內化了。你可以刪除應用程式，像是刪除推特，但是仍然會找出其他接觸它的方式。你可以在晚上八點後將手機調為飛航模式，我有這麼做，但是還是發現自己想去查看手機的意圖。

為什麼手機的誘惑力如此強大？當然，多巴胺解釋了部分原因。但是對我而言，我認為更大的吸引力是一種共享的錯覺：好像藉由我的手機，我可以討人厭地同時進行多樣工作，而且和所有人一起參與每一件事。誘人的不是那個閃亮的黑色長方體；而是你的生活可以如此無情、精美高效、天衣無縫、盡在掌握之中的概念，那才是吸引人的地方。

當然，那是謊言。不管我們看到多少研究證實多工處理其實會抑制你完成任務的能力，我們仍說服自己網際網路使我們工作得更好、更有效率。我們將專注於工作上；我們將透過應用程式掌握庶務癱瘓（errand paralysis）；我們將透過其他應用程式來使我們的家庭秩序井然；我們將想出一種社交媒體策略，既能發展和完善我們的個人品牌，又只會要求我們一點點的注意力；因為簡訊，我們將使生活中的所有人都感覺自己受到認可和特別！

當所有上述願景都沒有發生，我們會感到非常焦慮，這使我們更想要同時進行多重工作以試圖掌握情況，因而使我們更沒有效率。對我們所有人而言，這是一個注意力的死亡漩渦。不過，我認為有價值的是分析網際網路中特別容易導致倦怠的形式：一、以千禧世代為導向的社交媒體；二、新聞；三、將工作蔓延到我們非工作生活上的技術。

＊＊＊

對千禧世代來說，臉書在我們青少年時期和二十多歲時塑造（也搞砸了）許多我們的社交生活。但是如今，我認識的大多數千禧世代似乎都遺棄了它。臉書是有毒的、臉書是政治性的，而且也很難忽略關於該公司利用我們個人資訊的消息。我大多數千禧世代的朋友們都開始幾乎只把它用於社團經營上面：私人的、公開的和秘密的社團，以Podcast、嗜好和興趣討論為導向。

部分的年輕千禧世代仍然會使用Snapchat；推特仍然是許多作家、學者和政策專家們必定會使用的應用程式；Pinterest具有其本身的心理吸引力；Reddit的社群有一種令人上癮的魅力；LinkedIn是MBA菁英的推特。但是最容易導致倦怠的社交媒體平台是Instagram。這似乎有悖常理：Instagram的吸引力長期以來都在於它是不具戲劇性的臉書，是臉書最初令人感興趣那部分的精華，也就是可愛的圖片。但是產生那些可愛的、精心策畫的圖片令人精疲力盡。所以，用Instagram的方式是看著上面無止盡滾動的生活片段，它們不僅看起來似乎比你的生活更酷，而且更加平衡、更加有組織。Instagram的動態消息變成了一種持續、低調的告誡，說明了你還沒有解決你生活上的問題。

我現在正看著我的動態消息，我看見一隻乖巧的小狗沐浴在晨光之中；一位先生張貼了他太太完美新髮型的照片；一位大學的朋友抱著她的寶寶站在奧勒岡州的大麻田中；一位蒙大拿州的記者橫渡冰川國家公園外的岩石；另一位記者在保加利亞的華麗婚禮造型；一個我昨天正在細看的泳衣廣告；一位朋友在工作日晚上歡唱卡拉OK的模糊照片；一位我已經兩年沒有聯絡的作家完成了他的書籍草稿；一張光線充足的朋友寶寶照片，我只見過那個寶寶一次；一個當地的朋友釣魚後在河邊的照片；我大學最好的朋友在一場泳池派對的照片，裡面其他人我一個都不認識。

讓我來一一分析這些照片會引發的焦慮：

可愛的乖巧小狗↓我應該拍我小狗的可愛照片。
妻子的完美蓬鬆髮型↓老天爺，我的髮型一點都不酷。
大學朋友在大麻田↓這似乎要花很多功夫。
蒙大拿的記者在冰川↓我沒有那麼活躍。
保加利亞的華麗婚禮造型↓我在……蒙大拿州。
泳裝↓該去買三〇年代末流行的一件式泳裝了嗎？
卡拉OK歡唱↓我是位沒有朋友的老小姐嗎？
完成書籍↓記起自己的書還沒寫完。
光線充足的寶寶照片↓萬一我以後後悔自己沒有生小孩怎麼辦？

當地朋友在河邊↓我在電腦上花了太多時間。

最好的朋友在泳池派對↓她有新朋友了，我討厭這樣。

這些念頭是合理的嗎？算是吧。它們是正常的焦慮，那種看著一本雜誌或收到朋友的明信片時會突然蹦出的擔憂。但是透過 Instagram，它們全部被塞進一條連續的直線中，激起我們所有潛在的焦慮。它們拼貼出我們沒有參與在裡面的生活和我們沒有做的選擇，而且它們迫使我們形成一種**惡性的比較循環**。每張照片都只是大量證據中的一張，隨著好幾個月和好幾年的發布，彰顯出其他人是如何生活在千禧世代的夢想之中：有一份酷工作，但是又不會過勞；擁有一位有趣又支持你的伴侶；養育可愛又不令人感到厭煩的孩子；享受獨特假期並花時間在有趣的嗜好上面。

我們都知道 Instagram 與其他任何社交媒體平台一樣，都不是「真實的」。它是策劃後的生活版本。不過這不代表我們不會以此來評斷自己。我發現千禧世代對物品或所屬關係的忌妒遠遠比不上對於呈現在 Instagram 上的整體經驗、那種促使人們表示「我想要你的生活」的忌妒。Instagram 上描繪著千禧世代的夢想，它不僅是一種渴望，還是平衡的、滿足的、與倦怠無關的生活。

最令人忌妒的是那些呈現出完美平衡的照片和影片（所謂的 work hard, play hard）。工作照片很少出現在千禧世代的 Instagram 中，但它總是在那裡。週期性地，它會被拍成一個有趣的或滑稽的或擁有好景觀的空間，而它總是傳達出獎賞或滿足的感覺。但是大部分時間，它就是你想逃離的東西——你要足夠努力，才能享受生活。

但是我們之中很少有人能夠接近那種平衡。在社交媒體上貼文是敘述我們自己生活的一種方式，我們正在告訴自己我們的生活是什麼樣子。而當我們無法從一份好的、「充實的」工作和平衡的個人生活中找到應該獲得的滿足感時，說服自己的最佳辦法是**說給其他人聽**。

如果你看我的 Instagram，很容易推斷我把所有的時間都花在健行、與大自然和我的狗狗們溝通、慢跑或散步或越野滑雪上，同時每隔一週會安排去一個美麗的地方旅行。我的確和我的狗狗們在戶外花了大量的時間，而且我的確為了我的工作旅行去了許多地方。但是我張貼戶外的照片是試圖向自己和其他人證明我有大量的蒙大拿生活不是花費在電腦上面，而其他照片是為了說服自己和其他人不間斷的旅行並非一種感到孤單的苦差事，而是一種令人興奮的冒險。我真實的、活生生的生活真相就位在照片與我的嚮往之間的某個地方。但是我發現自己有時候與睡前焦慮戰鬥時，會習慣性地瀏覽自己帳戶的原因是：當我感覺不到與自己或我的生活有所連結時，Instagram 會提醒我，我曾決定要成為怎樣的人。

對於知識勞動者而言，精心策劃的 **Instagram**，就像是一篇熱門的推特一樣，可以成為通往工作或吸引贊助廠商的途徑。這個概念最純粹的例子就是網路紅人，他們的全部收入來源就是在網路上展現和傳達自我。大部分人的生活並沒有那麼可觀的獲利能力，但是這不代表他們沒有在耕耘一個品牌以朝更大的世界發展。讓我說得更清楚一點：我有朋友的品牌是「為人父母很困難但總是值得」。其他例子則像是「我的孩子是如此古怪」、「我是冷酷的爸爸」、「雜亂貼文過多之人」、「書即是生活」、「好好工作」、「烹飪冒險」、「大都會流浪者」、「我騎多種自行車」、「我愛瑜伽」、「我有朋友而且我們飲酒」以及「有創意之人」。

有力量的品牌需要持續維護與優化。我們對待我們的照片可能不會像Z世代一樣無情，他們通常只保存少數照片再一次性發布；但是我們大多數人會思考多久發布一次，什麼時候張貼「故事性」內容，什麼時候是張貼照片，怎樣的照片編輯是可以接受的，怎樣的編輯又會太明顯。然後還有永無止境的內容搜索，最明顯的證據莫過於人們會冒著生命危險在極端的地方拍攝照片；不過在大多數人的生活中，發布內容只是在實際經歷一件事與思考如何以品牌方式將那件事最完美地展現在 **Instagram** 上之間擺盪。我們張貼照片或文章，因此我們存在。

那就是 **Instagram** 如何進一步地模糊了工作和玩樂之間所殘留的界線。當每個鏡頭都是產生內容的一個機會時，沒有所謂的「下班時間」，因為智慧手機的便利，使得每個時刻都變得可以捕抓與品牌化。即使你在某個沒有手機服務的地方，像是國外旅行、樹林中、水裡，你仍舊可以拍照並保存起來供之後使用。Instagram 的照片壓縮系統意味著即使是最弱的網路訊號也能完成工作。然後你就等著看你的生活得到多少人的認可。

無論你是否以這種方式來設想 Instagram，作為一窺他人平衡生活的窗口，或是作為一個描繪自己生活的機會，即使只是普通用戶也會發現自己對於 Instagram 佔據了他們內心的一個角落而感到忿忿不平。打開應用程式並發現新事物，然後，如果你張貼關於自己的事情，就有機會看到每個喜歡你最新生活片段的人；每個觀看你故事的人；每個向你發送訊息，傳達出肯定態度的人。至少在你想到自從上次你打開 Instagram 以來，其實沒有什麼改變之前，這種感覺相當令人興奮不已。

這就解釋了社交媒體帶來的快樂和痛苦的孿生關係，以及我們受到它的吸引和實際使用後體驗到持續不滿足之間的強烈對比。Instagram 是如此輕易地分散了你的注意力，又如此有效地將自己偽裝成實際的休閒娛樂，以至於我們發現自己想做別的事情，像是沉浸在一本書中、和朋友聊天、散步、發呆時，仍舊深陷其中。

當我睡前有十五分鐘，而我感到非常疲累時，我知道使我自己放鬆的最好方式為讀一本書。但只是要做出放下手機的選擇就需要紀律。開啟 Instagram 很容易，即使它讓我感覺自己很糟糕，竟然寧願選擇手機，而不是書本。飛機降落時也是一樣的情景：為什麼我不能繼續閱讀我剛才一直在看的文字，或者讓雙眼休息一下，或是進行個快速的冥想，或只是觀察周圍擁擠的人群呢？相反地，我焦慮地等著網路訊號出現，如此一來我可以第一時間查看我社交媒體上所有的小改變和得到的肯定。

社交媒體就是這樣剝奪了可以抵消我們倦怠的時刻。當我們沉迷於實際經驗時，它使我們與其疏遠；它把我們變成了不必要的多工者。你將在下一章看到，它侵蝕了以往所謂的休閒時光。而且可能最嚴重的是，它破壞了團結的機會，即卡爾・紐波特（Cal Newport）根據雷蒙・凱思列治（Raymond Kethledge）和麥克・歐文（Michael Erwin）的定義，將其描述為「你的思想不受其他思想輸入的主觀狀態。」[4]換句話說，就是只與你自己體驗承諾與發現威脅的心智，以及全部的情感和想法交往。

問問自己：上一次你真正感到**無聊**是什麼時候？不是對社交媒體或一本書感到厭倦，而是真實的、廣泛的、乏味的，一種似乎無始無終的無聊，是我們童年時期特徵之一的那種無聊。對我來說，已經有好幾年了，至少和我擁有智慧型手機的時間一樣長，它具有無限令人分心的能力。

直到最近，我在東南亞的偏遠地區待了三個星期，在那邊旅行需要在蜿蜒曲折的道路上度過漫長的時間。那邊沒有網際網路，而且顛簸到無法閱讀。所以我聽音樂和盯著窗外，並且允許我的心智漫遊到已經好幾年沒有到過的地方：回憶、想像實驗、新點子。我童年時期的無聊回憶總是令人痛苦，那是一種我渴望逃離的感覺。但是現在，我發現自己迫切地渴望奔向它，但卻屢次因為手機的易接近性而受挫。

我希望自己永遠不要再想到Instagram，也不要為了假使拋棄它會失去什麼而感到深深憂傷。它是一種沒有報酬的兼職工作，也是我與因為變得太過忙碌而無法實際見面的朋友們的僅有聯繫。而且它已經和我的自我表現糾纏在一起，因此我害怕沒有它就沒有了自我。也許這種說法很誇張。但是重新認識我是誰，和其他人是誰的可能性令人生畏。我告訴自己，我已經精疲力竭了。我要去哪裡才能找到那種精力去執行一件那麼困難的事情呢？

***

直到二〇一六年的選舉前，一般來說要跟上新聞週期還是個可以達成的任務。瀏覽幾個網站、聽新聞，可能聽個政治的Podcast，然後你就能掌握個大概了。但是川普把新聞週期安裝了超光速推進系統。選舉期間和他當選的早期，我愈來愈開始感受到失去控制，那種失去控制的感覺似乎延伸到政府、社會、總統、民主和全世界的秩序狀態。每一次我試圖掌握周圍正在發生的事情，並且試著真正扎根於事實和情境中時，地基就開始移動。川普發了推特；某人說謊；川普發了推特；某人公布了重大的調查報告；川普發了一則帶種族歧視的推特；#MeToo活動發起；川普又發了另一則帶種族歧視的推特；內閣有人辭職。

BuzzFeed的長期政治編輯和作家凱瑟琳．米勒（Katherine Miller）在川普當選總統後的幾個月內就對這種感覺進行了最好的描述：「一切似乎都顯得如此正常，」她寫道，「接著你解鎖你的手機，然後——砰！又有事情再次引發軒然大波。你應該一定有過這種經驗。你早上起床或從午睡中甦醒，或是走出電影院時查看臉書、推特、你的簡訊，然後發現人們沒有上下文的想法、定格的情感，內容也許是對川普或川普支持者或反川普者或是媒體感到憤怒；對你還不清楚細節的虛偽感到憤怒或嘲諷；對某人的無能感到憤怒，或者人們只是做了某些更難懂的事情——它不是憤怒，只是一則迷因或一句引文或帶有『lol』或『二〇一七』或只是一個表情符號的截圖。謎團開始了：發生了什麼事？川普剛才做了什麼？」[5]

米勒的新聞週期的經驗與我的一樣：我們的通知中充滿著無情、不知疲倦的在線人，而且他們之中許多人會對著我們叫罵，或者因為我們是「媒體」的一員，所以對著我們叫罵。但是受新聞攻擊的不只記者們。戰後嬰兒潮世代會傳訊息給千禧世代的孩子們，以確定他們是否知道川普做了什麼事；各種看似善意的人們在 Instagram 和臉書上發布了真誠的反應和懇求眾人注意、拒絕變得自滿。

我感謝米勒使用「謎團」這個字去描述瘋狂地試圖趕上的經驗：它既抓住了當代新聞週期強迫性、連續化的一面，也詮釋了永遠無法真正收尾故事的不斷挫敗感。如同社交媒體，閱讀新聞，伴隨著所有新鮮事，可以活化我們大腦中的多巴胺機器。在《引人入勝》(*Riveted*)一書中，認知科學家吉姆．戴維斯(Jim Davies)解釋多巴胺使「一切看來重大」。總統辦公室的人事變動、關於伊凡卡晚餐預約的八卦、一個重大政策的逆轉、由總統轉發的新迷因，所有的一切都讓人感到同等重要，是**一定要**瞭解的大事。

而且雖然其中一些報導真的很重要，但是在網路上讀到它們，無論是經由播送通知或推特或其他朋友的簡訊，都讓人不禁懷疑起它們的重要性。一項重大政策的逆轉遠比瞭解伊凡卡晚餐預約的八卦重要，但是當兩者皆同樣被急迫且狂熱地報導時，誰知道大家會怎麼想呢？我們愈來愈難以分析該把自己最專注的注意力分配到哪個地方。這就解釋了為什麼過去三年間，我至少有五十次在我的推特動態上觀看了一則「被揭露的」即時重大消息後會不知道該如何反應。我會詢問一名政治記者：「這真的很重要嗎？」通常得到的答案是「有可能——但是最可能的是不重要。」

當然部分問題在於前幾任總統任內會成為大事的事件並沒有發生在川普當政時。對可能出現的醜聞進行消音有多重原因，大部分政治右派拒絕被公開醜化，不論是道德上、經濟上、行為上或其他方面，但是川普透過他的行為，也是他自己的能力，經由新的偽造的或古怪的或種族主義的言論去重新引導了新聞週期。假使你是一位川普的支持者，這種動態會是反向的，川普做了某件事應該被慶祝但是卻沒有；當慶祝活動未能到來時，他就會立刻重新引導到另一個值得慶祝的點上。

實際上，川普引導的新聞週期具備所有恐怖電影情節的要素。敘事線索不斷是死胡同；失敗或是完全沒有的畫龍點睛之處；角色沒有發展的地方而且他們的行為沒有後果。根本不可能分辨出哪個劇情點需要記住，而哪個點根本沒有意義。此外，最糟糕的是，從來沒有任何結尾或情感宣洩作用。每週都有不同的懸念式結尾，就像是一齣糟糕的肥皂劇一樣，但是你永遠搞不清楚到底發生了什麼事、到底會發生什麼事，還有誰會承擔責任。

把新聞比做電影，並不代表它不重要。川普的行為正如任何其他的政治人物，會對這個世界造成非常真實的後果；多篇有聲望的研究已經強調了在他執政的時期，反猶太暴力、霸凌、仇外心理及白人至上主義皆有所升高。人們爭論著是否可以將他的推特視為帶有種族主義的證明，但實際上有數百萬人正因為川普對種族主義的主張、宣傳和正常化而遭受傷害。在這個政府的管理下，跨性別者、移民、沒有合法文件的人或是非親生父母的酷兒或猶太人，或是原住民，甚至只是身為一名女性都生活在普遍的焦慮之中。部分原因是源自生活在你所愛的人會被帶走的恐懼之中，或者說感受到得來不易的權利正在受到侵蝕的那種壓倒性的感覺。又或者是你慢慢地發現，自己正生活在一個衰退國家中。即使你認為其他人不應該有這樣子的感受，也無法改變他們有這種感覺的事實。

每個人都擁有不同的方式去調節焦慮、恐懼和悲傷。但是幾個世紀以來，最普遍的作法是把它轉變成合乎道德且易懂的故事。那就是十八、十九世紀在社會緊張的氣氛下通俗劇（melodrama）所扮演的角色；那就是二十世紀時，電影的通俗劇（film melodrama）與抗議音樂（protest music）的功能。新聞長期來一直發揮著這種社會功能，但是它從來沒有像現在這樣，提供無所不在的戲劇效果。

有時候，我們會在黨派性極強的網站上，或是透過關注黨派性極強的人物來發現這些故事。有時候是在一本正經的《紐約時報》的詳細報導中發現；有時候則是在 ProPublica 豐富的調查報導或是《浮華世界》雜誌的宮廷陰謀中發現。政治人物檔案現在變成新的名人檔案；名人八卦擴展到包括從凱莉安．康威（Kellyanne Conway）到亞歷山卓．歐嘉修－寇帝茲（Alexandria Ocasio-Cortez）等每個人的愛情生活、小瑕疵與最佳推特。我們不是因為好奇才閱讀這種資訊；我們之所以閱讀它是因為我們絕望地、持續地感到困惑，而每一次的點擊似乎都承諾著接近了某件有意義的消息。雖然川普是刺激因子，但是我們崩壞的媒體週期在他離開白宮後能夠自我修復的機會其實很渺茫。

相同的原則也適用於總統政治的領域之外，適用於圍繞在我們周遭的悲劇與顯然無能為力之間的鴻溝。槍枝暴力、破產的醫療照護、難民危機、全球氣候變遷、警察暴行、在邊境被政府拘留的兒童、心理健康危機、鴉片類藥物危機、對跨性別和原住民女性的暴力，你可以選擇用無知、漠不關心或妄想的自我美化來應對。消費新聞會讓你感覺自己正在做些什麼，即使你只是在見證事情的發生。

當然，見證需要付出代價，其是當新聞被建構為比起教育目的更強調在激發情緒。此外，如同布瑞德．史圖爾堡（Brad Stulberg）在一篇關於打破數位成癮的文章中所提到的，它可以提供參與其中的假象：「與其擔心生病，你可以運動，」他指出。「與其對政治情況感到絕望和在臉書上發表評論，你可以聯絡你的民選官員；與其對身處於不幸的人們感到抱歉，你可以當志工。」[6]

這些建議都是實際的。但是那些是給還沒有為生活中的其他事物忙得精疲力盡的人，以及給擁有必要的資源去過積極主動生活的人的選項，而不是我們這麼多已經安於被動、權宜之計的人們的選項。當你正處於倦怠之中，有時候你感覺自己身為一個擁有開闊心胸的負責任公民，能做的最好事情就是跟上新聞的腳步。但是，新聞所帶來的沉重、無法逃避的重擔卻讓你更焦頭爛額，這個世界變成了另一個工作。

對許多人來說，承認獲得愈多資訊，如愈多朋友、愈多照片或愈多工作倫理並不值得，其實是件難事，這意味著你可以因為自己的善意而搞垮自己。《連線》雜誌的記者尼克．斯托克頓（Nick Stockton）在一篇名為「新錯失恐懼症」的文章中承認我們所有人都知道的事情：查看臉書、閱讀新聞、無時無刻掛在網路上，其實讓我們感覺糟透了。有研究明確證實了這一點。很多聰明的人都說我們應該致力於**遠離社群媒體**。

但是如同斯托克頓所寫的：「我不想休息。網路做了它應該要做的事情：無時無刻給予我所有資訊。而我想把那條資訊水管對準我的臉，盡可能地豪飲。我只是不想因為這樣而感覺糟糕。」[7]從倦怠中恢復不代表要把自己從世界中抽離，只是代表著要更積極、更仔細地去思考關於你說服自己與它互動的方式是最佳方式的這件事。

＊＊＊

我進入 BuzzFeed 工作的那年，Slack 出現了。我們已經擁有了一個群組的聊天系統，但是 Slack 不一樣：它承諾了一項革命。它的目標是透過將職場溝通轉換成直接訊息和群組討論管道來「扼殺電子郵件」。它承諾如此一來合作會更容易（確實）且電子信箱較不會塞爆（可能）。而且最重要的是，它是擁有高度發展性的行動應用程式。如同電子郵件一般，Slack 允許工作蔓延到生活的裂縫中，直到再也擠不進去為止。它用一種比起電子郵件更有效率、更即時的方式把整間辦公室搬入你的手機中，也就是說辦公室現在可以在你的床上、當你的飛機落地時、當你走在街上，當你在超市排隊，或是當你半裸躺在診療床上等著你的醫生來到時。

雖然說，工作早就已經跟隨人們回家了。醫生們下班後會回顧他們的聽寫筆記（dictation），或是病人的病歷，而你隨時可以用家裡 Apple IIe 電腦迅速刪除一些備忘錄。但是那些過程皆非「直播」：無論你自己完成什麼工作，其他人都不會知道，也不用強迫他人做出回應，直到隔天的工作日。工作狂可以說是個人的問題。

但是隨著電子郵件的蔓延，先是桌上型電腦，接著是可以連接Wi-Fi的筆記型電腦，然後是黑莓機，現在則是各式各樣的智慧型手機、智慧型手錶和「智慧型裝置」，包括你的運動腳踏車——所有的一切都改變了。它不僅加速了溝通；它還標準化了一種新的、更容易讓人上癮的溝通形式，伴隨著一種隨意的態度，也因而掩飾了它的破壞力。舉例來說，當你在週日午後「發出幾封電子郵件」，你可能會說服自己你只是在為未來一週的事情先做準備，這可能是你真實的感受。但是其實你真正在做的是讓工作接近你所在的**任何地方**。而且一旦你允許它進入，它就會在未經你的允許下蔓延開來，接近你的餐桌、沙發、孩子的足球賽、超市、車內以及家庭假期。

數位休閒場所愈來愈多會兼做數位勞動場所。如果你幫忙運作公司的社群媒體，每一次只要你登入臉書或推特或Instagram，你都會面臨來自工作帳號的轟炸。如果某人寄送電子郵件給你，而你沒有立即回應，他們會直接透過你的社群媒體帳號聯絡你，即使你有設定自動回覆說明你現在沒空。愈來愈少僱主會提供工作專用的電話（無論是桌上型或手機）；打電話和傳簡訊到你的「工作手機」（從其他公司、客戶、僱主那裡）其實就是打電話和傳簡訊到你的手機。「當年，即時通訊服務（AIM）是個好東西，」一位矽谷的總裁說道。「你離開時有一則訊息。你真的可以遠離你的設備。現在你無法，人們認為你隨時都一定在線上。」[8]

它是電子郵件，但又不只如此。它是Google文件，以及你在準備孩子早餐時，同時切到靜音聆聽的視訊會議；它還是你可以從家中登入的數據庫，以及你的經理在週六晚上傳來帶著「明日進度」的簡訊。其中一些發展被譽為節省時間的日程優化程式：會議更少、視訊會議更多！僵化的工時更少、更多彈性！你可以在家開始週一的工作，因此可以在小木屋多待上一天，甚至可以提前下班去接孩子放學，之後再將工作收尾。但是所有這種數位化所賦予的彈性其實真正意味著數位化賦予了更多的工作，伴隨更少的界限。其中Slack，如同工作電子郵件般，讓人感覺職場溝通好像很隨意，雖然參與者將其內化為強制性的溝通方式。

的確，目前只有一部分的職場使用Slack。截至二〇一九年四月，約有九萬五千家公司付費使用它的服務。[9]但是許多其他的職場使用類似的程式，或是很快將會使用；有鑑於遠距工作的有增無減，它的影響讓人感覺無可避免。Slack出現以前也有遠距工作者，但是不像電子郵件或電話或Gchat，Slack可用數位化的方式重新打造出工作場所，重現所謂的禮節、參與度和「現在主義」（presentism）的標準。它意圖使工作更容易或至少更流暢，但是正如許多的工作優化策略一樣，它只是讓那些使用它的人工作變得更多而且更焦慮。

因此Slack變成一種你的工作的實境動作角色扮演（LARP，Live Action Role Play）。「正在LARP你的工作」這句話是由科技作家約翰．赫爾曼（John Herrman）所創造，他早在二〇一五年就預測了Slack會以何種方式來操縱我們的工作概念：「Slack是人們開玩笑和報到出席的地方；它是討論故事、編輯和行政管理的地方，眾人在上面自圓其說與完成的實際目標幾乎一樣多。在一個活躍的Slack中工作……是生產力的惡夢，特別是如果你不討厭你的同事們。任何提出其他意見的人不是有道理就是妄想。」[10]

隨著愈來愈多工作變成遠距，我們許多人都在思考：當我們穿著寬鬆運動長褲坐在沙發上時，我們該如何表現出「在辦公室內」的樣子？我的做法是上傳文章連結（證明我正在閱讀）、評論其他人的連結（證明我正在看Slack），還有參與對話（證明我參與其中）。我非常努力地製造證據以證實我持續有在工作，而不是真真實實的在工作。

我的編輯會說沒有必要非得表現出有在Slack上面的樣子。但是如果我完全不使用Slack，他們會怎麼想呢？從事「知識工作」的人們其產品往往是無形的，就像是紙上的想法一樣，經常會苦惱不知如何展現出我們花在電腦前的時間。而對於我們這些在二〇〇八年後經濟衰退期間曾工作、求職或被解僱的人來說，這種強迫性又更強。我們急切地想證明自己值得一份帶薪的工作；急切地想證明自己願意付出多少勞力和投入來換取全職工作與醫療保險。那就是我的寫照，尤其是在文化寫作這樣的領域，全職的工作機會依然很少。

這種心態可能是種妄想。沒錯，當然，管理者的確會思考我們的生產力有多少，但是只有最糟糕的管理者才會在 Slack 上統計你名字旁邊顯示「在線」的綠色圓點出現了幾個鐘頭。而我們大部分的同事都太擔心 LARP 自己的工作，根本沒空顧慮你 LARP 你的工作多久的時間。

換句話說，對我們大部分人而言，我們都在**表演**。為了向自己證明我們值得這份工作；為了向自己證明網路寫作是值得穩定薪資的職業。實際上，這是我們對自己工作普遍低估的表現：我們之中許多人仍然在職場中摸索，好像獲得工資去產生知識意味著我們是僥倖成功，因此必須盡一切可能確保沒有人意識到他們犯了一個大錯誤。

當然，有無數的文化和社會力量導致了我們的懷疑。每當有人取笑千禧世代的大學或研究所學位，或是詆毀一份我們已經投注熱情下去的工作時；每當有人對一個不符合他們個人對辛勤工作認知的工作描述（像是社群媒體管理者）感到困惑，並選擇嘲笑它時，所有那些訊息最終會匯聚在一起，不斷地告訴我們，我們的工作不是太容易就是無意義。也難怪我們要花費如此多的時間來試圖傳達我們是多麼努力地在工作。

＊＊＊

在寫這本書的中途，我前往了樹林一趟。我事先買了一個太陽能板裝置，為我的筆記型電腦供電。然後我在天鵝谷的一個湖中營地待了一週，那裡沒有網路也沒有手機訊號，除了一塊非常小的角落，而且只能夠以緩慢無比的速度發送一條簡訊。除此之外，就只有我、我的草稿、我的書，以及充實而漫長的時間。

我每天都過得差不多：起床、遛狗一小時、工作幾個鐘頭、慢跑、邊吃午餐邊讀小說、再遛一次狗、工作幾個小時、編輯我當天寫的內容，同時飲用一罐啤酒、帶狗游泳、做日光浴、閱讀小說然後就寢。我這樣過了六天；我寫了超過兩萬字。

我實際寫作的時間並不會很多，一天可能大約六到七個鐘頭。不同之處在於那些時間我真的是用來寫作。當我無法專心時，我會摸摸我的狗。或者我會拿起手機瀏覽我替我的狗拍的照片，但是我不會用手機做任何其他的事情，因為無事可做。又或者我只是允許自己發呆。接著我會回到正在撰寫的內容上，而我的注意力與方向都奇蹟似地完好無缺。

我原本應該為自己的進度感到高興，但是我卻被矛盾的情緒所困擾。如果我在樹林以外的世界也可以有這種工作狀態的話，我就能產出更多作品，而且至少從理論上來講，工作的時間會少非常多。

當然，我之所以能有那樣的寫作強度是因為基本上我沒有責任。我不用照顧孩子；我不需要跟人閒聊；我不需要幫人準備午餐；我不需要通勤或洗衣服或打掃，也不用保存每天從我的帳篷中挖掘出來的松針；我不必洗澡或擔心外表。我的工作電子郵件會自動回覆我目前不在辦公室；我每晚都能夠有九小時的睡眠，而且有時間運動；有錢購買使我感覺飽足與良好的食物。我真正唯一必須擔憂的事情是我的太陽能板是否有曝曬到陽光。我的生活和生產力，與一名生活在十九世紀獨立富有的白人男性作家沒什麼兩樣。

追根究柢，那種生產力與沒有網路關係不大，而與我工作的中心更有關係。我的工作現在不用持續與會分散我注意力的事物競爭，也不用與其他我必須做的事情競爭。數位科技允許工作蔓延到我們生活的其他層面，但是它們也允許我們非工作的生活擴散到了工作中。當我試圖寫完前三段時，我一邊繳了信用卡帳單、看了一篇突發新聞事件，並且搞懂了如何將我新養的小狗的晶片註冊轉移成我的名字。每件事——尤其是在寫此部分時——所花費的時間都遠遠超過預計的時間。而這一切都讓人感覺不是很好、不是很充實也沒有宣洩的作用。

但是這就是千禧世代受網路支配的生活現實。我必須當個瘋狂的高生產力作家，同時在 Slack 上要表現風趣，在推特上張貼好的連結，維持家中乾淨，烹煮來自 Pinterest 的有趣新食譜，使用 MapMyRun 追蹤我的運動成果，還要傳簡訊關心我的朋友他們成長中的孩子狀況，也要關照我自己的母親和種在後院的蕃茄，還要享受蒙大拿州的風光，在 Instagram 上發布自己喜愛蒙大拿州的生活，然後洗個澡穿上可愛的衣服，接著與我的同事進行三十分鐘的視訊，還有……還有……還有……。

網路並不是導致我們倦怠的根源。但是其「讓我們的生活更輕鬆」的承諾已經徹底破碎了，而且它必須為了提供似乎「能做所有事情」的錯覺負起責任。當我們無法做到這樣時，我們不會責怪毀壞這一切的工具；我們會責備**自己**。在內心深處，千禧世代明白加劇倦怠的主要因素其實不是電子郵件或 Instagram，更不是源源不斷的新聞通知，而是持續無法達到我們為自己設定的那些不可能的期望。

8 週末是什麼？

耶誕節和新年之間有六天的時間。而我已經開始討厭其中的每一天。以前不是這樣的。小時候，我很享受這種感覺當之無愧、迫切需要的學校假期，充滿了耶誕節的餘韻，能夠玩雪橇、越野滑雪及在床上看好幾個鐘頭的書。即使是在大學期間，我也會在假期期間回家，即使我筋疲力盡且通常都是在快要生病的邊緣，但卻沉浸在一種學期結束的暢快感中。沒有課程進度要追趕；沒有需要開始整理的長篇報告。有時候我會去當保姆賺外快，或者我媽媽會指派我去做裡裡外外的家務。漫長的「休假」足以使我最終對它感到厭倦，並渴望重返學校和隨之而來的日程計畫。

就讀研究所和當教授的時候，我開始明白我的時間像所有被正式貼上「休息」標籤的時間一樣，實際上只是用來工作。但是當我開始為BuzzFeed撰寫文章時，日子變成了一種奇怪的閾限空間（liminal space）。辦公室裡大約有一半的人在放假，但剩下那一半的人似乎並沒有多做什麼工作？面對普遍的低工作期望，我不知道自己該怎麼辦。我覺得緊張、焦躁不安，我無法允許自己減少工作，甚至完全不工作。

但讓感到我焦慮的不僅僅是死寂週（Dead Week）。對於已經內化倦怠心態的千禧世代來說，工作總是越多越好，而且所有的時間都可以且應該用來優化自己或自己的表現，「休閒」時光往往充滿了煩惱，很少能讓人充分休息。這還是如果我們一開始就擁有它的情況。休閒的總時數是大家公認的難以追蹤，因為它們取決於自我評估，而且一些（男性）社會學家歷來認為「照顧孩子」是一種休閒的形式。在二〇一八年，一個二十五歲至三十四歲的成年人調查報告顯示他們平均每天有四．二小時的休閒時間，其中有兩個小時是用來看電視。一天僅僅只有二十．四分鐘用於「思考或放鬆」。[1]

如果當你回顧自己的生活，並發現這些數字聽起來還是有點高時，你並不孤單。這些報告是基於美國時間利用記錄（American Time Use Diaries），其要求參與者忠實地將每天的事件進行分類，但休閒的總時間最終遠不如其品質重要。發簡訊給媽媽是「休閒」嗎？去健身房在橢圓滑步機上投入三十五分鐘是「休閒」嗎？無意識地在 Instagram 上滑動網頁、或試圖在床上閱讀最新的政治新聞、或在公園監督你的孩子是「休閒」嗎？

我們的一部分問題是，我們做更多的工作；但是另一部分的問題是，在我們不從事技術工作的時間裡，從來沒有感覺自己正在擺脫優化，無論是身體、心理，還是個人的社會地位。休閒（leisure）一詞來自拉丁文的 licere，可被翻譯為「被允許」或「自由」。那麼，休閒就是你被允許做你想做的事情的時間，不必為了是否產生價值而感到內疚。但當所有的時間理論上都可以轉換為更多的工作時，你不工作的時間就像是機會的損失，或者只是悲慘的失敗。

「我是我認識的人之中最沒有空閒時間的人，」卡洛琳，一名三十多歲的白人作家和 podcaster 告訴我。她的首次工作經歷（在後經濟衰退時期中）加上身處自由職業者的市場中（在這裡面你總是可以做更多）使她成為這樣的人。「我從來沒有過無法從中賺錢的愛好，不管我是有意還是無意。」她告訴我。她發現自己旅行只是表面上的「度假」，實際上是一次又一次地回到她的工作中。

對卡洛琳而言，每一項任務都要讓人感覺到它明顯在推動她的生活前進。出門辦事是可以的，因為這是組織她的家和生活的一部分「工作」；在推特和 Instagram 上發文也是如此，因為這有助於她的整體品牌發展，從而維持了她的工作。「我甚至不認為我是因為經濟上的動機才變成這樣，我會如此是因為擔心我沒有工具或天賦來支撐我的餘生，」她解釋。「醫生可以永遠是醫生，律師可以永遠是律師，但是我不知道十五、三十、五十年後我賴以維生的創意階級會變成什麼樣子。」

每一個機會、每一次出書、每一次的Podcast都可能是最後一次。「問題是，我在這種忙碌中獲得很多成功，」她說。「而且知道這種心理狀態可以取得很大的回報，進一步強化了這種行為。」她閱讀到關於培養休息、什麼都不做的行為，並認為這對其他人來說也很好。但如果她試圖放鬆一下、閒逛、在游泳池畔看書，就會對她的心理健康產生嚴重影響。卡洛琳擔心自己這樣工作了這麼久，她的心態已經破壞到無法修復的地步了。

＊＊＊

當千禧世代向我講述他們與休閒的關係時，我反覆聽到這樣一個詞：它是破碎的。從歷史角度來看，休閒是「做自己想做的事」的時間，也就是一天中不用於工作或休息的八個小時。人們培養自己的愛好，從漫無目的地散步到建造飛機模型都算在內。重要的是，這樣做不是為了讓自己成為更理想的對象，不是為了宣示自己的社會地位，也不是為了順便賺點外快。而是為了**快樂**。這也是為什麼刻版印象中最自我的千禧世代，卻忘記了單純為了個人樂趣而做事情是什麼樣子的事實顯得如此諷刺。

我們的休閒很少讓人感覺到恢復精力、或自我引導，甚至是有樂趣。和朋友出去玩？疲於協調。約會嗎？網上的苦差事。晚餐聚會？有太多工作了。我不清楚我把週六上午的時間用在長跑上，是因為我喜歡長跑，還是因為這是一種富有成效的身體訓練方式。我閱讀小說是因為我喜歡閱讀小說，還是喜歡說我讀過小說了？這些現象並不新穎，但它們有助於解釋千禧世代倦怠的普遍存在。當你的「休息時間」感覺就像工作時，你就很難從勞動的日子中恢復過來。

兩百年前，正式的休閒起源於貴族。你上大學不是因為你的履歷上需要一個好學位，而是因為你想加入神職人員的行列，或者單純喜歡讀書，而你其他時候還能做些什麼呢？也許去散步、拜訪朋友、或者學一門樂器、或者打牌、或者刺繡。但是這些事情都不是為了賺錢而做的。你擁有足夠的錢，每個人都知道，因為你將自己的全部精力都花在休閒上。

大多數的非貴族只有最短暫的休閒時間：參加宗教儀式、節日和收穫慶祝活動。不論是在農場或是在廚房，工作的節奏就是生活的節奏。直到第一次工業革命以及工人大規模進入城市和工廠之後，第一批勞動改革者才呼籲建立一週五個工作日的慣例。休閒在許多重要方面被「民主化」，尤其是對於那些城市中的人們，他們湧向了一堆突然冒出為他們服務的所謂廉價娛樂（遊樂園、電影院、舞廳）。

一九二六年，機械化和自動化程度的提高（以及由此帶來的生產力提高）意味著亨利・福特（Henry Ford）可以宣布每週工作五天。一九三〇年，英國經濟學家約翰・梅納德・凱因斯（John Maynard Keynes）預測，他的孫子們每週只需工作十五個小時。改革者們認為如果各階級都有充裕的閒暇時間，社會將會蓬勃發展，民主參與度將會提高，社會凝聚力、家庭聯繫、慈善事業和志願工作也會提升。人們將有時間和空間來參與思想討論和尋求新的思想；在朋友和家庭中享受快樂；嘗試新的技能，僅僅因為它們能讓我們快樂。這些東西曾經在一段時間內是富人，或者至少是有錢人的特權。但是，從理論上講，不久之後所有人都可以獲得。

如今，這種願景聽起來是一個烏托邦，或者至少是一種幻想。在《空閒時間：被遺忘的美國夢》（*Free Time: The Forgotten American Dream*）一書中，班傑明・亨尼庫特（Benjamin Hunnicutt）指出，隨著生產力的不斷提高，工會開始成功地宣導減少工作時間，公共和私人社會開始大規模擴展休閒基礎設施。他們建造了營地和度假勝地；他們創辦了社區體育聯盟，並積極投入「充滿活力的公園和娛樂運動」，包括開發了我們今天所享受的數千個公共公園空間。這些空間的建設並不是為了讓我們可以坐在裡面，一邊低頭吃著 Pret-A-Manger 的三明治，一邊用手機回覆電子郵件，而是期望給大眾提供閒暇活動的場所。

但是，在通往每週工作十五小時的道路上發生了一些奇怪的事情。起初，隨著生產力的提高，預期的工作時間確實減少了。但是從一九七〇年代開始，它們又再度上升。部分原因是典型的美國資本主義。如果你能在更短的時間內做出一百個器件，並不代表每個人都應該減少工作。相反地，他們應該工作同樣的時數以做出更多的器件。不過其中一部分原因，也與使用不同類型的器件去從事不同類型的工作（知識型工作）的興起有關。

知識型工作者有「成果」和「產品」，但是與工廠的產品不同，它們很難衡量。因此，這些受雇者的工資是按整年而非小時計算。在大壓縮時期，大多數受薪工作者仍然每週工作四十小時，但沒有上班或下班需打卡的硬性規定，而且，根據你的合約，公司會合法支付加班費。你可以假設，大多數受薪工作者每週工時永遠不會超過四十小時，甚至可能直接濫用這四十小時中的一部分。而且，至少在二十世紀的部分時間裡，情況真的是如此：想想那些傳說中的酩酊午餐、廣告狂人（Mad Men）風格的辦公室酒類推車以及沙發小憩。畢竟，這些受薪工作者中絕大多數都是男性，而且都有秘書來做他們最基本的工作內容以外的一切雜事。

直到一九七〇年代，無論是在工廠還是在辦公室，中產階級男性在工作之餘仍然可以享受幾個小時的閒暇時間。但隨著經濟開始不景氣，花在工作上的時間也不斷增加。隨著整個業務部門的大規模精簡和裁員，每位工作者都必須向其主管還有被派來識別冗餘和低效率的企業顧問證明自己的價值。而要表明你比坐在你旁邊的人更努力工作、對公司更重要的最簡單的方法就是延長工作時間。與此同時，計時工的報酬也無法再跟上通貨膨脹的速度，許多計時員工吵著要加班費（或第二份工作），以求能和從前一樣支付家庭支出。

公司降低支出最簡單的方法之一就是大幅刪減福利。但刪減福利會影響公司的士氣。因此，公司只好僱用更少的人從而減少福利的支出，然後期望員工做更多的工作。[2]即使實際生產力年復一年地持續提高，公司仍繼續減少有薪假。這種態度在今天聽來應該是很熟悉，在就業市場緊縮的情況下，工作者們除了同意增加的工作時間和要求外，別無選擇。

茱麗葉・B・肖爾（Juliet B. Schor）在其指標性著作《過勞的美國人》（*The Overworked American*）中，發現了在一九九〇年該書出版的當時，一種幾乎令人感到憤慨的情況。自一九七〇年以來，美國人的工作量逐年穩步增長，而平均休閒時間卻急劇減少：降到每週僅有十六・五小時。[3]肖爾並不是第一個敲響警鐘的人：一九八八年，《紐約時報》試圖解釋「為什麼所有的人都覺得他們從來就沒有任何時間」；《時代》雜誌在隔年發表了一篇封面故事，宣稱「美國人已經沒有時間了」。大約在這時期，**工作狂**成為一種廣泛的文化焦慮，這並非巧合，十多年來被視為辛勤工作的狀態突然間因為它的不尋常而獲得賞識。

但就是這種不尋常撫養我們長大，千禧世代在父母身上觀察到這種情況，雖然它不被稱作工作狂，而我們也在整個求學的過程中將這種態度內化。當然，沒有人喜歡總是在工作。但這似乎沒有使它有減少的必要。如今，最先在戰後嬰兒潮世代被診斷出的工作狂已經變成一種司空見慣的現象，我們甚至不再認為這是一種病態。無論你每週的受薪工作工時為六十小時，還是在沃爾瑪工作三十七小時外加開優步十三小時皆是如此。

還有無數其他的方式讓工作盡可能地滲入我們的休閒時間中。當今的工作危機似乎總是需要立即予以關注，即使你可以等到隔天早上再來處理，危機本身或其所帶來的影響也不會有所改變。工作的持續全球化意味著你可能在柏林的下午三點，或是在波特蘭的早上六點需要參加視訊會議。一位經理在白天忙得焦頭爛額，無法回覆完她的電子郵件，於是晚上十點在床上繼續處理。她的回覆迫使她所管理的每個人都覺得他們也必須在晚上十點十五分的時候回覆。

有些辦公室文化要求自我犧牲的假性出席，最後一個離開辦公室的人就是「贏家」。但對於我所認識的大多數千禧世代來說，唯一「強迫」他們長時間工作的人就是他們自己。不是因為我們是被虐狂，而是因為我們已經內化了要在工作中保持傑出的唯一辦法就是一直工作這樣的想法。這種態度的問題在於，一直工作並不代表一直在生產，但它還是創造出一種自我滿足的虛構「生產力」。

這種對生產力的無休止驅動力並非是自然的人類力量，而且至少就目前的形式看來，這是一種相對較新的現象。在《適得其反：知識經濟中的時間管理》（*Counterproductive: Time*

Management in the Knowledge Economy）一書中，英特爾工程師梅莉莎・格雷格（Melissa Gregg）研究了「生產力」熱潮的歷史，她將這股熱潮追溯到一九七〇年代，隨後在一九九〇年代和現今出現了高峰。格雷格將每一波生產力管理指南、自助書籍以及當今的應用程式與因人力精簡以及人們認為需要證明自己比同儕更有生產力（因而在理論上來說更具價值）而感到焦慮的時期相連結。在當前經濟不穩定的大環境下，創造和維持秩序感的唯一方法，就是堅守生產力的準則，不管是透過將你的電子郵件收信箱清除為零，還是完全忽略它。

各種有利可圖的業務開始出現，以促進最高的生產力，服務了那些急切地想把更多的工作塞進自己的一天，以及那些工作量大到讓他們覺得自己快被最基本的成人職責所淹死的人們。正如安娜・維納（Anna Wiener）在《恐怖矽谷：回憶錄》中明確指出的那樣，過去十年矽谷的許多創新都旨在與「富裕和過度擴張的人」對話，直接透過我們的Instagram帳戶銷售從牙刷到維生素等各種產品。「在美國的任何一個夜晚，筋疲力盡的父母和每年皆許下希望擁有好廚藝這種新年願望的人，都在拆開由備餐新創公司運來一模一樣的紙箱，處理一堆一模一樣的塑膠包裝，然後坐下來吃一模一樣的菜餚，」她寫道。「同質性是消除決策疲勞的一個小代價。它解放了我們的思想，讓我們去追求其他事業，比如工作。」[4]

這種對生產力的慾望造成的結果之一是產生一種新的勞動階級制度。在頂層，有高生產力的受薪知識工作者。在下層，則是執行「平凡乏味」的任務使頂層那種生產力成為可能的工作者：保姆、TaskRabbits、優食外送員、居家清潔人員、個人事務助理、Trunk Club造型師、Blue Apron包裝者、亞馬遜倉庫工人和司機、FreshDirect購物者。富人一直都有僕役。然而，不同的是，那些僕役是為了讓他們不必工作，而不是讓他們可以做更多的工作。不過，促進這些提高生產力任務的人們幾乎都是獨立合約員工、工資低、沒有什麼工作保障，受到不當對待時也沒有求助辦法。許多人受自己一套不切實際的生產力標準所驅使，但他們為了達到這些標準而埋頭苦幹並沒有讓他們獲得數十萬美元的報酬，反而只是勉強賺取到了最低工資。

在現代職場中，似乎從管理者到工作者本身，每位受薪階級都急於證明自己的價值，以至於我們忽略了實際上可以透過減少工作時間來實現更好工作結果的大量證據。紐西蘭一家非常保守的信託公司負責人讀到一項研究，該研究發現每週工作標準四十小時的辦公室員工，其實每天有生產力的時間只有一．五到二．五小時。[5] 因此，他決定嘗試革命性的試驗：建立一個每週工作四天的制度，只要每個員工在這80%的時間內繼續達到以前的生產力目標，就可以得到跟之前相同的報酬。在為期兩個月的試驗結束時，他們發現生產力提高了20%，而「工作與生活平衡」的滿意度得分則從54%上升到78%。二〇一九年，日本微軟公司進行了類似的試驗，結果發現生產力提高了40％。[6]休息不僅可以使工作者更加快樂，而且可以使他們在工作時更有效率。[7]

不過，承認這一點就意味著要面對美國在工作上僵化的意識形態：工作越多是好事，工作越少是壞事，不管有多少證據表明並非如此。這就是為什麼選擇退出工作，至少在我們目前的情況下，似乎是不可能的任務。今年早些時候，一位在一家新創公司做律師的朋友，好不容易休了一個週末的假。她告訴他們，如果有緊急情況，可以用手機聯繫她。幾個小時後，手機響了：雖然不是什麼緊急情況，但是她的老闆需要她的幫助。同樣的情況也適用於所有的勞動人口：空姐、服務員、清潔工即使是在他們的休假日都可以被召喚，而且被迫回來工作。我們每個人都以各自的方式成為不可或缺的人。

這就是為什麼我的朋友接到那個電話的原因，她是唯一可以回答老闆問題的人。但這也是為什麼人們會因為請假而感到內疚的原因，有人必須去做他們的工作，所以不是他們回來上班時淹沒在積累的工作量中，就是他們的同事不滿於必須延長工作時間來完成他們的工作。在我們目前的環境下，任何試圖在工作和閒暇之間畫出清晰的界線，或者處理自己的倦怠，都意味著在別人身上製造倦怠。唯一的解決方案，似乎也是最沒有用的解決方案，就是繼續做更多的工作。

我們沒有按照自己的身體節奏來進行日常工作，而是為了能隨時工作而轉彎、鈍化或以其他方式忽略身體的需求。理論家強納森．克拉里（Jonathan Crary）將這種工作滲入定位為「全年無休」心態的一部分，在這種心態下「一個人的個人和社會身分已經被重新組織，以符合市場、資訊網絡和其他系統的不間斷運作。」我們之中的一些人是因為工作必要，所以做著這些讓人身心俱疲的工時，而其他人這樣工作單純只是因為我們可以。

當然，在工業革命之前，許多人的工作如農民，醫生或奶媽原本就定期需要工作至深夜，即使遇到宗教節日也一樣。直到第二次工業革命以及工廠晝夜不停運轉的需求，使得每一小時都成了可以工作的時間。但是，即使在日班、中班和夜班成為全美工廠生活的常態時，禁止大多數類型的企業在週日運作的「藍色法律（blue laws）」也幫助保留了至少一天的休息時間。

這些法律中許多專門適用於酒類的銷售，這是基督教道德化力量的延伸，藉此保護安息日不受某些墮落的命運所影響。這就是為什麼這些法律會受到質疑的部分原因，為什麼那些非宗教人士必須遵守宗教日呢？但法院已經反覆提起星期天無工作的非宗教利益。「任何國家中的哲學家、道德說教者和政治家，在任何問題上，都沒有擁有像定期停止勞動的必要性這樣一致的意見。」加州首席大法官史蒂芬．強納森．菲爾德（Stephen Johnson Field）在一八五八年寫道。「七天中有一天休息是規則，它建立在經驗基礎上，並得到科學的支持。」[8]

如今，哲學家、道德說教者和政治家仍然同意這種休息制度很好，但其必要性卻一再地被抵制。堅持存在到今日的藍色法律通常被認為是一件煩人的事。除了那些最虔誠的人所擁有的企業外，大多數中大型企業在週日仍然營業。茱蒂絲．史秋拉維茲（Judith Shulevitz）在《安息日世界》（*The Sabbath World*）一書中指出，這一過程始於二十世紀逐漸商業化的休閒活動。[9]以前，週日大部分時間都是在家庭和教堂內度過。人們在家裡或與家人一起吃飯，享用當週早先時購買的食物。對於虔誠的人來說，時間是花費在冥想或奉獻上。對於沒那麼虔誠的人來說，空閒的時間可以用來閱讀、玩耍或做其他形式的消遣。

但後來，人們開始在週末尋求要花錢的有組織活動，而這些活動反過來需要其他人去工作，無論是在電影院驗票的人，還是在販賣部賣東西的人。而當這些人中有足夠多的人開始工作時，就會有更多的人被招募來開拓市場，從便利店員工到超市的上貨工人。對公共服務的需求也隨之增加：你需要一名員工來解鎖公園的廁所，還需要更多員工來駕駛公共汽車和地鐵。

對服務的渴望成為服務的常態化。如今，有31％的全職員工和56％的從事多種工作的人們在週末工作。只有少數幾個政府規定的假期（國慶日、感恩節、聖誕節、新年）會以有意義的方式「被遵守」，即便如此，許多零售服務員工仍然在節日工作。在耶誕節季節期間，甚至連郵差也開始在週日上班。不是因為我們需要聖誕禮物能更快送達，而是因為美國郵政署認為這是與私營競爭對手競爭的一種可能方式。

雖然因為階級保障（或受工會保護）仍然可以拒絕在某些日子或某些時間工作，但對於那些沒有制衡力量的人，尤其是無證件、教育程度低或從事多種工作的人，為了符合資本需求，只能打亂自己的生活節奏。不斷擴大的階級鴻溝不僅僅是存在於富人和窮人之間，也不僅僅是存在於生產者和那些為他們的生產性提供便利的人之間，也存在於那些能夠保有少量睡眠時間和那些無法保有睡眠時間的人之間。

工作尚未殖民化我們的週末和假期，只是因為我們根本沒有足夠的休息。以前，資本主義的邏輯合法地將星期日設置了警戒線。現在，它被釋放於我們所有的「閒暇時間」之中，而我們對這些時間有什麼「潛力」的態度也相應地發生了變化。研究休閒的學者指出，經濟學家思塔凡・B・林德（Staffan B. Linder）一九七〇年出版的《忙碌的休閒階層》（*The Harried Leisure Class*）是第一本確認一個尋求不斷增長、不斷擴大的市場和不斷增加的消費以刺激市場會產生什麼後果的書。在這種模式下，每天的每個小時將變得愈來愈有價值：對公司而言是這樣，對個人而言也是如此。

這樣一來，任何不需要工作的時間——也就是休閒時間，實際上都是損失的金錢。為了調適自己的這種想法，我們把閒暇時間盡可能地塞滿更多的活動和更多的消費，以便使它在某種程度上變得有價值。為了喚起這種狂熱的消費風格，林德描述了一個男人，他在晚飯後透過「喝巴西咖啡、啜飲法國干邑白蘭地、閱讀《紐約時報》、聆聽布蘭登堡協奏曲還有與他的瑞典妻子說話，所有這些行為都同時進行，並取得了不同程度的成功」來充實他的閒暇時光。今天的版本可能是一名女性，她在去做瑜伽的路上一邊喝著七美元的冷萃咖啡，手提包裡放著四美元的椰子水，一邊用耳機聽著《每日》廣播，同時向群組發送適當貼圖，話題是關於她們即將到來的女孩週末。

為我們自己，為我們的家庭與同儕，「最大化」我們所有閒暇活動的策略令人驚訝地與階級焦慮息息相關。伊莉莎白・庫里德哈克特（Elizabeth Currid-Halkett）在《小事的總和：理想階級的理論》（*The Sum of Small Things: A Theory of the Aspirational Class*）一書中指出，一小部分的美國人愈來愈在意透過「傳遞其獲得知識和價值體系的文化符號」來表達他們的階級地位。[10] 換句話說，利用談論、Instagramming，和其他方式去廣播自己參與了某種能夠強調出「菁英」地位的休閒活動、媒體產品和購物。你的人就如你的飲食、閱讀、觀賞和穿著，但還不止於此。

你也如你所屬的健身房、你用來發布度假照片的濾鏡，和你去度假的地方。

光是聽全國公共廣播電台、閱讀最新的非小說類國家圖書獎獲獎作品或跑半程馬拉松都還不夠。你必須確保別人知道你是那種特別能讓自己的閒暇時間富有成效、自我充實和獲得最大程度利用的人。而儘管許多與「有抱負階級（aspirational class）」相關的產品和體驗都是相當老派的普通趣味（閱讀暢銷文學小說、觀賞奧斯卡釣魚片），當前有文化的中產階級的標誌是對高雅與低俗的品味；對芭蕾舞與TikTok上最好的舞者的品味；對最有聲望的電視節目和Real Housewives實境電視連續劇情節轉折的品味。有文化就是要做個文化雜食者，無論需要花費多長的時間。

當人們抱怨「電視太多」時，以下也是他們抱怨的一部分。並不是說市場上有豐富、各種品味的選擇，而是說為了跟上對話所需的消費數量一直在增長。影集、Podcast、甚至體育賽事都會讓人覺得像是需要核對的清單。不管你是否真的喜歡這些東西，或者是真的完整地消費它們都沒關係，在社交媒體上和私人所發出的信號就說明了你是那種消費它們的人。而當你只有這麼多時間可以用於閒暇時，你就會不斷要求自己充分地利用時間，消費產品和參與休閒活動，最能有效證明你身為文化雜食者的地位。你打開（然後有抱負地將其存檔以備之後使用）別人推薦的幾十篇文章。你買了一些紗線和一本教你如何編織的書，卻從來沒有動手編織。你開始讀一本書，然後納悶你是否應該閱讀另一本更酷的書。你涉足其中，然後保持警覺，或者滑動你的 Instagram 頁面以尋找更好的東西。

正如庫里德哈克特所指出的，這種做法超越了實際的收入水準。勉強維持生計的兼任教授們經常消費和散佈如常春藤聯盟學校畢業的律師們相同的有抱負階級的素材，這掩蓋了學位實際能提供的那種經濟穩定性，但卻提供了另一種階級救助：如果你背負幾十萬美金的債務，永遠不會買房並且害怕醫療災難帶來的後果，只要你還能融入社會環境中的高收入人群，那就沒關係。在《每日》主持人麥克・巴巴羅（Michael Barbaro）的簡介中，製作人珍娜・魏斯柏曼（Jenna Weiss-Berman）精確點出了該節目的吸引力：「你聽了《每日》，你就能在晚宴上有更好的發言表現，」她解釋說。「而這就是你真正想要的一切。」《每日》是大受歡迎的紐約時報 Podcast，也是有抱負消費的完美例子。

我們喜歡想著我們的文化和休閒品味在某種程度上是「自然的」。我報名參加這場鐵人三項、我看這個節目、我下載這個 Podcast，是因為我喜歡它！但是每一個選擇都因為我們對於它如何代表我們，以及如果我們選擇退出，我們將被排除在對話之外的理解而混亂不已。放棄一個電視節目、一次選舉權、或一股趨勢是可以的，但選擇完全退出，下一次你與類似的有抱負階級的朋友們一同出去時將被排除在圈子之外。畢竟，只是一起出去是不夠的，必須有一個目的。讀書俱樂部會受歡迎不僅與閱讀更多書有關。也是關於一個有生產力的簡單附加渴望，那就是**和其他人在一起的需求**。

旅行和運動也有類似的情況。如果你沒有足夠的錢去日本旅行，你仍然可以談論城裡最好的新日本餐廳；如果你買不起 SoulCycle 或公路自行車，你仍然可以談論每週六的長跑訓練；如果你不能為政治競選捐款，但在聽完 Pod Save America 之後，你仍然可以有自信地談論候選人的策略。這也是像 Skimm 這樣的時事通訊變得如此受歡迎的原因之一，Skimm 目前擁有七百多萬訂閱者，最新的估值高達五千五百多萬美元：它們是有抱負消費的小抄，提供有關下班後聚會時可能遇到的每個話題的簡短介紹。正如 Skimm 標語所宣稱的那樣，它們可以使「更聰明地生活」變得更容易，或者至少讓你看起來好像是這樣。[11]

看電影、做瑜伽、聽 Podcast 是工作嗎？當然不是，技術上來說不是。很多人樂意在壓力下看更多的電視，而不是被迫把這些時間花在工作上。但是，當這種類型的文化消費成為你購買進入有抱負階級入場券的唯一途徑時，感覺就不像是一種選擇，而更像是一種**義務**，一種**無償勞動的形式**。這也就解釋了為什麼透過參與這些活動來「放鬆」會讓人感覺如此疲憊、如此不充實、如此令人沮喪地無法提振精神。

把自己的閒暇塞滿「有抱負」的階級價值，或許能平息一些對階級安全感的焦慮。但是，在階級上感到安全的一種更有效的方法是賺更多的錢，特別是透過自己的嗜好賺錢。

***

嚴格來說，嗜好是指在閒暇時間進行的活動，其目的純粹是為了快樂。如果你嘗試一項活動一次，你就是個淺嘗者；某個時候開始一次又一次，一次又一次地從事過程中，它就變成了一種嗜好。當今的許多嗜好涉及培養因為機器而變得過時或至少在技術上來說是不必要的技能：編織、烘焙、修補。其他的嗜好則提供了收集和分類的樂趣，或令人難以置信的專注和對細節的關注，或展現出與他人的和諧一致。在合唱團唱歌，這是一種嗜好。保齡球聯賽、拼布圈（quilting circle）、跑步俱樂部也是如此。電玩遊戲絕對可以是一種嗜好，尤其是像《Minecraft》或《模擬市民》這類涉及社區建設、策略精進的遊戲。

有些愛好，尤其是涉及到運動的愛好，可以兼作是一種建立有抱負資本的手段。在國內大多數地方，身為一名會高山滑雪的人，可以彰顯出你有能力裝備自己和支付一百美元的纜車票。但是很多嗜好，尤其是與手工藝有關的嗜好，感覺就充滿復古情懷，只有在真的熱衷於它們的人手上才顯得酷。有時候我們是成年後學習它們，但是許多嗜好是從我們小時候開始，經由家庭和社區傳承下來。我健行和露營是因為我爸爸健行和露營。我從事園藝是因為我媽媽從事園藝；她從事園藝則是因為她媽媽從事園藝。

嗜好不應該包含野心；任何「目的」都是次要的。它們是為了快樂而快樂。但是，當你的一生都致力於為上大學建立價值時，嗜好就像格格不入，幾乎是可憎的夢想：每一項活動都必須是為了達到目的的手段。從小到大，我的伴侶只為了課程需要而看書，只為了在簡歷上好看而進合唱團唱歌，只為了要進最好的大學需要參與一項運動而去划船。直到他到了三十多歲，我們搬到了蒙大拿州後，他才終於找到了空間，嘗試去釐清自己到底**喜歡**做什麼，而不是應該做什麼來為自己**增值**。如今，他把這個過程描述為「充滿了內疚和自我懷疑」。

對於許多千禧世代來說，當前社會有一種讓你致力於盡可能地完美從事任何事情的動力。「我不能成為一個平庸的自行車手或舞蹈家或徒步旅行者，」一位正朝著中上階級邁進的白人女性艾麗告訴我。「我必須用盡全力地令人驚歎。」身為猶太人和中產階級的勞拉回想起二十多歲時的嗜好：「我在樂團裡唱歌，我學習吉他並開始學習打鼓，」她回憶道，「但後來我考上了研究所，我想我不會有時間或資源來堅持下去。我為了自己把時間投入到一些無法進一步發展我寫作生涯的事情上而感到很內疚。」最近，她從家裡拿回了那組鼓，但仍然很難找到投入練習的時間。「我不喜歡做任何半途而廢的事情，」她說，「但是當然這會需要比我目前已有還要更多的閒暇時間。」

一些擁有最多空閒時間，而且最沒有把嗜好當作生財工具的人，是那些其工作被稱為最無聊工作的人。目前居住在納許維爾的白人艾森，在一家大型保險公司擔任理賠員。他每週工作時間正好四十小時，自認為是中下層階級。他在工作和不工作之間有明確的界限，這讓他能夠保有自己的閒暇時間，他的閒暇時間主要用於玩和寫《龍與地下城》的遊戲攻略。

當人們真的有時間和精神去培養一個嗜好，尤其是當你「擅長」這項嗜好的時候，那麼從中營利的壓力就會開始累積。如果有人喜歡烘焙，並開始帶著她的成品參與聚會，那麼我們唯一知道真正能稱讚他們的方式就是建議「你可以做這個來賺錢！」三十一歲的黑人中產階級珍妮克，為她自己能保有唱歌和作曲的時間而感到自豪，自從她加入了一個樂團，知道其他人以某些方式靠唱歌和作曲來獲得報酬後，她的壓力就大大增加了。

身為亞裔美國人的中產階級，吉娜明白「你應該從為你帶來快樂的事物中賺錢」的想法是社會造成的。「我已經相當瞭解關於那種心態所允許的剝削，」她告訴我，「而我不希望我對自己嗜好的『純』愛，被我也許能從努力中賺到一些錢的錯誤期待所污染。我見過朋友們嘗試從嗜好中賺錢，而且成功賺到錢，但是我也見過朋友們對曾經帶給他們快樂的東西感到越來越討厭或束縛。所以不用，謝謝！」

不過在如今的經濟環境下，「保護」自己的嗜好不被貨幣化往往是一種特權。居住在威斯康辛州南部的吉米將自己的階級地位描述為「不再無家可歸，擁有房子」，他靠著實況轉播、社交媒體、數位內容創作和設計方面等工作拼湊出一週八十到一百小時的工時。「我幾乎把生活中所有非父母的方面都貨幣化了，我還可能會開一個爸爸部落格，」他解釋說。「我甚至實況直播了我的電玩遊戲比賽。」他很想把時間留給自己，但他有兩個孩子要養。「我們需要錢，我沒有時間浪費在沒有生產力的地方，」他告訴我，「雖然沒有那麼有趣，但我們有一個棲身之處。」

吉米估計他每週大約有五到七個小時的閒暇時間：他的通勤時間，然後是下班回家後在沙發上昏睡的半小時。他並不認為轉播電玩遊戲比賽是休閒，甚至是一種嗜好。當他把它貨幣化的時候，就改變了活動的本質。一個貨幣化的嗜好可能會偶爾讓人感到愉快，但是當這個活動變成了達到目的的手段，無論是盈利、追求完美還是入學，它就失去了它的本質以及實質上有助於促進健康的品質。

我發現那些確實擁有嗜好，且在其中找到慰藉的人都是那些最允許自己失敗和不完美的人。他們沉湎於製作桌子的過程，而不是一旦完成就有要賣掉它的壓力，或者他們只是享受健行的體驗，而不是要在 Instagram 上發布自己所看到的山頂風景和盲目地想成為會健行的那種人。他們明白閱讀一本書之所以重要不是因為別人知道它，而是因為你從中獲得了樂趣。這種態度聽起來可能很簡單，也或許平淡無奇。但是對於很多千禧世代來說，往往感覺像是不可能的任務。

＊＊＊

越來越多千禧世代已經不再去參加宗教儀式。我們在家裡觀看 Netflix，而不是前往電影院。鄉村俱樂部、麋鹿俱樂部（Elks Club）、義勇消防隊、使地方政府得以運作的無償政府委員會，全部都在掙扎中生存。[12] 我們用 Tinder 來約會，而不是出現在酒吧。我們在群裡發訊息，而不是和朋友一起出去玩，因為要找到一個大家都能配合的時間意味著要提前四個月開始計畫。

早在二〇〇〇年，政治學家羅伯特・普特南（Robert Putnam）撰寫的《獨自打保齡球：美國社區的衰弱與復興》（*Bowling Alone: The Collapse and Revival of American Community*）一書就認為，美國人對團體、俱樂部和組織——宗教、文化或其他方面——的參與度急劇下降，因為定期參與這些組織而產生的「社會凝聚力」也隨之下降。普特南的發現引起了爭論和質疑，許多人認為社區只是轉移了地點，也許沒人去參加保齡球聯盟，但他們是在網上聚會（在AOL聊天室、留言板上）。二十年之後，我們的倦怠程度，就如同我們政治和文化的兩極分化一樣，說明了普特南的先見之明。

在《獨自打保齡球》出版後，連同普特南在內的幾位評論家也開始了他們自己的研究，希望反駁或證實普特南的說法。二〇一一年，他們發現家庭網絡和非家庭網絡都出現了顯著的下降，但尤以非家庭網絡最為明顯。「美國人的社交網絡正在向內坍塌，」普特南在二〇一五年的續作《階級世代：窮小孩與富小孩的機會不平等》中寫道，「現在由更少、更緊密、更同質、更熟悉（和更少的非親屬）的聯繫所組成。」[13]

但是為什麼我們不和其他人一起出去了呢？問題的一部分在於，輕鬆協調時間的能力與標準化的工作時間一同瓦解了。如果你的工作排班每週都不一樣，無論是由於演算法的重新計算還是你自己傾向於拉長工作時間，都會讓人感覺無法訂定與承諾計畫。再加上安排和監督孩子們活動的壓力愈來愈大，你的可用時間就更難與別人的時間重疊了。沒有人願意承認實際訂定計畫是多麼困難，所以大家總是口口聲聲宣稱真的很想見個面，喝一杯、遊玩、吃飯等等，然後進入一個「我沒辦法，我們可以約下週嗎？」以及最後一分鐘取消約會的無休止循環。

在《沒有人是一座孤島》一書中，艾瑞克・克林南柏格（Erik Klinenberg）認為，社會聯繫的衰退部分源於我們對效率的偏好。他指出一項研究發現，如果一間托兒所將接送工作做得盡可能完美和快速，就意味著父母之間很難認識彼此。但當你強迫父母入內、在附近等待接走他們孩子的同時，繁榮的社會連結將開始形成。但問題的一部分也是社會基礎設施的減少：從圖書館到晚餐俱樂部和猶太教堂的空間（公共和私人），都使人們很容易培養非正式的、非金錢的聯繫。

當然，這些地方仍然存在，但是它們已經變得不那麼核心，不那麼重要，而且最重要的一點是，不那麼容易進入了。由於責任問題，愈來愈多的教會限制成員在非工作時間使用這些空間，即使他們為此付費。許多公共海灘和公園在沒有公共運輸工具可抵達的地區收取排他性費用（停車費和入場費）。公共比賽場地和跑道現在被鎖上或被付費練習的團隊壟斷。紐約上州的一位女士決定召集一個讀書會，成員是她在網路上認識，擁有相同興趣的人。她不想在自家舉辦，於是花了幾個星期的時間，試圖找到一個人人都能進入並負擔得起的空間。

「我們曾經很喜歡到市中心看AAA棒球比賽，」一位家長告訴我。「然而，他們把『家庭區』（孩子們喜歡在那玩的開闊草地護坡）變成了需付費的『團體與派對區』。接著，它們搬進了城市富人區的新體育場。之後，我們就不再去了。」華盛頓特區的一位女士告訴我，在一個位於中上階級並以黑人為主的社區裡的Wegmans超市，其前面有一塊喝咖啡和用餐的小區域。「人們以往經常利用那個區域舉行教會會議、桌上遊戲和讀書會，」她說。「現在豎起了一些不鼓勵這樣做的告示牌。」

波士頓的博士後研究員泰瑞莎刻意選擇加入一個遊戲小組，因為每週都有固定的聚會時間，而且總是在同一個地點。「否則我和我的朋友們一個月才能聚在一起玩一次，」她說，「因為要找到一個合適的時間和地點，實在是太費勁了。」這就是社會基礎設施所提供的幫助，從無止盡的計畫和重新規劃中解脫出來。獅子、老鷹、駝鹿或麋鹿俱樂部的聚會極富規律性，而且是在一個永遠可用，又有停車位的空間裡！教會和聖經研究、PEO和青少年聯盟、NAACP和婦女選民聯盟也是如此。它們的可靠性是使他們更容易參與的部分原因。

但是，隨著工作和育兒期望的不斷擴大，以及優先事項不斷向內轉移，小組承諾是最容易丟棄的耗時活動之一。隨著參加的人愈來愈少，團體本身也開始消失，幾乎沒有其他活動可以取代它們，至少很少有負擔得起的、有定期聚會的、沒有特定宗教信仰的，或者不以孩子為中心的。我們可以盡情地談論團體運動的價值，但參加孩子們的足球比賽，以及把大部分時間花在場邊處理工作郵件上，和你自己在隊裡踢球是差異很大的。

我不是第一個告訴你這些的人。我們之中的大多數人都讀過研究報告，這些研究表明，志願服務會讓你更快樂，面對面的交談和歡笑比數位溝通更有營養，不管是宗教還是其他活動的冥想時間都會讓我們感覺更平衡和更不焦慮。我們知道休閒娛樂，特別是普特南所說的那種作為社會聯繫基礎的休閒活動會讓我們感覺更好。

但是對很多人來說，僅僅是進行任何這些活動的想法似乎就需要耗費無法克服的精力。簡而言之，我們太累了，無法真正休息和恢復自己。居住在奧爾巴尼的白人梅根漢，她的全職工作是行政助理，兼職是書商。她每天抽出一個小時左右的時間，再加上週末的一天來作為休閒時間，但是她愈來愈覺得人際上的互動，尤其是約會，「在情感上令人生畏且耗費心力」。即使是與她最好的朋友一起出去也會讓她心力交瘁。

蘿西是紐約的一名作家經紀人，她無法多花錢在休閒活動上：「躺在床上滑動手機看推特是免費的，」她指出，「而且生活在紐約就是需要更多的精力，包括身體（到處走）和精神上的（研究地鐵和公車的服務變化）。」此外，她說：「如果我不能在 Instagram 上發布一張好的休閒活動的照片，那我不如不要從事它。」住在芝加哥的蘿拉是一名特教老師，她從來不想跟朋友見面，也不想約會，也不想做飯——她太累了，她只想癱坐在沙發裡。「可是我無法專心在我所看的東西上面，最後又是目光茫然也無法完全放鬆，」她解釋道。「我是想告訴妳，我都無法好好放鬆！我會因為心情不好而感覺很糟！但是到了我空閒的時候，我又只想一個人靜一靜！」

有了孩子後，壓力似乎更大了。二十九歲的克萊兒與丈夫和兩個孩子住在賓州東部。她的丈夫身兼兩份工作（在辦公室和自由作家），而她則從事兼職工作（每週十二到十六個小時）及留在家裡照顧孩子。另一邊，她也在學習一門新的職業（電腦網絡），因為她現在的工作沒有發展空間。她每隔幾週就會出門和朋友們聚在一起，但也有某些時期會有幾個月的時間都無法跟朋友見到面：因為時間實在是太難協調了。每月會有一、兩次，她和丈夫會請一位保姆來顧孩子，讓他們兩人能夠出門。「如果我想參加聚會或活動，我必須真正督促自己並提前計畫，因為它對我日常的例行公事所造成的衝擊是如此巨大，」她承認。「很多時候，我會在最後一刻取消，因為光是日常生活就已經令我疲憊不堪。」

和我們的朋友、愛我們、珍惜我們的人在一起，太擾亂我們的日程安排。就算這種理由我已經聽過一遍又一遍，甚至自己也曾經用過，但要停止這種想法是很重要的。我們的日程安排就是我們的生活。而沒有了其他人，我們的生活又是什麼呢？

我們看電視，我們抽更多的大麻和喝酒來強迫我們的身體放鬆，我們用寫著「抱歉，我遲到了／我寧願待在家」的T恤來提高和頌揚我們的內向舉止。我們試圖對事物的狀態感到滿意。但是困擾我的事實是，當你現在的閒暇時間是如此難得、如此過度確定、如此疲累時，你利用它的方式，並不是──至少不一定是──當你有更多閒暇時間的利用方式。我們的許多好意，我們最好奇、最富有創造力和同情心的自我就在那裡，比我們所知道的更接近我們的生活。我們只是需要**空間**、**時間**和**休息**來使它們成為現實。

＊＊＊

有時候，我會刻意在超市裡選擇最長的結帳排隊隊伍，觀察自己對自己的不耐煩有什麼反應。我無法與自己的心靈無目的的相處，哪怕只有幾分鐘的時間。我沉迷於刺激。我不僅忘記了如何等待，甚至忘記了如何讓自己的心靈漫遊和玩耍。在《如何「無所事事」：一種對注意力經濟的抵抗》一書中，珍妮・奧德爾（Jenny Odell）提出了一個非常有說服力的觀點，即忽略所有已經滲透到我們的生活、閒暇和其他方面對生產力和完美的衝動，什麼都不做，至少不做任何在資本主義下被認為是有創造價值的事情。

奧德爾描述了在當地公園學習動植物群名稱的深刻樂趣。學習它們的名稱意味著能夠真正注意到它們，看到它們，並花時間去識別它們，只因為它們和我們佔據著同樣的空間。它們之所以重要、有價值，只是因為它們就是如此，而不是因為它們使我們成為更好的員工、更受歡迎的夥伴或更有經濟保障。

有各式各樣的方法可以讓我們「無所事事」，甚至沒有（必要）涉及從網路上隔離自己，或者刻意選擇超市中最長的結帳隊伍。關心他人、禮拜、唱歌、聊天，以及與自己的心靈相處。所有這一切都可以是幸福的，完全無生產力的。它之所以重要，是因為它能滋養你與其他人。剩下就不必多說了。

奧德爾認為，我們已經低估了所有爭奪我們注意力的力量，使用「惱人」或「分心」等字彙來描述社交媒體的操縱成癮，害怕錯過一封重要的電子郵件，強迫我們以某種方式使閒暇在經濟與個人上「擁有生產力」。但是奧德爾寫道，分心「讓我們遠離我們想做的事情」，然後這些事情「累積起來，讓我們遠離我們想過的生活」。這樣一來，我們自己「最好、最有生命力的部分」就被「無情的使用邏輯所鋪滿」。

對倦怠的估算，往往就是對這樣一個事實的估算。你每天用來填滿日子的事情、用以填滿自己生活的事情及感覺，與你想過的那種生活以及你想讓它具有的意義有多麼不一致。這就是為什麼倦怠的情況不僅僅是對工作上癮。它是一種與自我和慾望的疏離。如果去掉你的工作能力，你是誰？還有自我可以挖掘嗎？當沒有人看著，沒有疲憊逼迫你選擇阻力最小的道路時，你知道自己喜歡什麼，不喜歡什麼嗎？你知道如何行動，而不總是向前走嗎？

對自己的重新承諾和珍惜，並不是自我照顧，也不是以自我為中心，至少不是這些名詞的當代含義。相反地，它是一種價值宣言：你的價值不是因為你勞動、不是因為你消費、不是因為你生產，僅僅因為你這個人。總之，你要做的就是要盡你所能地記住要從倦怠中走出來，並最終能抵禦其回歸。

9 精疲力竭的千禧世代父母

不難想像，如果有一個孩子要照顧，會何等加重所有千禧世代倦怠的傾向，以及焦慮和疲憊的感覺。但試圖理解這種倦怠加劇的實際感覺，特別是對於還沒有孩子的千禧世代來說，其實是另一回事。

「妳認為一切都在妳的掌控之下，直到某件事突然爆發，然後妳就崩潰了，」麗莎，一位來自賓州郊區，兩個孩子的媽媽這樣對我說。「妳突然意識到孩子的鞋子小了兩個尺碼，然後妳哭了起來。妳是一個可怕的媽媽，因為專注於日常而忽略自己虐待了孩子。蹣跚學步的幼兒絕對不會告訴妳鞋子什麼時候變得太小。妳和配偶達成協議週末要分擔家務，但他去打了七個小時的高爾夫球，所以他回家後妳滿腔怒火，以至於根本不在乎明天是『妳的一天』。因為妳沒有任何計畫，不知道自己該做什麼，因為沒有任何女性嗜好能持續進行七個小時。」

「這是一種妳無法真正擁有其他感覺的疲憊，」最近從美國搬到英國的勞倫解釋道。「我會在某些早晨醒來，只是盯著窗外、想哭，但大多數時候『有感覺』對我來說甚至是一種奢侈。要麼會有人告訴我『當媽媽就是這樣』，要麼會有一些權威人士帶著關切的表情並提供產後憂鬱症的測驗。我不認為我曾經對我的孩子們構成過危險。我想我只是精疲力竭，沒有得到任何幫助，並且持續被責備我人生中的所有不滿情緒。」

「親職倦怠讓我覺得我不想再照顧任何人了，永遠都不想。」艾咪，住在美國主要城市的白人說道。「我不想再去記住任何人一天的瑣事。我發現自己會因為一些細小的事情而對孩子們煩躁不安、脾氣暴躁。我往往會對放在客廳中太久的襪子視而不見，如果我在做其他七件事的時候再被要求多做一件事，我很容易發飆。我討厭自己會對丈夫出門在外工作感到憤慨，而且他還擁有因為工作太多而無法在應該回到家的時間回家的特權。有時候我覺得自己太渺小了，配不上媽媽這個重要的頭銜。」

「我不太認同『倦怠』這個概念。」在西部州小鎮上當媽媽的珍妮解釋道。「這就像大衛·福斯特·華萊士（David Foster Wallace）關於金魚和水的那句名言：一條魚問另一條魚『水怎麼樣？』另一條魚回答說：『水到底是什麼？』」

＊＊＊

從歷史的角度來看，父母以往會因為生活被迫做出決定，比如哪個孩子不得不輟學工作，或者哪個孩子將得到更多的食物。這些選擇令人毛骨悚然，而且從來都不是一件容易的事，但是它們始終得到認可。同時，現代的育兒文化是一種特別複雜且虛偽的難題，之所以如此是因為其困難常常被否認或抹殺。它強加了在我們目前的照顧情境中不可能實現的理想，並將社會失敗的責任推給了父母個人。特別是對那些重視平等伴侶關係的婦女而言，它滋長了怨恨和絕望。與過勞的模式類似，它把精疲力竭與技能、才智或奉獻畫上等號：「最好的」父母是那些付出到自己一無所有的人。而且最糟糕的是，幾乎沒有證據表明這樣做真的能讓孩子們的生活變得更好。

不像貝蒂・傅瑞丹（Betty Friedan）在一九六三年具有里程碑意義的《女性的奧秘》（*The Feminine Mystique*）一書中所描述的「無名的問題」那樣，這個問題有一個名字，該名字就是親職倦怠。這是關於構成「良好育兒」的觀念轉變、關於誰的勞動被「計算」的頑固觀念，以及工作場所之外的工作泛濫的結果。不過首先且最重要的，它是一個事實的產物，即美國社會仍然被安排得好像每個家庭都有一個留在家裡的照顧者，即使愈來愈少家庭能有這種安排。

親職倦怠並不只影響母親。但是，由於在有母親和父親的家庭中，母親仍然承擔著絕大多數的勞動，所以對母親的影響最大。如果考慮到單親家庭的比例越來越高，負擔只會越來越重。截至二〇一七年，美國約有五分之一的兒童與單親媽媽生活在一起。[1]隨著婦女擺脫許多伴隨著家庭生活的明顯從屬和性別歧視的形式，其他形式持續地蓬勃發展，因而昇華為理想的當代女性意識形態。當今的母親被期望優雅地管理和維持高壓工作、她的孩子、她的關係、她的家庭空間和她的身體。她「自由地」承受著每分每秒都必須完美扮演不同角色的壓力，除了做她自己以外。

但是怎麼會變成這樣呢？看看你父母的教養方式，你就能發現今日昂貴、焦慮和偏執教養方式的輪廓。首先，是對愈來愈危險世界的恐懼，以及隨之而來的對孩子們福祉的威脅。這些威脅可以被顛覆，但是只能透過警覺與知識，這些逐漸轉化為對我們的孩子以及其他人教養行為的全面監督。其次，是對階級向下流動的恐懼。一個家庭的階級地位是不穩定的，將所有資源傾注到孩子身上是試圖防止這種沉陷的唯一方法。

倦怠的戰後嬰兒潮世代父母感受到了這一點；現在他們倦怠的千禧世代孩子也同樣感受到了。如今還多了更多引導著許多中產階級童年的「規劃栽培」版本，包括緊湊的日程表、額外的豐富活動和從出生前就開始的大學規劃。這些必要性透過 Instagram 帳戶、臉書育兒討論群、部落格、時事通訊、Podcast 和育兒書籍得到強化，所有這些全都是中產階級母親的媒體飲食。

但是，這並不能完全回答為什麼會造成如此糟糕的情況，尤其是對母親而言。此問題的答案當然是父權制，但是父權制被平等和進步的欺騙性語言所掩蓋。正如多位歷史學家所表明的那樣，婦女們長期以來一直對平凡且繁瑣的家務勞動感到不滿，但很少敢反駁大眾對於快樂、自我克制的母親應該要如何的認知。當婦女在一九六〇和一九七〇年代開始進入專業職場時，凸顯出長期以來分配給男性的自由和選擇權。並非所有的婦女都想過家庭以外的生活。但許多婦女希望有**選擇**。

當然，數以百萬的貧窮婦女，特別是黑色和棕色人種的婦女，世世代代都在外面工作。她們只是像現在許多窮人一樣，在非正式的工作場所（別人的家）或不穩定的工作場所（移民農場工作）中工作。但是，當白人中產階級婦女開始這樣做，並且與白人中產階級男子在同樣的空間裡工作時，這就敲響了人們心中的警鐘。

警鐘，但也是穩定。對許多家庭來說，一份額外收入是天賜的禮物。但那種穩定被丈夫不再能夠獨自撐起一個家的羞恥感，以及其他各種脆弱的男性話表現所抵消。而你該如何讓男人感覺自己仍然充滿男子氣概呢？你得向他們保證實際上什麼都不會改變。女人可能一天在辦公室工作八小時，但她仍然會表現得有條不紊、符合社會對於女性的期待，她仍舊可以在相同的時間準備好晚飯，孩子們甚至不會注意到有什麼不同。換句話說，她仍然是一個全職的家庭主婦——即使她也是一個全職的外出工作者。因此，「第二輪班（the second shift）」這一詞因為愛爾麗．羅塞爾．霍克希爾德（Arlie Russell Hochschild）在一九八九年出版的同名著作而普及，用來形容這些母親們實際上每天都在上兩班：一班在「正式」的工作場所，另一班則是回到家後。

霍克希爾德認為，婦女進入有薪經濟是我們這個時代的「基本社會革命」。[2]但正如她所指出的，這場革命中的女權主義成分在很大程度上「停滯不前」。僅僅因為婦女在家庭外承擔了等量的工作，並不意味著家庭內的工作也是同等分配。因此，第一輪班（母親在家庭以外的工作）往往為了維持家庭中的第二輪班而受到連累或貶值。相比之下，單班制的父親則可以不受阻礙地繼續發展自己的事業。

沒錯，這些父親確實比他們自己的父親從事更多的家庭工作。一九六五年至二〇〇三年間，男性在無償家務勞動中的比例從不足20％上升到近30％。[3]但自二〇〇三年以來，這個數字一直頑固地停留在原地。勞工統計局（Bureau of Labor Statistics）的時間使用研究發現，在家庭外從事有薪工作的婦女仍然承擔著65％的孩子照顧責任。[4]換句話說，父親分擔的家務勞動甚至從未接近一半。

即使今天家中有一人是全職父母的情況愈來愈少，但是社會計畫並沒有解決雙薪家庭工作模式轉變的問題。在美國，仍然沒有強制性的帶薪育嬰假；就算可能，也很難找到有補貼又負擔得起的兒童照護服務；小孩一年中只有四分之三的時間在學校上課，然而父母有三分之二的時間是工作日。簡而言之，社會所強制規定的孩子上課日的節奏，與大多數父母的工作生活節奏不一致。

在過去，即使在千禧世代還是孩子的時候，這種不一致的情況基本上是可以解決的。孩子放學回家後可以由祖父母照料，或者和稍大一點的兄弟姐妹一起玩，或者去鄰居家玩。有些孩子是「鑰匙兒童」，因為脖子上戴著鑰匙而得名，他們放學後會在父母下班回來之前獨自在家待上幾個小時。圍繞著這些孩子的文化刻板印象很快就變成了對這種獨處時間會如何腐蝕他們性格的全面控訴。孩子們獨自一人會引發火災、他們很孤單、他們看了太多的電視、他們最終走上了青少年犯罪的道路。伴隨著這種形象而來的，是對那些允許自己的孩子獨自在家的父母愈來愈多的批評。

如今，我們有更多的在職母親，可是卻缺少兒童照顧的替代方案。然而，我們並沒有回到更寬鬆的監督標準，也沒有改變工作時間，而是強制要求持續監督。如果沒有一位家中的成人出現的話，許多小學在放學後不會讓孩子離開，或者甚至不允許他們下校車。就像全國各地的許多人告訴我的那樣，讓你小學高年級的孩子回到一個空蕩蕩的家裡，你就有可能會被檢舉給兒童保護服務單位。

身為父母，你認為自己的孩子是否有能力自己安全地待在家裡並不重要。其他成人會檢舉你。正如基姆・布魯克斯（Kim Brooks）在《小怪獸：一段為人父母最害怕的時期》（*Small Animals*：*Parenthood In the Age of Fear*）一書中所指出的那樣，當加州大學爾灣分校的認知科學家芭芭拉・W・夏尼卡（Barbara W. Sarnecka）允許她三年級的孩子放學後自己在附近的公園裡玩耍，即使當時有許多成年人在場，一位家長因此而發送了電子郵件給她的丈夫，小學的校長也發送了電子郵件給她。布魯克斯也回憶當她決定把四歲的孩子留在車裡五分鐘，然後她跑進商店去拿一副耳機後的後果。[5]警察並沒有「抓到」她，而是停車場裡有一個她從未見過，也永遠不會見到的人，用手機錄下了她的行為，然後把影片提交給警方。

就像所有為人父母會經歷到的事情一樣，住在城市和郊區的中產階級父母其標準最為嚴格。雖然（白人）中產階級的父母經常檢舉他人，但他們也是最有可能免於對其行為承擔刑事後果的人。正如布魯克斯所指出的，當她在維吉尼亞州被指控為「助長未成年人犯罪」時，她能夠負擔得起可以向檢察官和法官釋放出「我對我的孩子和社會沒有威脅」這種信號的漂亮衣服：她還能夠聘請一位優秀的律師，使這一過程盡可能地順暢，並為她贏得了一次社區服務的刑罰和一堂育兒課程。她忍受著社會責難和羞辱感，但這一切與如果她不是白人中產階級婦女可能會對她或她的孩子造成的影響相比，根本算不了什麼。

這也是為什麼老師、校長和家長以及他們的同儕所執行的新標準是，如果家長不能改變自己的時間安排來接送和監督放學後孩子，那麼大家的理解是，他們會花錢請別人或者一些服務機構來代勞。統計資料證明了這一點：人口普查資料顯示，一九九七年至二〇一三年之間，美國中小學兒童獨自度過放學後時間的人數下降了近40%，從一九九七年的五分之一下降到二〇一三年的九分之一。這種轉變的部分原因可以與工作彈性的提高有關（父母的工作雖然佔據了更多的時間，但其中一些時間可以四處轉移。實際上，這通常只會增加工作量，或分散工作，或分散育兒能力）。另一部分原因是由於課後計畫的增加，許多計畫是由私人或公共合作夥伴資助的，如二〇〇〇年成立的課後教育聯盟。

我想澄清一點：課後活動沒有什麼錯，它們很棒！在許多低收入地區，它們得到了充分的補貼。但是對於數百萬美國家庭來說，支付這些活動的費用是一種負擔。在紐澤西州的一個學區，有位家長告訴我，他們無法掌控他們的幼稚園是在上午還是下午上學；如果他們需要「全天班」的學校，每月要多付六百美元，再加上課後照顧服務的費用。在西雅圖的巴拉德社區，課後活動要排上三年；一週的照顧費用（每天三個半小時）只需不到五百美元。在堪薩斯州的基督教青年會，一週的照顧費用（每天大約三個小時）需要一百零五美元。

換句話說，父母雙方都得外出工作的孩童照顧費用非常昂貴：根據一個宣導團體的資料，全國平均兒童照顧費用為每年將近八千七百美元。在一些州，學齡前照顧一年的平均費用大概是一萬三千美元；總體來說，從一九八五年到二〇一二年，有一個在職母親家庭的兒童照顧費用上漲了70％。對於單親父母來說，更是困難重重。平均而言，單親父母收入的36％是用於支付他人照顧他們子女的費用。[6]

當然，依靠家庭確實能克服一部分的問題。他們透過一團糟的輪班、依靠朋友和家人、打零工、忽視儲蓄，或者推遲清償自己的學生貸款期限等方式來解決。但並不是每個人都有可靠的朋友或可用的家人，而打零工終究和全職工作是不一樣的。這就是為什麼一些想留在職場上的母親除了辭職別無選擇的原因。

多年來，人們接受的智慧作法是，婦女在孩子幼年時期留在家裡，然後在孩子到了上學年齡後，如果她願意的話，再度回到職場上。但是由於育兒成本要低得多，這一決定很少是因為經濟上的必要；這只是許多（中產階級）女性的做法。

許多在這些家庭中長大的千禧世代，包括我自己在內，親眼目睹了這種場景。二〇一五年，作為一個更大故事的一部分，我從數百名千禧世代婦女那裡聽到了她們從自己戰後嬰兒潮世代的母親身上所內化關於生兒育女、共同育兒和工作的想法。她們談到了努力工作以及多工處理，但她們也談到了她們母親的遺憾：「我知道她放棄了很多她生命中想做的事情（上大學），或者因為她有孩子而對它們（事業）做出妥協，」一位在懷俄明州長大的女性告訴我：「我總是發誓，我以後不會那樣。」

我們之中有些人看著自己的母親離婚後無法找到工作。有些人只是聽到母親們帶著含蓄或完全不加掩飾的遺憾談論著離開職場後無法再度實現什麼事情的感受。我們之中的一些人看到了單靠一份薪水維持生計的艱難，尤其是當這份薪水因為某種原因而消失的時候。而我們之中的一些人決定延遲或不生孩子。但我認識的大多數女性只是純粹決定，她們會以不同的方式來避免母親的遺憾。她們會保留自己的事業，然後生孩子，即使這意味著她們大部分的薪水，至少在前幾年裡都會花在兒童照顧的費用上。但是至少她們能有選擇。

＊＊＊

隨著父母工作時間的增加，關於什麼是「可能的」或「可接受的」，甚至是「可負擔的」育兒範例並沒有隨之改變。沒有透過大規模的全面立法來解決這個問題；絕大多數僱主沒有改變其政策來符合父母的需要。相反地，人們對如何成為「好」父母的無盡期望不斷擴大，諸如孩子能夠成功、快樂、繁衍後代或達到高於他們目前的階級地位。更多的家庭外工作產生了更多的家庭工作。

讓我重申一次，因為這確實令人難以置信。鑒於工作中所有期望的變化，以及我們日趨緊張的階級地位，還有我們為了維持這種階級地位而產生的大量債務，作為父母，我們不但沒有對自己更寬容，反而提高了期望。更多的育兒選擇並沒有使父母得到解放；反而導致了令人厭惡的幽閉恐懼症。

在某種程度上，對戰後嬰兒潮父母來說是如此，但是對千禧世代的父母來說，在更多的情況下，更是如此。關於「良好的」教養資訊比以往任何時候都多，因此有更多失敗的方式。你擔心有更多種方式會教壞你的孩子，因此在教養子女上面就更恐懼。育兒費更昂貴了，而家庭在付完必要支出之後，能投入到孩子身上的錢更少了。教養子女的方式更公開，也更被仔細審查。僱主可能會提供表面的工作彈性，但同時也需要做更多的工作。

與此同時，互相矛盾的選擇大量存在。你應該參與其中，但又不能太過投入；你應該不惜一切代價引導孩子接受大學教育，即使你對自己所擁有的感到矛盾；你應該培養孩子的獨立性，但絕不能讓他們無人監督；你應該讚揚女性被賦予的權利，即使女性的工作在家庭中被貶低；你應該大肆宣揚多樣性的好處，同時又煩擾於孩子是否在「正確」的學校；你應該教他們培養與科技之間的健康關係，同時自己保持著與科技的不健康關係。而且首先，那還是如果你有時間去擔心這些議題中的任何一個：正如伊莉莎白．庫里德－哈克特所指出的那樣：「只是真正談論母親們的細微差異和選擇（而不是僅僅做一個母親和照顧自己的孩子）就意味著是一種奢侈。」[7]

現代父母總是在某種程度上懷疑自己的能力，但從來沒有過像這種懷疑一樣來自如此多方面的力量。如同所有的期望、理想和意識形態一樣，誰真正執行這些育兒標準是個棘手的問題。沒有人喜歡它們，但它們仍然存在，提供了一種非正式的育兒監視狀態，出現在八卦和被動攻擊性的臉書評論以及「善意的」媽媽支持聊天群組中。

至少在穩固的中上階層的中產階級中是這樣的，大量的白人族群是這些規範的真正始作俑者和仲裁者，他們衡量當代父母教育的標準，並發現其不足之處。無論你是否沒有多餘的收入來購買有機食品，也沒有撥出錢來支付大學基金或提供持續的課後監督，這些都沒有關係。不論你的拒絕是否出於原則或經濟上的動機，你是否想為自己或孩子們提供不同的東西也都不重要。拒絕努力在整個社會的眼裡就等同宣布自己是一個任性固執的壞父母。

以備受爭議的母乳哺育為例，這是一種「最佳」的母職實踐，之所以備受吹捧至少在一定程度上是因為它是「免費的」，而且除非有醫療上的困難，理論上適用於所有的母親。但是，哺乳顧問的服務並不是免費的。吸乳器、哺乳墊、奶瓶、迷你冰箱、特殊的胸罩和上衣，這些能讓那些不能全天陪伴孩子的母親們實現長期哺乳的東西也並非免費。哺乳需要大量的時間，這是許多在職母親，尤其是貧困的母親根本無法擁有的奢侈選擇。根據公共衛生社會學家辛西亞．科倫（Cynthia Colen）表示，只有12％的女性受僱者和5％的女性低薪工作者享有任何形式的帶薪休假；結果，「大多數婦女必須放棄收入才能進行母乳哺育。」[8]

或者說，在母乳哺育之後，人們期望給孩子提供健康的飲食。社會學家凱特琳．丹尼爾（Caitlin Daniel）發現，貧窮的父母清楚地知道什麼樣的食物對他們的孩子最健康。但是，正如任何父母都知道的那樣，當你介紹新的食物以拓展孩子的味蕾時，需要浪費大量的食物。因此，當你的食物預算是在食物券的掌控下，這將會是一個巨大的風險。丹尼爾從她的研究中重點介紹了一位貧窮的母親，她試圖在預算範圍內盡力提供健康的食物，包括尋找她可以用折扣價購買到的外觀不好看的蔬菜，她會將其與米飯、豆類或義大利麵搭配。丹尼爾解釋說：「這些飯菜的成本相對較低，前提是它們能被吃掉。」「但當她的孩子們拒絕這些食物時，一道負擔得起的菜變成了經濟負擔。無奈之下，這位母親只好依賴她的家人更喜歡吃的冷凍捲餅和雞塊。」[9]

不是說貧窮的父母不知道怎樣是好的育兒方式，而是因為各種力量使他們無能為力。對於中產階級的白人來說，拒絕使用這種育兒方式可能會導致社會排斥。但對於黑人或棕色人種的父母來說，這種拒絕會造成社會汙名化，暗示著你們整個種族都是懶惰或無知的想法。而且在某些情況下，它可以作為刑事疏忽指控的證據。二〇一四年，南卡羅萊納州的一名婦女准許她九歲的女兒在她工作時的暑假期間到一個受歡迎的公園玩耍。[10]在此之前，她讓女兒在她工作的空間裡玩筆記型電腦。但當筆記型電腦被偷時，她的女兒要求去公園作為代替。當公園裡的一位成年人問她的母親在哪裡時，她回答說：「在工作。」該女子報警後，其母親因「對兒童的非法行為」被逮捕，而女兒被安置在臨時寄養所。

從很多方面來看，這和加州大學爾灣分校教授允許兒子放學後去公園遊樂場玩的故事一樣。但後果卻明顯不同。這位教授只需處理一封寄給丈夫的被動攻擊電子郵件和校長的電話；這位南卡羅萊納州的婦女則被控犯罪，而且孩子還被帶走。而這些差異都與種族和階級有關；

南卡羅萊納州的母親是黑人，她的孩子在公園裡玩時，她正在麥當勞工作。教授是白人，而且其職業還是個教授。

表面上每個人都有權利去想辦法養育孩子，只要不直接危害到孩子。但是在我們目前的社會中，什麼樣才是**最好的育兒方式**仍然以白人中產階級所制定的標準為準。雖然這種遊戲規則不可能讓人獲勝，但並不意味著這些父母不能強迫大家——包括他們自己——玩到筋疲力盡。

***

當理想和可能的生活現實之間的距離變得無法承受時，倦怠就會出現。職場是如此，育兒也是如此。此外，千禧世代的共同點是我們被灌輸了失敗這種觀念，比如找不到穩定的工作，或存不到足夠的錢來買房子，或無法負擔龐大的醫療債務，這些被視為失敗的事情可以歸咎於只是不夠努力。正如社會學家薇洛妮卡・蒂奇諾爾（Veronica Tichenor）所說的：「工作並沒有改變。職場仍然運作得像每個人家裡都有妻子一樣。每個人都應該是理想的受僱者，不必為了照顧生病的孩子而請假。如果一個家庭難以平衡這一切，那是個人問題。但是當所有家庭都有相同的問題？那就是一個社會問題。」[11]

然而，我們仍然把這個社會問題當作個人問題來對待。更具體地說，是一個母親的問題。長期以來，女性一直負責調和或撫平伴隨社會變革而來的焦慮，當代母親也不例外。當婦女開始進入專業職場時，必須以某種方式去平息隨之而來的對「無母親」的孩子、不整潔的家庭和父代母職的全職父親焦慮，免得強烈的反彈抹去已經取得的任何微小進步。社會有個心照不宣的協議：婦女可以進入職場，但前提是她們必須滿足所有其他的社會期望。她們可能野心勃勃，但仍然要友善；可能很有權力，但仍然要性感；可能認真努力工作，但仍然要煮得一手好飯；可能身兼多職，但仍然是個盡職盡責的管家；可能是個領導者，但仍然符合社會對於女性的期待；可能是工作狂，但仍然是一個犧牲奉獻的媽媽。說得更清楚一點，很多這些期望也被強加在戰後嬰兒潮世代的母親身上，但她們還沒有那麼多的期望要滿足，也還不用包裝自己以表現出所有這些特性，以便在網路上供大眾消費。

男性參與並強化了這些理想，但成功或失敗的主要仲裁者是其他女性。這是父權制控制中最有害的元素之一，它把被它征服的女性變成了它意識形態的主要執行者。而它最生動地表現在許多女性以各種厭惡的方式所描述的競爭性受難：「白人或盎格魯薩克遜的新教徒白人女性（WASPy，White Anglo-Saxon Protestant）似乎沉迷於把受難作為一種育兒哲學，」凱莉，一個來自芝加哥的白人女性告訴我。「從購買所有東西到母乳哺育的暴政，再到寶寶有沒有增重，總是無窮無盡的事情能讓我們感到內疚。我想我們很快就會讓自己盡可能的難受，而不只是過好生活。」

不斷地重新制定同樣的標準，讓生活承擔如此不必要的辛苦，這種操作方式對心理影響是很糟糕的，但這還只是令人筋疲力盡而已。更糟糕的是，當所有這些未經處理的挫折無處可去，就只能朝著與其他媽媽競爭的方向前進。「媽媽們沒有提供合法的社區活動或問題解決的方式，而是幾乎普遍地試圖在育兒挫折中想辦法略勝其他媽媽一籌，」在太平洋西北地區，一名稱自己是「破產的白人大學生」的勞倫解釋道。「我們可以很容易地互相交換主辦遊戲日，讓其中有人可以得到幾個小時的獨處。但那樣的話，就等於承認我們需要幫助，而且顯然不能勝任養育孩子的任務。這樣還不如繃緊神經死死抓住受難的火炬。」

住在新英格蘭郊區的凱蒂看到了自我犧牲的精神與她所謂的「**Instagram** 育兒」交織在一起：「你發布所有美好的事物、愉快的假期、微笑的孩子，而且從沒有過抓狂的時刻。」除了當你真的發布，或者在部落格上寫了瘋狂的事情之外，「就好像這是一個罕見的時刻。」**Instagram** 和臉書已經成為朋友和家人追蹤一個家庭的主要手段。這是一個記錄每一天的地方（而且總是光線充足，非常可愛），但是它的設計是為了展示旅行、花俏的生日派對、最可愛的服裝、關係最緊密的家庭。來自布魯克林中上階級的白人莎夏形容 **Instagram** 上面的媽媽是

「冷靜有條理的媽媽，她的日曆上井井有條地記錄著一家人的約會，無論孩子們幾點睡覺都想和先生來點刺激的性愛，能從容的把工作和家庭分門別類，而且從來不會讓孩子看電視，或吃穀片當晚餐。」

但是，Instagram 的育兒只是「忙碌」狂熱的當代表現形式，溝通學者安・伯內特（Ann Burnett）多年來一直在追蹤針對家庭節日信件的情況，觀察節日前後所寄送的關於一個家庭一整年的長篇描述性總結。隨著她收集的信件越來越多，她注意到信中的作者（大部分都是母親）描寫家庭生活時的一個趨勢：無休止的、塞得滿滿的、狂熱的忙碌趨勢。她開始意識到，她們其實是在競爭。「這是在顯示地位，」伯內特告訴《不勝負荷》（*Overwhelmed*）的作者布莉姬・舒爾特（Brigid Schulte）。「如果你很忙，就代表你很重要。你正在過著充實而有價值的生活。」[12] 換句話說，**忙碌**是某種階級的類別。

在這裡，所有 Instagram 媽媽和受難媽媽之間有一個相似之處。那就是無所不在的工作。首先，透過讓母親們看起來忙碌但從容，「真是場冒險！」之類總是美麗又毫不費力的樣子來抹去工作的影子。然後，因為不工作是不行的，所以你強調這一點，以向你自己、你的伴侶、你的家人和你的同儕澄清你實際上是做了多少工作。這是互相矛盾的，而為了解決這個矛盾（在所有的完美育兒和惱人犧牲之上）只會創造出更多的工作。

這種勞動複合物使你精疲力竭，即使你知道它根本沒有道理，也沒有精力去抵抗它。身為拉丁裔和殘疾人士的西莉亞與丈夫和孩子一起住在中西部的城市。「很多要求在我看來就像是家庭主婦的外加作業，」她說。「『永遠不要讓孩子看螢幕』只是意味著你永遠無法在不受折磨的情況下清空洗碗機或洗頭。如果你對孩子進行睡眠訓練，就會永遠破壞你和他們之間的關係。或者你應該進行『寶寶自主進食』，因為如果你給孩子餵食果泥，他們永遠不會發展出良好的咀嚼能力，而且會因為吃袋裝食物而發胖，即使你根本沒有時間做副食品。」西莉亞能清楚地表達出這些，卻還是承認自己每天都覺得很恐懼，害怕自己在某種程度上會把孩子的成長搞砸了。

許多婦女可以詳細列出伴隨「好」母親身分的大量任務、態度和習慣。然後，在同一句話中，承認自己一天當中根本沒有足夠的時間來完成甚至進行所有這些事情。可是婦女們依舊在嘗試。這是千禧世代的方式：如果體制對你不利，那就試著再努力一點。這有助於解釋過去四十年中最奇怪的統計數據之一，有工作的女性花在育兒上的時間和七〇年代的家庭主婦一樣多。[13]第二輪班的隱喻根本不是個隱喻：她們正在做著兩份全職的工作。為了給這兩份工作騰出時間，她們的睡眠時間減少了。花在自己身上的時間，或者說花在自己身上的休閒時間也少了很多很多。

確實，她們在「新的家庭生活」上花費了更多的時間，這最明顯地展現在與妻子在曼非斯郊外養育五歲孩子的瑞秋身上，她稱之為「該死的混帳 Pinterest」。[14]「除了飲食中需要包含四、五種健康的食物外，我還要每天把她的午餐製作成蝴蝶造型，」她說。「然後是學校的扮裝日，有益於身心健康的的手工藝，應該是為了提高精細動作，同時避免螢幕時間，而且一切都要有個主題。」如果說像編織這樣的傳統休閒活動是快樂的，感到生活壓力的媽媽們卻希望能從中得到賺錢的機會：家住波士頓郊區，形容自己的家庭「經濟拮据」的艾莉卡，發現自己無休止地閱讀 Pinterest 上的文章，比如〈二十一個完全合法的家庭主婦的副業〉她說，「我一直在想，自己是否可以開始做編織的生意，而不只是藉此從中得到樂趣來放鬆。」

「研究發現母親，尤其是為了薪水而外出工作的母親，是地球上最缺乏時間的人類之一，」舒爾特在《不勝負荷》一書中寫道，「尤其是單親媽媽不僅因承擔的角色負荷過重，還被社會學家所謂的『任務密度』，即她所承擔的強烈責任以及她在每種角色中執行的大量工作壓得喘不過氣。」[15]研究家庭時間使用情況的荷蘭學者瑪麗亞．可洛因（Marielle Cloin）向舒爾特解釋這個情況稱作「角色負荷過重」：「不斷地從一種角色切換到另一種角色。」[16]在五分鐘內，媽媽可以從發簡訊給正在難過的朋友，到切水果給孩子作為零食，再到網路上查看食譜，又到隔壁房間調解手足間的爭吵，然後試著聆聽伴侶向她講述他們一天的工作情況。

無論剩下多少閒暇時間都愈來越愈多是花在孩子身上，或者不斷地被孩子打斷。婦女運動，與孩子在一起。婦女社交，與孩子在一起。「我非常渴望獨處的時間，以至於我熬夜的時間遠遠超過了我應該熬夜的時間，只是為了擁有屬於自己的時刻，」住在亞特蘭大郊外的凱蒂解釋。「我為了試圖抽出自己的時間，而使自己更加精疲力盡。」瑪莉是白人，身分為中產階級，她與丈夫（他是印度人）、婆婆住在加州的波莫納。她發現自己經常為她的洗澡時間長短而爭論不休：「我丈夫會抱怨我在浴室裡待了三、四十分鐘。而我意識到，當我說我想洗澡的時候，我真正的意思是我想給自己一些時間，去梳洗、放鬆、思考。」

如果你在外面工作，就會因為自己沒有利用任何剩餘的時間來陪伴孩子而感到罪惡。擔任全職圖書管理員的愛咪對回歸工作的難度感到震驚，因為她的工作經常需要在晚上和週末工作。「我在要充分利用跟孩子在一起的時間上面給了自己很大的壓力。只要我把任何可以和兒子相處的時間花在自己身上，我就會感到內疚。」她說。另外，遠離育兒的時間也被用來談論育兒問題。「當我與鄰居或朋友外出時，我不想談論我的孩子和他們孩子的問題，」住在亞特蘭大的克莉絲汀說。「我有孩子和其他興趣以外的生活。我的母親絕對不會花時間在街區派對上討論我的活動以及我在哪裡做些什麼。丈夫們就沒有這種狗屁困擾。」

當然，現代的父親們也被期望要參與育兒，但標準卻遠沒有那麼嚴格。「我的丈夫不必為了被認為是一個偉大的教授、丈夫、父親、社區成員而努力、卓越、不斷追求進步，」生活在北卡羅來納州的農村，是白人也是中產階級的布魯克解釋道。「也許我也不必這樣做，但我一直覺得自己必須如此。最誇張的事情就是持續的努力似乎仍永遠不夠。」

相比之下，爸爸們可以透過渴望達到「比他們自己的父親做更多」的參與度來找到「足夠」，從簡單的學習換尿布到承擔起全職父母的角色都可以算在內。平均看來，爸爸們分擔了35％的育兒勞動，即使他們不願意承認，因為41％的父親認為自己「平等分擔」了育兒責任。[17]

正如達西．洛克曼（Darcy Lockman）在《無盡的憤怒：父親、母親與關於平等的神話》（*All the Rage: Mothers, Fathers, and the Myth of Equal Partnership*）一書中所說的：「關於現代父親參與性的報導被大幅誇大了。」[18]父親的文化已經發生了變化，但這不意味著父親，即使是那些在孩子到來之前就致力於平等的父親，能夠在家中落實平等。家庭與工作研究所（Families and Work Institute）於二〇一五年的一項研究發現，在沒有孩子的千禧世代就業男性中，只有35％的人相信「傳統的」家庭角色，即「男性應該是養家糊口的人，而女性應該是照顧者。」[19]對於那些已經有孩子的人來說，這個數字躍升至53％。正如身分為西班牙裔、白人和美國原住民的艾莉莎所說的那樣，「直到我們的討論涉及育兒任務的實際分工之前，我從不知道我那進步的丈夫是不進步的。」

對於這種不平等的勞動分配有多種解釋。男人不擅長多工處理；男人不能餵母乳，因此不能在嬰兒早期承擔同樣的照顧角色，女人對男人應該如何完成任務抱有不切實際的期望。洛克曼有條不紊地打破每個觀念，並使讀者省悟。舉例來說，男人並不是「天生」不擅長多工處理。男人是被訓練成不必成為多工處理者；女人則是被訓練成多工處理者。「一切都是我們所謂的性別差異，如果你從不同的角度，比如這方面的權力角度是什麼來看，往往可以解釋一些事情，」神經科學家莉莎．艾略特（Lise Eliot）告訴洛克曼。「假設男女差異是天生的，對男人有很多好處。」[20]

這並不完全是男人的錯。像女人一樣，大多數男人都沒有看過真正平等的伴侶關係模式。一旦照顧模式（以及這種照顧的「專業技能」）建立起來，要改變它們就非常困難。但是，即使是那些試圖完成自己那份家務勞動的男人，像是睡覺前關燈、承擔洗衣工作，也很少能承擔起感覺上最沉重的負擔：「精神負擔」。正如法國漫畫家愛瑪（Emma）所描述的那樣，精神負擔是由家庭中的人（幾乎總是婦女）承擔的，該人的角色類似於「家庭管理項目負責人」。

這位負責人不僅僅要完成家事；他們得把整個家庭的日程表都記在心裡。他們要對家人的健康負起最終責任、維護房子和自己的身體、維持性生活、與子女培養情感、監督年邁父母親的照顧、確保帳單支付、與鄰居交流、節日賀卡的收發、提前六個月的度假計畫、確定航空里程數沒有過期以及帶狗兒出門運動。這些負擔是如此沉重，更何況無論你完成多少任務，負擔似乎都不會減輕。

婦女們告訴我，讀了艾瑪爆紅的漫畫後，她們流淚了。她們從未見過有人描述她們所做的獨特工作，更別說是得到認可了。它在很大程度上是微小得覺察不出的，但它也是如此令人難以擺脫，即使是對擁有最善意伴侶的媽媽們來說。「我把它稱為『你應該要求』現象，」佛羅里達州上流社會的媽媽戴比說道。「我愛我的丈夫，而且認為他真的是個好丈夫，但他只有在被要求時才會做事情。他只有在我明確要求的情況下才會在晚餐後洗碗，然後他從來不會順便把廚房打掃乾淨。即使我明確要求他做某件事，我不知道是選擇性無能還是經常性無能，反正他就是做錯了。」

正如《美國的男子氣概》（*Manhood in America*）的作者麥克．基梅爾（Michael Kimmel）向洛克曼描述的那樣，男性們找到各種方式來「選擇退出」平等勞動。「男性們經常告訴我，『我的妻子因為我不吸地板而一直對我發火，當時我正在看棒球比賽，而她進來說，至少你可以吸地板。於是我做了，然後她回來告訴我，我沒有做得很徹底。所以我就想，我再也不要吸地板了。』我對他們說：『嗯，這是個有趣的反應！如果我是你工作上的上司，我指派你做一份報告，然後我告訴你我對你交上來的東西感到不滿意，你的回答會不會是：那好吧，我再也不做了？』」

當我對人或在網路上講述這個故事時，有些人的回答是，問題在於將一方（母親）視為老闆，另一方（父親）視為僱員。沒錯，這不是理想的情況。但當一方不願意或主動拒絕在家庭中從事平等勞動時，就會發生這種情況。

社會學家莉莎・偉德（Lisa Wade）解釋說：「男人發現要承擔母親的角色實在太困難了，這樣做不值得。」[21]所以，許多女性使自己甘心安於接受這種不平等。「做母親沒有所謂的公平，」一位朋友告訴我。「如果你嘗試，你會把自己逼瘋。我只是試圖專注於成為一個完整的人所需具備的特質，並盡可能地消除這種不平衡。」即使妳感到慶幸，因為「他是更好的人（丈夫）之一」。正如洛克曼所寫道，「掩蓋著某種女性的從屬關係，否則在許多二十一世紀的家庭中是無法容忍的。……**如果我要求的話他會樂意去做**，這只不過是另一項任務，而非一種伴侶關係。」

許多女性覺得，因為她們過得比別人好，所以她們沒有「權利」去抱怨。洛克曼借用社會學中的「相對剝奪理論」（relative-deprivation theory）來解釋這種緘默：「只有當一個人覺得自己比其他參照組成員被剝奪更多時，她才會覺得自己有權利堅決抗議。」妳的伴侶不是最糟糕的；他比他的父親，或者比你朋友那些真正最糟糕的丈夫做得更多。就像來自華盛頓特區的中產階級媽媽莎夏對我說的那樣，「我們的勞動分工是70／30，我認為自己很幸運（這是胡說八道）。」住在中西部郊區的吉兒，為了55／45的分工，她艱苦爭取。「經過大量的爭論和討論才達到這一目標，即使是現在也不太平衡，」她說。「但我知道我的育兒伴侶關係比我認識的大多數人都要好，所以我不敢再要求更進一步。」

結構性問題對於錢少、支援少、或者說彈性少的人來說影響又更大，也讓一些婦女感覺如果她們說出整個系統仍然讓她們感到糟糕的地方，自己好像就是不知感激。「這是我真正討厭自己的地方，」來自中西部郊區的中上階級的婦女莎拉解釋說。「我們很幸運。我們有相當穩定的工作，我們的年薪超過二十萬美元，而且我們的債務很少。我覺得我不應該抱怨倦怠，因為很多人的情況比我更糟糕。我沒有節衣縮食，也不必擔心帳單。我對於抱怨感到很內疚，所以我累積了很多怒氣。」

僅僅因為不平等沒有那麼可怕，並不代表我們不會感受到它。「我可以談好幾個小時的倦怠，以及我他媽的每天都覺得自己很失敗，」住在紐澤西州的中產階級芮妮告訴我。「我對每個有家庭幫助和支持的人都很生氣。而我也前所未有地討厭我的丈夫，因為很多日常和更大範圍的事情都在我身上。我們倆都是全職工作，但事情都在我身上。我實在是太、太生氣了。」憤怒似乎在伴侶閒暇時會特別失控地爆發：「我們的伴侶關係中最能展現出差異的地方在於，週末我沒有坐著的時間，而他卻有，」來自費城郊區的莎拉解釋說，「我也沒有午睡。」

洛克曼指出，有關男性「休閒特權」的研究很多：例如，有學齡前兒童的在職母親在半夜因孩子而起床的可能性是二．五倍。嬰兒的父親在「休閒」中度過的週末時間是嬰兒母親的兩倍。[22]我想起了一位朋友，身為新生兒的父親，他在每個秋季的週末至少有一天的時間是在參加停車場野餐派對和橄欖球比賽，而他的妻子卻不希望他這樣做，這讓他感到氣憤。這不是父親是否應該有閒暇時間的問題，而是很多人把閒暇時間視為一種「權利」，即使母親的閒暇時間漸漸減少到一無所有。

有時候，憤怒會逐漸累積起來，因為你逐漸意識到，使家人受益的決定主要是有利於你的伴侶。居住在南方郊區的珍妮佛，身分為一個酷兒順性別（queer cis-gendered）女性，在養育孩子的前四年，她和一個異性戀的順性別男性結婚。在他們有孩子之前，她認為他會像許多其他丈夫一樣成為一個好父母，他闡述了希望他們之間平均分擔育兒勞動的希望。當他們有了第一個孩子後，她的丈夫正就讀醫學院，而受過律師訓練的珍妮佛找到了一份有彈性的工作，工時要求相對較低，這讓她得以承擔大部分的家務勞動。後來，當他們很難找到適合她上班時間的托兒所時，她被迫辭職。「這似乎是對我們家庭的正確選擇，」她解釋說，「儘管這意味著我基本上放棄了法律生涯。」

但她放棄愈多工作生活，她在家裡必須要做的事情就越多，尤其是在他們的第二個孩子出生後：「對我要求的期望只增不減，而我的伴侶要做的貢獻只減不增，因為他堅持說他太累了，不能幫忙。」如果其中一個孩子半夜醒來，他無論如何都不肯起床，堅持自己需要睡足一整晚才能工作。

在許多方面，這種情況的指導邏輯都是善意的，並且在全國各地拒絕被貼上「傳統」標籤的家庭中複製。父母中的一方出於需要留在家裡；另一方則留在高壓、高工時的工作崗位上，希望有朝一日能得到回報：「你傾向於順從你的配偶，而且明明知道很困難，還是硬撐下去，堅持到最後，」珍妮佛解釋，「你的想法是，有一天你會更輕鬆、更舒適、更穩定，希望在那天到來之前你們不會離婚。」

珍妮佛的丈夫和許多在家工作的人的伴侶一樣，將所有的家庭照顧事項都視為她的「工作」。但正如珍妮佛指出的那樣，這是一份沒有報酬的工作，要求她每天二十四小時待命，而且沒有休息時間。如果她向他尋求幫助，或者沒有完成某件事情，就會被認為她是不是工作不夠努力。她是不是在他工作的時候睡了個午覺？還是電視看太多？她覺得自己不被信任、不被重視，而且最重要的是，她感到疲憊不堪。

「儘管之前多年來我一直是家中養家糊口的人，並且擁有更好的直接就業前景，我還是看到這種動態在我自己的婚姻中上演，」珍妮佛說。「但是我也看到它在我朋友的婚姻中上演，他們之中許多人仍然維持著婚姻，因為他們不知道除此之外還能如何運作。」畢竟，當你看起來好像沒有其他選擇的時候，你感到多麼憤怒或疲倦都不重要。而且，當別人看不到你在家中還是外面的工作所具有的價值時，其他人很難理解你為什麼如此憤怒和疲倦。

***

經濟上的不安全感使父母缺乏安全感。他們選擇對抗這種不安全感的方式，往往取決於他們目前的階級，而且進一步取決於他們所經歷的不安全感程度。舉例來說，擔心你的孩子這一週是否有足夠的食物吃，和擔心你的孩子不能像他們的朋友一樣去參加昂貴的大學預備夏令營，這兩者之間是有區別的。

實際上，這兩者都會導致倦怠。但貧窮是一種特殊的疲憊，被社會汙名化和使用旨在幫助窮人的社會福利計畫實在是令人精疲力盡。一位社工師曾經告訴我，他認為美國的援助官僚主義是刻意的、無休止的繁瑣，以此作為制止那些最需要幫助的人的手段。當你尚且營養充足、有一個安全穩定的住處時，所有你需要面對的決定和多工處理已經讓你很難兼顧；而當你不具備這些要素時，那些決定將會變得無比困難。

研究人員發現，貧困給窮人帶來了「認知負荷」。他們必須將大部分的精神力量投入到尋找和維持生活的基本要素上，以至於幾乎沒有剩餘的時間去研究、儲蓄、註冊和在職進修，更不用說找到做回家功課的精力了。[23] 按時支付帳單對於倦怠的中產階級來說已經是一件困難的事情；那麼請想想看，當你沒有電腦，或沒有多餘的錢去買郵票的時候，這件事又會變得多麼困難。

在《匱乏經濟學：為什麼擁有的老是比想要的少？面對匱乏感最強烈的時刻，你該如何做聰明抉擇？》一書中，經濟學家森迪爾．穆蘭納珊（Sendhil Mullainathan）和心理學家埃爾達．夏菲爾（Eldar Shafir）分析了「匱乏感擄獲大腦」的方式。正如夏菲爾在接受 Citylab 採訪時解釋的那樣，「當你的頻寬被佔滿，對於窮人來說，你只是更可能不會注意到一些事情、你更可能不會抵制一些你應該抵制的事情、你更可能會忘記一些事情、當你的孩子放學回來時，你會更沒有耐心、更少去注意他們。」貧窮的父母不會「抵達」倦怠那個終點。他們只是從未離開過它。

身為下層階級的白人洛琳，在她和丈夫負擔不起保姆費用時選擇成為了一名全職家庭主婦。他們獲得了房租優惠，但在很大程度上要靠原生家庭和食物券來維持生活。「我沒錢帶女兒去參加幼兒課程，我們也沒機會去旅行，」她說，「我經常擔心是否有足夠的尿布，而且我住的地方公共交通或步行區域有限，很多時候我甚至沒有車能夠開去公園。」所有這些使她感到更加疲憊，尤其是當社區中的其他人對女兒的正常擦傷和瘀傷發表評論，並將其與她有時候會去家庭式托兒所或教會托兒所的事實連結在一起的時候。不管她多麼努力地想「正確地」養育孩子，其他人總會因為她沒有做得更多而使她感到羞愧。

身為以色列猶太人的娜娜，住在一個小郊區，她形容自己是一個貧窮的單親媽媽，「持續的恐懼、壓力、焦慮和孤獨」。她選擇了一條可以讓她擁有更多時間陪伴兒子的職業道路，但是現在發現自己在下班後還要從事額外的工作才能維持生計。「工作永無止境，」她說，「金錢永遠不是一件確定的事情。這讓我更難陪伴我的兒子。」勞倫是住在太平洋西北地區一名「經濟條件較差」的全職大學生，與丈夫共同撫養兩個孩子，丈夫晚上工作，白天睡覺。她的倦怠感隨著「試圖釐清帳單該如何支付、如何精減預算，以及離發薪日還有幾天」等額外壓力而加劇。

而當你「試圖成為中產階級」，但同時又試圖養育一個有特殊需求的孩子時，每一項任務都感覺加倍困難。「你想談談親職倦怠嗎？」住在匹茲堡郊外的白人梅勒迪斯問道。「跟有特殊需求孩子的父母談談吧。是我們發明了親職倦怠。」

梅勒迪斯將倦怠描述為一種感覺，好像「有一百顆球在空中，你知道會掉下來一些，但卻不知道哪些球會掉下來、它們有多重要，以及它們掉下來的後果。」她一直在想辦法，如何在他們的日程表中為孩子「多安排一次治療」，但同時也懷疑「那治療值得嗎？我們能獲得它嗎？我們必須和誰爭取才能得到它？」自稱是白人、酷兒和神經多樣性（neurodivergent）患者的雪莉兒正全職照顧她有障礙的孩子，她覺得自己一直在與放棄的慾望戰鬥，因為她不可能「正確地做到每件事」。「那到底意味著什麼？」她問，「但繼續太過努力，可能真的會要了我的命，我可能會因為疲憊或心臟病發作而昏倒。」

金錢可以幫助緩解經濟上加重倦怠的症狀。但症狀緩解與治療不同。拉丁美洲裔的大學教授史蒂芬妮將自己婚姻的毀滅歸咎於倦怠。隨著她獲得穩定的經濟來源（以及穩固的中上階級地位），她得以離婚並找了治療師做諮商。用她的話來說，避免了「燃燒殆盡」。但是她一直對自己的財務狀況感到不安。「在工人階級中長大意味著我總是擔心積蓄，以及我認為我不能幫助我的孩子們在大學以外的很多事情，」她說。「而且我還是極度疲倦，醒來後還要擔心如何支付夏令營和牙齒矯正器的費用。」

***

像史蒂芬妮這樣中上階級的父母並不擔心支付基本的經濟開支。他們擔心的是階級的**向下流動**。如果史蒂芬妮的孩子不去參加夏令營或者戴牙齒矯正器 他們維持中產階級地位的機會是否會下降呢？聽起來似乎很傻，但這是一種真實、有動機的恐懼。階級地位下降，就等於扭轉了祖父母、父母或自己辛辛苦苦達成的向上流動。這感覺悲慘地不符合美國的習俗、原則與傳統的特徵。這也是為什麼那麼多父母為了避免這種情況，把自己逼入更深層的倦怠。

以住在費城外郊，身為白人和中產階級的凱西為例。她是一名律師，丈夫是一名護士。但他們有四個孩子，最近宣布他們破產了。「如果我們沒有錢，我們如何送孩子們去參加夏令營，如何為我們有特殊需求的孩子請家教？」她問道。「當我們沒有資金時，我們如何去參加生日派對，如何維持社交生活呢？」他們所做的，和其他數百萬勉強維持中產階級生活方式的人一樣，就是深陷債務之中。

梅勒迪斯是一位自稱「受過高等教育的白人女士」，她憤怒且明確地表達出自己的倦怠，「通常是由不間斷的工作與沒完沒了的家務管理所交織而成，」再加上鄰里間對於自家房屋必須保持一定外觀這種「令人討厭的」任務。「我們必須把房子保養得很好，以滿足屋主協會（**Homeowner Association, HOA**）的要求，」她解釋說，「而且如果孩子們的朋友去參與某活動，我們的孩子若沒有加入，我的丈夫就會感到內疚。所以我只好參與其中，這樣我的丈夫就不會再問該活動的事了。但後來我發現，我是負責該活動裝備存放在哪裡，並確保它乾淨的唯一負責人。」然後，她說，「我覺得自己很糟糕，因為我為了『富有白人女士的困擾』感到倦怠，與其他人的問題相比，它們是如此微不足道。」

儘管他們經濟上有保障，但是梅勒迪斯說，她所有的育兒決定「都是來自於『這樣做會讓我的孩子在三十歲時想住在我家地下室裡的機會是更多還是更少？』」換句話說：如何讓他們在經濟上和心理上都能獨立？對於住在愛達荷州北部一個小鎮上的艾莉莎來說，當她的家庭從東海岸搬遷來後，她的倦怠感大幅降低，因為在東海岸「擁有正確的東西和負擔私立學校的壓力更多」。在愛達荷州，他們不需要那麼大的工作量，也能賺到足夠的生活費，以支付包括保母薪水在內的額外兒童照顧費用。「我們覺得很有安全感，」她說，「但是要存夠大學的學費仍舊壓力很大。」

這種焦慮常常以更多活動的形式表現出來。一些中產階級的千禧世代在滿滿的日程表中長大，但是與他們現在覺得必須在嬰兒時期就開始為自己孩子排滿日程的方式相比，它們顯得相形見絀。在《遊戲日：父母、孩子與對遊戲的新期望》（*The Playdate: Parents, Children, and the New Expectations of Play*）一書中，塔瑪拉・R・摩斯（Tamara R. Mose）採訪了紐約市各地的父母，瞭解他們的遊戲日及引導著他們的「潛規則」。毫不意外地，她發現遊戲日的主要發起者不是孩子，而是父母。儘管日程安排已經很緊湊，但他們總是會抽出時間來參加遊戲日。並不是因為它們減輕了父母的勞動（在很多情況下，父母雙方在遊戲日當天都會在場），而是因為這對父母雙方和孩子來說是一種「社交聯繫」，或者說階級聯繫。

從「一起玩」到「遊戲日」中間的轉變，使曾經是兒童生活中隨意的一部分正式化。它從兒童主導（「我要去愛蜜莉家玩」）轉變為家長指定，伴隨在家長指引下進行手工藝、吃零食和社交的期望。因為是家長指引，所以由家長來決定哪些家長是「正確的」社交對象：幾乎都是和自己同階級、同教育水準、同教養方式的家長。這種情況下，摩斯認為，遊戲日成了菁英社會階級「複製」的主要場所，即使是在紐約市這樣一個經濟多元化的地方也一樣。

中產階級的父母可以誇張地（如果是下意識地）勢利，但他們對另一個家庭「糟糕」育兒習慣的恐懼，只是老舊的階級焦慮和不穩定的另一個版本。當父母試圖與「正確的」那種家庭建立聯繫時，他們真正想做的是建立一張保險契約，讓他們的孩子在餘生中保持這些中產階級的聯繫、習慣和熟悉感。在這種邏輯下，與「錯誤的」家庭相處就像接觸到一種傳染病，有可能讓孩子永遠染上階級向下流動的疾病。

根據父母在經濟光譜中的地位，他們可能會花費巨大的精力去安排「合適的」遊戲日，或者隱瞞他們的家庭可能不是合適遊戲日的人選。住在多倫多的白人母親愛咪告訴我，她討厭舉辦遊戲日，不是因為孩子本身，而是因為擔心如果其他父母知道他們的階級地位可能會發生什麼事情。「我擔心孩子們會對他們的父母說什麼，因為我們是租公寓，沒有擁有適合的房子，」她說。「我強調要給他們吃什麼，這樣才能顯得我在食物準備方面遵守規範，我還強調我的房子不夠乾淨，我們的宜家傢俱也不夠標準。」她總是主動提出處理所有的接送工作（為自己製造更多的工作），以確保其他父母不會看到他們的生活狀況。

在接受麥爾坎．哈里斯的採訪時，摩斯本人描述了作為黑人母親要確保自己的孩子以「正確方式」玩耍的壓力：「我一直想表現出一個體面的黑人家庭的樣子，因為我知道所有關於黑人家庭和黑人兒童的刻板印象，」她說。「所以我總是想確保家裡乾淨，我總是想確保提供適當的食物。而『適當的食物』指的是有機食品或水果和蔬菜，不是垃圾食品或其他類似的東西。」[24]換句話說，這是向中產階級的白人父母證明你的孩子值得和他們的孩子來往的一種勞動。

哈里斯把遊戲日與某種形式的私立學校相比，遊戲日當天，「較富有的父母會把孩子從公共場所帶離，然後把他們隔離在某個有賓客名單及入場費的地方。」這真的是形容新中產階級孩子生日派對的一個很好的方式。在我成長的過程中，我曾在溜冰場舉辦過一次派對，還有一次派對是以我最喜歡的書《最後時刻》（*The Eleventh Hour*）為主題。我媽媽至今還在抱怨這件事。但我是指揮這些派對的人，也是列出邀請名單的人。當今的派對，尤其是為幼兒舉辦的派對，在試圖進行階級複製這方面，幾乎是明顯地荒唐可笑。

「生日派對不一定是為孩子準備的，雖然很多人試圖描繪成是關於孩子的生日派對，」摩斯寫道。相反地，這是一種「恐慌」的表現：「需要保持母親的身分和在社區中的角色」，同時彰顯「經濟優勢，以及階級優勢」。[25]在《美麗心計》這部表面上是關於謀殺案件，但是實際上是關於階級維護的影集中，當雷娜塔．克萊茵得知丈夫因為詐欺罪被捕，他們的資產將被清算時，她為小女兒舉辦了一場奢華的七〇年代主題生日派對。這樣的派對是為誰而辦，或者交流的用意是什麼，不言而喻。

《美麗心計》是一部通俗劇，但它的情節源自略高於現代父母焦慮標準的版本。我和一位名叫茱莉的婦女進行了交談，她形容自己的家庭是白人和中上階級，最近從紐約威斯特徹斯特郡附近的一個小鎮搬了過來，她說在那個小鎮裡「每個人都太誇張了」，比如一次典型的媽媽採購會為孩子的遊戲室買上數個 Yogibo 的巨型枕頭（花費：每個一百美元）。「我只是決定自己不會跟進，並會嘗試按照自己的方式做事，」她說。「但是我的兒子當然想在那些有充氣屋的地方舉辦生日派對。所以我們最後花了七百多美元辦了一場有十二個孩子來參加的派對。」

即使是像茱莉這樣試圖抵制參與生日這種「社交儀式」的父母，也會被捲入其中。小孩子畢竟只認為自己是去參加一個派對，而不是露骨地表現出**階級的不安全感**，這種不安全感使每一個參與的成年人都悄悄地在心中痛恨自己。

＊＊＊

如果養育孩子就像工作和技術一樣，已經變得如此艱難，我們為什麼不做點什麼呢？如果這顯然是一個共同的社會問題，為什麼我們繼續欺騙自己說這是個人的失敗？以負擔得起的、可靠的托兒所為例。找到它的壓力就大到非常荒謬。如果可靠，那麼它幾乎負擔不起；如果負擔得起，它幾乎不可靠。照顧孩子的壓力通常會促使父母中的一方不情願地辭去他們熱愛的工作；它促使另一位父母工作的時間遠遠超過他們願意的時間，只為了負擔起所需花費。

不僅是給幼兒，還包括需要在上學前和放學後受照顧的兒童在內，負擔得起、普遍提供的托兒服務將具有啟示意義。它將會減輕許多父母，特別是母親的巨大重擔。我們補貼農民，補貼當地的商業發展，我們一味地資助公立學校教育。那為什麼負擔得起的、普遍提供的托兒服務還沒有出現呢？

似乎有兩個環環相扣且令人深感沮喪的原因：男性仍然不重視家務勞動的價值，而且男性主導著我們的立法機構和絕大多數的公司。他們不把當代的育兒的成本，或伴隨著它的倦怠當作一個問題，更不用說是一個危機。因為他們不能，甚至拒絕對它感同身受。無論這些立法者是身為保守派、或「親婦女派」，甚至是「女權主義者派」，都不重要；重要的是，這並沒有成為立法或公司福利政策的優先事項。

雖然政商界有一些女性確實在宣導這些政策，但她們要麼還沒坐上足以執行這些政策的權力地位，要麼即使她們真的有權利，也常常利用她們的平臺來證明這些變革其實並不需要。雅虎前執行長梅莉莎．梅爾（Marisa Meyer）在生下第一個孩子後拒絕休超過兩週的產假，這是一種不能適應為人父母現實工作的文化症狀，也是一種表明她願意按照這種文化運作，並暗中加強這種文化的症狀。

當然，也有例外。巴塔哥尼亞公司率先建立了有補貼的企業創辦托兒服務；在蓋茨基金會，每位員工都享有一整年的育嬰假（最近已縮短為六個月，外加兩萬美元的育兒費用）。但是，企業層面的解決方案還遠遠不夠：正如我們所看到的，市場的裂解確保它們只能延伸到某個階級和階層的受僱者。緩解親職倦怠不應該是中產階級的特權。畢竟，如果你只對中上層階級提供救濟，那麼對「跌落」到較低階級的恐懼就會一直存在。換個角度來說。你可以擺脫育兒費用，但不意味著你能擺脫無休止的階級表現、生日派對或 **Instagram** 上展現出的完美。

原因是系統性的，這就是為什麼解決方案必須是整體性的。實際上，它很簡單。改變親職的基本安排，你將改變為人父母的感覺。這就是為什麼解決親職倦怠的方法不會是來自心理學家和家庭治療師撰寫的《倦怠的媽媽》（*Mommy Burnout*）或者像瑞秋．霍利斯（**Rachel Hollis**）等賦權專家撰寫的《女孩，別再道歉了！》之類的書籍。這些書解決了精疲力竭的症狀（你不必完美、拋棄媽媽的內疚），但避開了造成精疲力盡的更大的結構性原因。正如洛克曼非常有說服力的論證那樣，為家庭建立持久的、公平的勞動分配的主要方法之一就是當非生孩子的那一方長時間請假，而且最好是單獨請假。[26]在這段時間裡，原本看不見的勞動，包括最重要的、承擔**精神負擔**的勞動，會開始變得清晰可見。

但這需要政策上的改變。你無法像潔西卡・特納（Jessica Turner）在《零碎時間》（Fringe Hours）一書中所建議的那樣，抽出時間學習聖經或在早晨寫日記，或者像珍西・唐恩（Jancee Dunn）在《我如何忍住不踹孩子的爸：不要在該溝通時選擇暴走，專治老公耍廢、耳背、扯後腿的溝通與話術》一書中所提出的透過學習如何像成年人那樣爭吵等方式來解決親職倦怠的問題。你不能用「自我照顧（self-care）」來解決，這是由奧德雷・洛德（Audre Lorde）所提出的一種概念，用於描述如何給自己一個空間，讓自己從對抗系統性壓迫的疲憊戰鬥中恢復過來，這個概念隨後被享有特權的白人婦女所借用，以允許自己逃避許多她們（有意或無意地）所協助延續的標準和日程表。你可以（暫時）使自己感覺好些，但世界仍然讓人感到崩潰。

為人父母永遠不可能不需要擔心、沒有比較、沒有壓力。但可以大大減少所有這些事情。要做到這一點，我們必須承認有關於親職的進步理念尚不足夠。我們目前的父權資本主義破壞了這些理想，不管它們是多麼的重要或深植人心，取而代之的是它們往相反方向的退步，例如家務勞動的嚴重不平等分配，對婦女勞動的普遍低估，以及為那些沒有承擔主要育兒責任的人所設計的工作。

這並不代表抽出時間寫日記，或者與伴侶一起接受治療以解決勞動分配問題，或者跟朋友一起發洩不會讓你感覺更好。但是它不會讓其他父母，或者當你的孩子成為父母時的生活變得更容易。我發現自己回想起我曾接收到關於如何真正減少倦怠的最佳建議之一：不僅要思考如何減少自己的倦怠，而是要思考你自己的行為會如何引發和煽動他人的倦怠。

這些建議對於閱讀本章的任何男性伴侶十分幫助，但其實它對每個人都是有用的，不管你發現自己有多麼倦怠，也不管你作為父母的狀態如何。如果你想讓自己感覺不那麼疲憊、不那麼怨恨、不那麼充滿了難以言喻的憤怒，不被折磨成最瘦弱、最不討人喜歡的自己，那麼你就必須採取行動、去投票，並宣導解決方法來讓生活變得更好。不僅僅是對你，或者是對那些看起來、說話和行為像你一樣的人，以及和你一樣有家庭的人——而是每一個人。

結尾：燃燒殆盡

上一章缺少了一些內容：我。我不是父母，而且，除非有一些戲劇性的生活轉變，否則不會成為父母。人們有各式各樣的理由不生孩子。他們無法懷孕、他們不特別喜歡孩子、他們不認為他們會是好的或穩定的父母、他們只是不想。我不生孩子有多種原因，所有這些原因最終都可以追溯回倦怠及其所促進的文化。

就像愈來愈多的千禧世代一樣，我也「延遲」了成人的里程碑：我直到三十一歲才有了**401k**退休金帳戶。我直到三十七歲才買了房子，而且只是因為我搬出了紐約。我仍然沒有結婚，也不打算結婚。不是因為我和我的伴侶沒有長期的計畫，而是因為我覺得沒有必要。還有就是孩子。如果我現在懷孕了，我會被認為是「高齡產婦」。

但是，是我主動選擇了延遲這些事情，還是社會的現實讓我除了將它們延遲之外，沒有其他辦法了呢？你可以不同意我去讀研究所的決定，但我是在約定俗成的情況下做出此決定，因為這個決定最終會讓我得到一份穩定的工作。我盡可能快地完成了我的課程，但還沒有快到能在三十歲之前畢業。我知道有其他人在就讀研究所期間生孩子（趁著你還有醫療保險的時候生！你可以在嬰兒睡覺的時候寫論文），但是我已經一直在工作了，在照顧嬰兒的同時還要做同樣多的工作，簡直就是不可能的任務。

我畢業後，花了幾年的時間在全國各地尋找工作，當時我的儲蓄帳戶中只有近一千美元，這顯然也不是生孩子的最佳時機。然後我成為了一名記者，住在紐約一個勉強可以容納一條狗的公寓裡，每個月有四分之一的工資要拿來還助學貸款。與此同時，我的朋友們開始相繼懷孕。她們談論著嬰兒手推車（昂貴）和生產計畫（更昂貴），而我幾乎沒有足夠的存款來支付其中任何一筆支出的費用。然後，她們開始談論兒童照顧計畫，以及他們的父母如何幫忙照顧一或兩天。那時我意識到我什麼都沒有。他們談論著保姆和共享保姆，其支付費用是我十年前工資的兩倍。我怎麼可能負擔起這些費用（哪怕只是一部分），同時還要支付紐約的房租和我的助學貸款呢？

一位朋友完全退出了工作崗位。另一位朋友則是將原本每週的工作量，排在四個工作天裡完成。上班期間沒有可以安心擠奶的空間。即使是我朋友中最主張男女平等的人，也似乎認命地讓他們的丈夫從事遠低於等量的家務工作。我看到他們每天多麼努力地工作，以及如何積累的疲憊。他們那麼愛他們的孩子，我也愛他們的孩子。我愛孩子！我是個保姆！他們做到了，我為什麼不能呢？

這句話很具有啟發意義。他們終究可以執行育兒工作。更多的工作，無休止的工作，繁雜的工作。孩子曾經是勞動的必需品：多了一張吃飯的嘴，但也多一個人來減輕要完成的工作量。但現代的育兒標準意味著養孩子成了工作。你必須在外面工作以獲得足夠的錢來支付他們的規劃栽培，而且還得付出規劃栽培本身所需的實際勞動。我需要閱讀的書籍；我需要參加的小團體；我需要參加的極其單調乏味團體音樂課；我需要忍耐的選校壓力；我需要內化並讓它在我心中擴大的批評，直到它完全把我吞噬。工作、工作、工作。

這就是為什麼我無法看到自己這樣做的原因。我已經在拚命工作、分身乏術，幾乎勉強度日。在沒有支持、沒有調節或理解的情況下，更多的工作只會讓我徹底瓦解。

我知道人們抱持的反對意見，人們把養育孩子作為優先事項。如果你發現自己為人父母，你就會想辦法解決。但是我的行業以及其中的專業已經如此不穩定。剝奪了我能一直工作的能力，也就剝奪了能區別出我這個人的能力。當然，我可能會有一個我愛的孩子，但是我也可能因此失業或學非所用。

當人們考慮要生孩子時，為了讓養育孩子成為可能，他們經常會「算道數學題目」：他們會停止在這個預算項目上花錢，或者請一個家庭成員來接手一個下午兒童照顧的工作。或者，他們會用各種方便的妄想來說服自己，生養孩子真的不會那麼難，或者說，難的部分只會持續一小段時間。

我就是無法解決這題數學問題。最重要的是在經濟上，即使我搬離了紐約，發現自己的經濟狀況更加穩定後，我也無法用不同的方式來解決這道數學難題。我努力工作了這麼多年，終於在幸運的幫助下找到了暫時的安全保障，在我的工作上，在我的個人生活中，和我的伴侶一起。我讀了夠多的書，也觀察了夠多的現象，知道在我的特殊情況下，孩子們的出現會如何破壞這一切。

現在，我想要明白的告訴你，孩子本身不是社會問題，孩子很棒。當我和父母談論他們的倦怠時，我也一定會問是什麼給了他們極大的快樂，而他們的答案都很崇高。但是，我們目前的社會組織，包括學校、工作、性別與這兩者交織的方式，都將孩子變成了小型的生活炸彈。確切地說，孩子並非炸彈，而是伴隨著孩子而來的**期望**、**財務**和**勞動現實**。

每天，人們都相信這樣的磨難是值得的。而且說句公道話，十年前我也曾相信，另一種不同的磨難——大量的助學貸款——是值得的。如今，孩子是比博士學位更有價值的破壞球，但引導我們做出這些決定的動力仍然沒有改變。感覺起來擁有他們就是正確的，就像是我們能做出的最佳選擇一樣，就像是某件我們做了絕不會後悔的事情。我們對繁衍的渴望，就像我們對知識的渴望一樣，會讓我們產生暫時的失憶症，能夠否認殘酷的生活現實對你會是那樣的殘酷或真實。

你可以把這種心態稱為千禧世代心態（我很傑出，如果我再努力一點，對我來說情況將會有所不同），或者是美國人心態，抑或只是生物學上的人類，因為我們的思維欺騙我們去繁衍我們的物種。畢竟，我們的身體幾千年來一直做著類似的事情，否則，你將如何說服婦女一次又一次地生孩子呢？但是，現代文明的歷史也是女性逐漸瞭解自己可以擁有和男性相同選擇的歷史：首先，不要生那麼多的孩子，然後，時至今日是完全不生孩子。

我決定不生孩子。我明白，有些人可能會說這是自私，而這種自我放縱已經成為構築自我保護的必要方式。但是如果我們的社會繼續對一般父母，尤其是對母親的生活充滿不友善，那麼愈來愈多的千禧世代會準備考慮這個決定。

二〇一九年八月，全國公共廣播電台刊登了一篇關於千禧世代的文章，其標題為「較少的性愛，更少的寶寶（Less Sex, Fewer Babies）」。這篇報導和許多同類文章一樣，將生育率下降的原因歸咎於網路約會，花太多時間在網際網路上，以及年輕的男、女性優先考慮他們的職業生涯。現年三十歲的拉希米．文卡特什已結婚並獲得了科學博士學位，她告訴全國公共廣播電台，她曾想像過「完整的職業生活和完整的家庭生活」。但是她根本無法想像休三到四個月的產假會對她的職業產生什麼影響，或者她將如何支付持續照顧寶寶的費用。那種完整家庭生活的想法「已經被擱置了」。[1]

像拉希米這樣的故事，以及像我這樣的故事越來越為人們所熟悉。它們不僅僅是軼事；它們累積起來會帶來重大的統計變化。僅在二〇一七至二〇一八年間，出生率就下降了2%，出生總數創下了三十二年來的新低。這些不生孩子，忍受「性乾涸期」的人是誰呢？他們是千禧世代。雖然在網路上的時間增加，以及約會應用程式軟體和職業野心可能是導致性愛減少和孩子減少的直接原因，但是真正的原因是倦怠。

我們在網際網路上花更多的時間，是因為上網就是我們的工作，或者因為我們太疲倦了，以至於在我們近似閒暇的時間裡，我們唯一能做的事情就是社交媒體，或者快速流覽新聞。我們依賴約會應用程式並不是因為它們讓約會變得更好，而是因為它們讓約會變得更輕易：我們可以在工作空檔的五分鐘透過網路打情罵俏。實際的約會次數下降並不是因為像某些人說的人們無法直接面對面溝通，而是因為實際的約會必須花費大量時間來認識一個人或多個人，如此一來將佔用你可以工作的時間。或者在一整天盯著電腦之後，你很難說服自己，你有精力與寵物以外的任何人進行互動。我們不是因為性慾減少而導致性生活減少；我們缺少性生活是因為我們早已精疲力盡。

我們不是因為對事業的熱愛遠遠超過對寶寶的熱愛，而等待或選擇不要孩子。我們只是努力地想瞭解，在我們社會目前的結構下，如何能讓我們兼顧兩者，而不至於在這個過程中失去自我。女性已經是次等公民了，當她們成為母親後，只會變得更加如此，而且不得不更努力工作以證明自己不是這樣的人，或者以一種拒絕這種命運的方式生活。

多年來，美國人一直在忍受倦怠。我們許多人的父母這樣做是希望我們能過上更好、更安全、不那麼焦頭爛額的生活，然而今天我們自己仍在這樣做。我們更努力地工作，但只獲得更少的回報，還將我們的疲憊和不穩定歸咎於自己的失敗，而不是社會的失敗。可是拒絕解決倦怠問題當然會對個人產生影響，也會對整個國家產生影響。

這不是猜測。看看日本，截至二〇一八年，日本的生育率僅為一．四二。要保持國家人口穩定——不是增長，只是保持穩定——需要二．〇七的出生率。但日本的出生人數逐年減少。二〇一八年的出生率是該國自一八九九年開始保存出生記錄以來的最低數值。

一九九五年，三十五歲至三十九歲的日本婦女中，只有10%的人從未結過婚。到了二〇一五年，該年齡段的女性中有近四分之一的人未婚。放大來看，很容易看出原因：一旦結婚，職業婦女仍然需要負責家中絕大多數的家務並照顧孩子。她們要花幾個小時在晾衣服、洗碗、做飯，還要為孩子的幼兒園填寫永無止境的文書工作：活動日誌、每日的活動和用餐記錄、每次家庭作業的簽名。日本版的育兒Pinterest則是精心準備並帶有主題的午餐便當。

根據一項政府資料的研究，每週工作超過四十九小時的日本婦女，每週仍要做近二十五小時的家務。她們的丈夫平均仍不到五小時。而即使男人想在家務方面付出更多的貢獻，過勞的企業文化也讓這種想法幾乎不可能實現。各個領域的受僱者都要經常以一種超越美國標準的方式招待客戶和老闆。[2]選擇退出，嗯……並沒有這個選項。這也解釋了為什麼在二〇一八年，只有6%在私營部門工作的日本男性真正休了陪產假。在職場上的父親可利用的全年時間中，男性平均只休了五天假。[3]正如京都大學社會學教授內本久美子對《紐約時報》所說的那樣：「對於很多有工作的女性來說，顯然很難找到一個可以承擔家庭照顧責任的男人。」[4]

而倦怠現象普遍存在。二〇一七年，四分之一的日本公司員工每月加班時間超過八十小時，通常是無加班費。[5]受雇者每年有二十天的假期，但其中有35%的人一天都沒有使用。日本甚至有一個名詞「過勞死」專門用來形容加班致死狀況。這個名詞在一九八〇年代被廣泛使用，因為當時日本正走在通往全球主導地位的道路上。但在當時，過勞也意味著終身的保障：你把自己奉獻給一份工作，而這份工作又為你和你的家人提供了長期的保障。現在情況不再如此，但受僱者的工作時間和企業壓力維持相同。

近年來，日本政府一直在努力遏制其所認為威脅著整個國家未來生育和勞動的危機。有鼓勵生育、婚姻的運動，有強制僱主允許所有受僱者在每月最後一週的週五下午三點離開而不扣工資的「**Premium Friday**」規定，以及試圖遏制強制無薪加班的政策。[6] 日本環境大臣在二〇一九年一月宣布計劃在孩子出生後休陪產假成為頭條新聞：在三個月中分散休完兩週的假。但是許多日本人仍然懷疑這些變革會產生實質性的改變。日本的職業母親不再需要工作到晚上十點，但這不代表她們的丈夫不用，也不代表這些女性不會因為無法像男同事那樣證明自己的敬業精神而在晉升或其他職場機會中被忽視。

日本一直等到陷入危機時才決定採取行動，但是這些行動未能全面解決倦怠文化和與之相伴的性別不平衡問題。面對著靠自己努力工作並取得優異成績的前景，或是在事業處處受阻的情況下，一邊又為家庭做著所有的家務，難怪這麼多日本女性選擇退出：退出婚姻、退出母親的身分，或者是退出女人需要這兩者之一的觀念。

人們會說，日本的情況獨一無二，這裡不會出現這種情況。但日本在意識形態上的內疚和矛盾，並不比美國或任何其他國家來的獨特。日本發生的情況很具教育意義：是一個明確的信號，當一個社會忽視、激勵、要求或以其他方式將倦怠標準化時，它就會自我妥協。由此產生的不平衡可能不會立即顯現出來。但隨著時間流逝，一個國家最珍視的意識形態，即辛勤工作將帶來回報、最優秀的人才能成功、教育是最重要的、事在人為等等的基礎所出現的裂痕只會愈來愈大，變得令人不堪負荷。在美國，我們試圖用更多的工作來快速填補這些裂痕：更多的電子郵件、更多孩子的活動、更多的社交媒體發文。我們不停地走，甚至越過了精疲力竭的終點線，因為如果我們不這樣做，誰知道會發生什麼事？

但是慢慢地，事情開始發生轉變。也許你崩潰了，但也很可能你沒有。也許你厭倦了過多「生活小訣竅」的部落格文章，並想將手機扔到窗外。也許你去度假了，但卻毫無感覺。也許你意識到自己在等紅綠燈時，會毫無理由地一直查看 Instagram。也許當你在讀這本書時，轉變正在發生。無論你自己生活中的這種轉變是什麼樣子，真相都是一樣的，那就是：**不必一定是那樣。**

這是一個令人難以置信的解放思想：我們被教導的「事情就是這樣」其實並不一定是如此。僅僅因為我們順從了當前的現實，並不意味它就是對的。即使這是事實，但如果人們不得不忍受它，那麼它就變得不那麼真實：我們不應該在工作傑出和個人茁壯成長之間做出選擇。當我們的身體用各種方式告訴我們應該停止時，我們應該好好地聽從身體的訊號。為人父母不應該是一場競賽。休閒不應該這麼稀有。家務勞動不應該是如此的不平等。我們不應該如此擔心、如此害怕、如此焦慮地看待一切。

如果我們不順從工作，直到我們或地球滅亡會怎樣？或者如果拒絕接受低劣的報酬但是有意義的工作會怎樣呢？如果我們拒絕讓工作滲透到生活的每一個裂縫中會怎樣呢？股市不應該是我們衡量經濟健康狀況的指標。私募基金應該被禁止或嚴格監管。富人不應該這麼富有，窮人也不應該如此貧窮。而且我們不應該以關於我們是誰和我們代表什麼的破舊神話的名義來為這些不可原諒的現實找藉口，尤其是它們的持續只會對已經掌權的人有利的時候。

我們不需要無政府狀態，但是我們確實需要承認我們離崩潰有多近，以及我們對實質性變革的準備程度如何。畢竟，這兩種傾向都很容易被利用。你可以在倦怠的狀態，以及伴隨著它的絕望和生存危機，與白人至上主義、惡毒的網路厭女症，以及新法西斯主義之間畫出一條扭曲的線。千禧世代沒有找出使我們情緒和經濟不穩定的真正原因，而是看到什麼就指責什麼。指責其他母親、指責移民，指責那些和我們不一樣或者比我們更害怕的人。絕望驅使人們做出在當下有某種意義、有望得到某種解脫的決定。只因為這些決定不可原諒，不代表它們無法被解釋。

倦怠已經籠罩了我們當前的資本主義。它影響和感染了每一次的互動；它困擾著每一個決定。它使我們變得遲鈍和扁平化；它是如此熟悉，我們忘記了對它的驚恐。我們現在才剛開始看到它的長期影響並且認真對待它們。因此，這也意味著現在是採取行動的時候。

但是我無法給你具體的行動項目清單。我只能盡我最大的能力去展示，而不是告知。我讀過的每一本關於經濟的書，或者是我們在不知不覺間沉迷於手機的書，或者是為人父母精疲力盡的書，它們都總結出了解決方案。有些包括「日常訣竅」的方便核對清單和小方框，它們可以改變你的日常生活；而有些提供了廣泛、詳細的政策解決辦法。所有這些想法都是令人信服的、有趣的，可是卻毫無幫助。到頭來，不過是我讓自己和世界失望的另一種方式。

這也是為什麼這個計畫，從最初的文章構想到現在，從來沒有告訴你該怎麼做。當社會讓你受傷時，我無法修復你。相反地，我試圖為你提供一個鏡片，讓你清楚看見自己和周圍的世界。所以，看看你的生活；看看你對工作的想法；看看關於你和孩子的關係；看看你的恐懼、你的手機和你的電子郵件帳戶。正視你的疲勞並提醒自己，沒有任何應用程式、或自助書籍、或飲食計畫方案可以解除它。這是作為一個千禧世代生活在當今世界避無可避的症狀，而且根據你的種族和階級以及工作和債務和移民身分，它甚至會雪上加霜。然而，你並不是無力改變它，你是無法優化自己來戰勝它，或是無法更加努力地工作來加速它的消失。因為你可以找到這麼多感受相似（即使不是完全相同）的人並與之團結一致。

我們可以做的是團結起來抵制現狀。我們可以拒絕將社會的大範圍失敗歸咎於自己，同時也理解害怕失去已經脆弱的地位是如何讓我們過度保護我們所擁有的特權。我們可以認清僅僅試圖把事情做得讓我們自己變得更好是不夠的。我們必須把事情做得使每個人都變得更好。這就是為什麼真正的實質性變革必須來自公共部門，而我們必須為自己選出會為此努力不懈的政治家。

我們不必以工作的多少來衡量自己和他人的價值。我們不必怨恨我們的父母或祖父母比我們容易擁有一切。我們不必屈服於種族主義或性別歧視將永遠伴隨我們的想法。我們可以深刻而徹底地認識到，僅僅因為我們是個人，我們每個人就都具有價值。我們可以感到不那麼孤獨、不那麼疲憊、更有活力。但是要意識到實踐上述那些目標的方法事實上不是做更多的工作，這其中需要牽涉到很多的努力。

千禧世代一直在可預見會面臨失敗的情境中苦苦掙扎，並且不斷被詆毀、曲解及指責。但是如果我們擁有讓自己工作到累垮的耐力、才能和必要的資源，那麼我們也會擁有足夠的力量去戰鬥。我們沒有什麼積蓄，生活也不太穩定。我們的怒火幾乎無法遏制。我們是一堆在冒煙的灰燼，是我們最好自我的不良回憶。低估我們你就得自己承擔風險，因為我們已經幾乎沒有什麼可失去的了。

致謝

容我對以下所列人士致以最深切的謝意：感謝我在BuzzFeed的編輯卡洛琳娜．瓦克拉維亞克和瑞秋．桑德，她們引導我從構思到完成原創的倦怠文章，並全面完善了我的瘋狂構想；BuzzFeed Culture團隊的其他成員，無論是過去還是現在（斯卡其．庫爾、皮爾．多名格茲、艾莉森．威爾默、畢姆．阿德烏尼密、托米．歐巴羅、麥克．布萊克曼、珊農．基庭）；我堅定的經紀人阿莉森．杭特從一開始就與我同在，並幫助我與我的編輯凱特．那波利塔諾在編輯上的洞察力和耐心相搭配，她已經為三本截然不同的書點亮了前方的路。還要感謝Janklow & Nesbit和HMH的團隊，他們為過程中的每個階段提供了幫助，並容忍我不時容量抵達上限的電子郵件收信箱。感謝我那些倦怠前期（pre-burnout），或者至少是倦怠訓練（burnout-in-training）中的朋友們，他們讓我遠離網路的生活（阿蘭娜．佛德、安娜．佩柏、貝絲．藍道爾、勞倫．斯特拉特福德、葛雷清．福斯克、梅根漢．佛雷澤、勞倫．漢米爾頓、基莉．藍金）以及我特別喜愛的文字訊息男女平等主義者們（朵莉．薛佛兒、朱莉．傑斯汀、吉娜．

偉斯．柏曼）。感謝傑森．威廉斯，他幫助我發掘了一九八〇年代北愛達荷州的階級和兒童養育的回憶，以及我的事實核查人員——克萊門汀．福特和伊恩．史蒂文森，他們的工作是無形的，但無價。感謝長期以來的臉書社團，你們知道我在說的是誰，幫助我們研討了這麼多的想法，也感謝成千上萬的你，對調查和推文以及有關倦怠如何成為你自己的生活背景的詢問做出了回應。因為有了你們的見證，所以才有了今天的這本書。感謝我的媽媽，蘿拉．布萊肯，一位具毀滅性且才華橫溢的編輯，她幫忙精鍊本書中的每一句話。還有我的哥哥，查爾斯．彼得森，一位真正的、優秀的二十世紀歷史學家，他把我比較誇張的言論視為胡說八道，並對這些言論進行了重新塑造和證實。還有我的伴侶，查理．華佐，他除了活在我講述的故事中，還閱讀了每一個字，讓我和這本書在很多方面都變得更好。你是我最重要的人。

附註

作者的話

1. Annie Lowrey, "Millennials Don't Stand a Chance," Atlantic, April 13, 2020.

前言

1. H. J. Freudenberger, "Staff Burn-Out," Journal of Social Issues 30, no.1 (1974): 159–65.
2. Ibid.
3. "Burn-out an "occupational phenomenon" : "International Classification of Diseases." World Health Organization, May 28, 2019.
4. Richard Fry, "Millennials Projected to Overtake Baby Boomers as America's Largest Generation," Pew Research Center, March 1, 2018.
5. Erik Klinenberg, Palaces for the People: How Social Infrastructure Can Help Fight Inequality, Polarization, and the Decline of Civic Life (New York: Crown, 2018), 10.6. Kristen Bialik and Richard Fry, "Millennial Life: How Young Adulthood Today Compares with Prior Generations," Pew Research Center, February 14, 2019.
7. Tiana Clark, "This Is What Black Burnout Feels Like,"

BuzzFeed News, January 11, 2019.
8. Tressie McMillan Cottom, "Nearly Six Decades After the Civil Rights Movement, Why Do Black Workers Still Have to Hustle to Get Ahead?" Time, February 20, 2020.
9. Judith Scott-Clayton, "What Accounts for Gaps in Student Loan Default, and What Happens After," Brookings Institute, June 21, 2018.

1. 我們倦怠的父母

1. Hunter Schwartz, "Old Economy Steve Is a New Meme That Will Enrage Millennials Everywhere," BuzzFeed, May 25, 2013.
2. Taylor Lorenz, " 'OK Boomer' Marks the End of Friendly Generational Relations," New York Times, January 15, 2020.
3. Tom Wolfe, "The 'Me' Decade and the Third Great Awakening," New York Magazine, August 23, 1976.
4. Marc Levinson, An Extraordinary Time: The End of the Postwar Boom and the Return of the Ordinary Economy (New York: Basic Books, 2016), 5.
5. Elliot Blair Smith and Phil Kuntz, "CEO Pay 1,795-to-1 Multiple of Wages Skirts U.S. Law," Bloomberg Businessweek, April 29, 2013.
6. Louis Hyman, Temp: How American Work, American Business, and the American Dream Became Temporary (New York: Viking, 2018), 4.
7. Jacob S. Hacker, The Great Risk Shift: The New Economic Insecurity and the Decline of the American Dream (New York:

Oxford University Press, 2019), xiii.

8. Robert Putnam, Our Kids: The American Dream in Crisis (New York: Simon & Schuster, 2015), 1.
9. Levinson, An Extraordinary Time.
10. Quoted in Barbara Ehrenreich, Fear of Falling: The Inner Life of the Middle Class (New York: Pantheon, 1989), 68–69.
11. Midge Decter, Liberal Parents, Radical Children (New York: Coward, McCann & Geohegan, 1975).
12. Ehrenreich, Fear of Falling.
13. Ibid.
14. Hacker, The Great Risk Shift, 40.
15. Ibid., 27.
16. Joseph C. Sternberg, The Theft of a Decade: How Baby Boomers Stole the Millennials' Economic Future (New York: Public Affairs, 2019), 72.
17. "Workplace Flexibility 2010: A Timeline of the Evolution of Retirement in the United States," Georgetown University Law Center; "Employee Benefits Survey," U.S. Bureau of Labor and Sta- tistics.
18. Michael Hiltzik, "Two Rival Experts Agree—401(k) Plans Haven't Helped You Save Enough for Retirement," Los Angeles Times, November 5, 2019.
19. Maurice A. St. Pierre, "Reaganomics and Its Implications for African-American Family Life," Journal of Black Studies 21, no. 3 (1991): 325–40.
20. Ehrenreich, Fear of Falling, 3.
21. Matthias Doepke and Fabrizio Zilibotti, Love, Money, and Parenting: How Economics Explains the Way We Raise Our Kids (Princeton, NJ: Princeton University Press, 2019), 70.

22. Ehrenreich, Fear of Falling, 10.
23. Katherine S. Newman, Falling from Grace: The Experience of Downward Mobility in the American Middle Class (New York: Free Press, 1988).
24. Ehrenreich, Fear of Falling, 210.
25. Dylan Gottlieb, "Yuppies: Young Urban Professionals and the Making of Postindustrial New York" (Unpublished PhD dissertation, Princeton University, May 2020).

2. 成長中的小大人

1. Hanna Rosin, "The Overprotected Kid," Atlantic, April 2014.
2. Sharon Hays, The Cultural Contradictions of Motherhood (New Haven: Yale University Press, 1996).
3. Doepke and Zilibotti, Love, Money, Parenting, 14.
4. Newman, Falling from Grace, 229.
5. Ibid., 202.

3. 不計代價上大學

1. Alexandra Robbins, The Overachievers: The Secret Lives of Driven Kids (New York: Hyperion, 2006).
2. "Percentage of the U.S. Population Who Have Completed Four Years of College or More from 1940 to 2018, by Gender," Statista.com
3. "Educational Attainment in the United States: 2018," United States Census Bureau, February 21, 2019.

4. Ellen Ruppel Shell, "College May Not Be Worth It Anymore," New York Times, May 16, 2018.
5. W. Norton Grubb and Marvin Lazerson, The Education Gospel: The Economic Power of Schooling (Cambridge, MA: Harvard University Press, 2004).
6. Malcolm Harris, Kids These Days: Human Capital and the Making of Millennials (New York: Little, Brown and Company, 2017).
7. Ibid.

4. 做你所愛的事，而你一輩子仍會每天工作

1. Amanda Mull, "America's Job Listings Have Gone Off the Deep End," Atlantic, June 13, 2019.
2. Ibid.
3. Miya Tokumitsu, Do What You Love: And Others Lies About Success and Happiness (New York: Regan Arts, 2015), 7.
4. Sara Robinson, "Why We Have to Go Back to a 40-Hour Work Week to Keep Our Sanity," Alternet, March 13, 2012.
5. Tokumitsu, Do What You Love, 7.
6. Ibid., 113.
7. "Great Recession, Great Recovery? Trends from the Current Population Survey," U.S. Bureau of Labor Statistics, April 2018.
8. Christopher Kurz, Geng Li, and Daniel J. Vine, "Are Millennials Different?" Finance and Economics Discussion Series, 2018.
9. Tokumitsu, Do What You Love, 88.
10. J. Stuart Bunderson and Jeffery A. Thompson, "The Call of the

Wild: Zookeepers, Callings, and the Double-Edged Sword of Deeply Meaningful Work," Administrative Science Quarterly 54, no. 1 (2009): 32–57.
11. Ellen Ruppell Shell, The Job: Work and Its Future in a Time of Radical Change (New York: Currency, 2018).

5. 工作如何變得如此糟糕

1. Guy Standing, The Precariat: The New Dangerous Class (New York: Bloomsbury Academic, 2014), 7.
2. Ibid., x.
3. Ibid., 23.
4. Hyman, Temp, 7.
5. David Weil, The Fissured Workplace: Why Work Became So Bad for So Many and What Can Be Done to Improve It (Cambridge, MA: Harvard University Press, 2014), 50.
6. Ibid., 46.
7. Ibid.
8. Laurel Wamsley, "Denver Post Calls Out Its 'Vulture' Hedge Fund Owners in Searing Editorial," NPR, April 9, 2018.
9. Tara Lachapelle, "Lessons Learned from the Downfall of Toys "R" Us," Bloomberg Business, March 9, 2018.
10. Matt Stoller, "Why Private Equity Should Not Exist," BIG, July 30, 2019.
11. Abha Bhattarai, "Private Equity's Role in Retail Has Killed 1.3 Million Jobs, Study Says," Washington Post, July 24, 2019.
12. Sarah Todd, "The Short but Destructive History of Mass Layoffs," Quartz, July 12, 2019.

13. Daisuke Wakabayashi, "Google's Shadow Work Force: Temps Who Outnumber Full-Time Employees," New York Times, May 28, 2019.
14. Ibid.
15. Weil, Fissured Workplace, 14.
16. "Survey Shows Two in Five Women in Fast-Food Industry Face Sexual Harassment on the Job," National Partnership for Women and Families, October 5, 2016.
17. Weil, Fissured Workplace, 7.
18. Samantha Raphelson, "Advocates Push for Stronger Measures to Protect Hotel Workers from Sexual Harassment," NPR, June 29, 2018.
19. "Hands Off, Pants On: Harassment in Chicago's Hospitality Industry," a report by Unite Here Local 1, July 2016.
20. The overturn is currently being appealed and the outcome is unknown at the time of this writing.
21. Weil, Fissured Workplace, 8.
22. Hyman, Temp, 270.
23. Karen Zouwen Ho, Liquidated: An Ethnography of Wall Street (Durham: Duke University Press, 2009), 3.
24. Louis Jacobson, "What Percentage of Americans Own Stocks," Politifact, September 18, 2018.
25. Alex Rosenblat, Uberland: How Algorithms Are Rewriting the Rules of Work (Oakland: University of California Press, 2018).
26. Zeynep Ton, The Good Jobs Strategy: How the Smartest Companies Invest in Employees to Lower Costs and Boost Profits (Boston: Houghton Miff- lin Harcourt, 2014), viii.
27. Ibid., 8.
28. Ibid., 10.

6. 為什麼工作一直如此糟糕

1. Hyman, Temp, 82.
2. Ibid.
3. Ibid.
4. Ho, Liquidated, 89.
5. Ibid., 90.
6. Ibid., 56.
7. Ibid, 95.
8. Jodi Kantor and David Streitfeld, "Inside Amazon: Wrestling Big Ideas in a Bruising Workplace," New York Times, August 15, 2015.
9. Jonathan Crary, 24/7: Late Capitalism and the End of Sleep (New York: Verso, 2014), 13.
10. Jia Tolentino, "The Gig Economy Celebrates Working Yourself to Death," The New Yorker, March 22, 2017.
11. Sarah Krouse, "The New Ways Your Boss Is Spying on You," Wall Street Journal, July 19, 2019.
12. bid.
13. Ruppel Shell, The Job, 128.
14. Ceylan Yeginsu, "If Workers Slack Off, the Wristband Will Know (and Amazon Has a Patent for It)." New York Times, February 1, 2018.
15. Emily Guendelsberger, "I Was a Fast-Food Worker. Let Me Tell You About Burnout," Vox, July 15, 2019.
16. "Key Findings from a Survey on Fast Food Worker Safety," Hart Research Associates, March 16, 2015 (http://www.coshnetwork.org/sites/default/files/FastFood_Workplace_Safety_Poll_Memo.pdf).

17. Sarah Kessler, Gigged: The End of the Job and the Future of Work (New York: St. Martin's Press, 2018), xii.
18. osenblat, Uberland, 5; 9.
19. Farhad Manjoo, "The Tech Industry Is Building a Vast Digital Underclass," New York Times, July 26, 2019.
20. Kessler, Gigged, 9.
21. bid., 19.
22. Aaron Smith, "The Gig Economy: Work, Online Selling, and Home Sharing," Pew Research Center, November 17, 2016.
23. Kessler, Gigged, 103.
24. Ruppel Shell, The Job, 62.
25. Alex Rosenblat, "The Network Uber Drivers Built," Fast Company, January 9, 2018.
26. Ibid.
27. Eric Johnson, "Full Q&A: DoorDash CEO Tony Xu and COO Christoper Payne on Recode Decode," Recode, January 9, 2019.

7. 科技使一切運轉

1. Joanna Stern, "Cell Phone Users Check Phones 150x a Day and Other Fun Facts," ABCNews, May 29, 2013; Jonah Engel Bromwich, "Gen- eration X More Addicted to Social Media Than Millennials, Report Finds," New York Times, January 27, 2017.
2. Rina Raphael, "Netflix CEO Reed Hastings: Sleep Is Our Competition," Fast Company, November 6, 2017.
3. Paul Lewis, "Our Minds Can Be Highjacked," Guardian, October 6, 2017.

4. Cal Newport, Digital Minimalism: Choosing a Focused Life in a Noisy World (New York: Portfolio/Penguin, 2019).
5. Katherine Miller, "President Trump and America's National Nervous Breakdown," BuzzFeed News, March 26, 2017.
6. Brad Stulberg, "Step Away from the 24-Hour News Cycle," Outside, December 1, 2018.
7. Nick Stockton, "Who Cares About My Friends? I'm Missing the News!" Wired, September 2017.
8. Rani Molla, "The Productivity Pit: How Slack Is Ruining Work," Recode, May 1, 2019.
9. John Herrman, "Slack Wants to Replace Email. Is That What We Really Want?" New York Times, July 1, 2019.
10. John Herrman, "Are You Just LARPing Your Job?" Awl, April 20, 2015.

8. 週末是什麼？

1. "American Time Use Survey —2018," Bureau of Labor Statistics, June 19, 2019.
2. Juliet Schor, The Overworked American: The Unexpected Decline of Leisure (New York: BasicBooks, 1993), 66.
3. Ibid, 1.
4. Anna Weiner, Uncanny Valley (New York: Farrar, Straus and Giroux, 2020).
5. Andrew Barnes, The Four-Day Week: How the Flexible Work Revolution Can Increase Productivity, Profitability, and Wellbeing, and Help Create a Sustainable Future (London: Piatkus, 2020), 2.

6. Bill Chappell, "4-Day Workweek Boosted Workers' Productivity By 40%, Microsoft Japan Says," NPR, November 4, 2019.
7. Robert Booth, "Four-Day Week: Trial Finds Lower Stress and Increased Productivity," Guardian, February 19, 2019.
8. Ex Parte Newman, 9 Cal. 502 (Jan. 1, 1858).
9. Judith Shulevitz, The Sabbath World: Glimpses of a Different Order of Time (New York: Random House, 2010).
10. Elizabeth Currid-Halkett, The Sum of Small Things: A Theory of the Aspirational Class (Princeton, NJ: Princeton University Press, 2017).
11. Noreen Malone, "The Skimm Brains," Cut, October 28, 2018.
12. Kelsey Lawrence, "Why Won't Millennials Join Country Clubs," CityLab, July 2, 2018; "New NFPA Report Finds Significant Decline in Volunteer Firefighters," National Volunteer Fire Council, April 16, 2019; Linda Poon, "Why Americans Stopped Volunteering," CityLab, September 11, 2019.
13. Klinenberg, Palaces for the People, 18.

9. 精疲力竭的千禧世代父母

1. Gretchen Livingston, "About One-Third of U.S. Children Are Living with an Unmarried Parent," Pew Research, April 27, 2018.
2. Arlie Russell Hochschild, The Second Shift (New York: Penguin Books, 2003), 235.
3. Darcy Lockman, All the Rage: Mothers, Fathers, and the Myth of Equal Partnership (New York: Harper, 2019), 16.

4. Table 10: Time Adults Spent in Primary Activities While Providing Childcare as a Secondary Activity by Sex, Age, and Day of Week, Av- erage for the Combined Years 2014–18, Bureau of Labor Statistics, https://www.bls.gov/news.release/atus.t10.htm.
5. Kim Brooks, Small Animals: Parenthood in the Age of Fear (New York: Flatiron, 2018).
6. Elizabeth Chmurak, "The Rising Cost of Childcare Is Being Felt Across the Country," NBC News, March 8, 2018.
7. Currid-Halkett, Sum of Small Things, 84.
8. Ibid.
9. Caitlin Daniel, "A Hidden Cost to Giving Kids Their Vegetables," New York Times, February 16, 2016.
10. Conor Friedersdorf, "Working Mom Arrested for Letting Her 9-Year-Old Play Alone in Park," Atlantic, July 15, 2014.
11. Lockman, All the Rage, 15.
12. Brigid Schulte, Overwhelmed: Work, Love, and Play When No One Has the Time (New York: Farrar, Straus and Giroux, 2014), 45.
13. Claire Cane Miller, "The Relentlessness of Modern Parenting," New York Times, March 26, 2019.
14. See Emily Matchar, Homeward Bound: Why Women Are Embracing the New Domesticity (New York: Simon & Schuster, 2013).
15. Schulte, Overwhelmed, 25.
16. Ibid, 29.
17. "Raising Kids and Running a Household: How Working Parents Share the Load," Pew Research Center, November 4, 2015.
18. Lockman, All the Rage, 25.

19. Claire Cane Miller, "Millennial Men Aren't the Dads They Thought They'd Be," New York Times, July 31, 2015.
20. Lockman, All the Rage, 90.
21. Ibid, 156.
22. Lockman, All the Rage, 33.
23. Anadi Mani, Sendhil Mullainathan, Eldar Shafir, and Jiaying Zhao, "Poverty Impedes Cognitive Function," Science 341, no. 6149 (2013): 976–80.
24. Malcolm Harris, "The Privatization of Childhood Play," Pacific Standard, June 14, 2017.
25. Tamara R. Mose, The Playdate: Parents, Children, and the New Expectations of Play (New York; New York University Press, 2016), 144.
26. Lockman, All the Rage, 219.

結語：燃燒殆盡

1. Sam Sanders, "Less Sex, Fewer Babies: Blame the Internet and Career Priorities," NPR, August 6, 2019.
2. Makiko Inoue and Megan Specia, "Young Worker Clocked 159 Hours of Overtime in a Month. Then She Died." New York Times, October 5, 2017.
3. Motoko Rich, "A Japanese Politician Is Taking Paternity Leave. It's a Big Deal," New York Times, January 15, 2020.
4. Motoko Rich, "Japanese Working Mothers: Record Responsibilities, Little Help from Dad," New York Times, February 2, 2019.
5. Tomoko Otake, "1 in 4 firms in Japan Say Workers Log over 80

Overtime Hours a Month," Japan Times, October 7, 2016.
6. Philip Brasor, "Premium Friday Is Not About Taking a Holiday," Japan Times, February 25, 2017.

高寶書版集團
gobooks.com.tw

BK 053
集體倦怠：
沒有熱情、沒有夢想、沒有未來，這就是千禧世代生活的殘酷世界
Can't Even: How Millennials Became the Burnout Generation

作　者　安妮・海倫・彼得森 (Anne Helen Petersen)
譯　者　陳莉淋
主　編　吳珮旻
編　輯　鄭淇丰
校　對　賴芯葳
封面設計　林政嘉
內頁排版　賴姵均
版　權　蕭以旻
企　劃　鍾惠鈞

發 行 人　朱凱蕾
出　版　英屬維京群島商高寶國際有限公司台灣分公司
Global Group Holdings, Ltd.
地　址　台北市內湖區洲子街88號3樓
網　址　gobooks.com.tw
電　話　(02) 27992788
電　郵　readers@gobooks.com.tw（讀者服務部）
傳　真　出版部　(02) 27990909　行銷部 (02) 27993088
郵政劃撥　19394552
戶　名　英屬維京群島商高寶國際有限公司台灣分公司
發　行　希代多媒體書版股份有限公司/Printed in Taiwan
初　版　2021年 10 月

國家圖書館出版品預行編目(CIP)資料

集體倦怠：沒有熱情、沒有夢想、沒有未來,這就是千禧世代生活的殘酷世界/安妮.海倫.彼得森(Anne Helen Petersen)著；陳莉淋譯. -- 初版. -- 臺北市：英屬維京群島商高寶國際有限公司臺灣分公司, 2021.10
面；　公分. --（Break；BK053）

譯自：Can't even : how millennials became the burnout generation.

ISBN 978-986-506-224-8（平裝）

1.社會心理學

541.7　　110013615